“十四五”高等职业教育财经商贸类新形态一体化系列教材
面向“新商科”校企双元规划教材

微课版

现代物流基础

王金妍　胡云峰◎主　编
施　雯　王　蕾　姜世一　周博宁◎副主编

中国铁道出版社有限公司
CHINA RAILWAY PUBLISHING HOUSE CO., LTD.

内容简介

本书按照高等职业教育人才培养的要求和特点，并调研物流行业、企业，通过走进现代物流、装卸搬运、现代包装、采购管理、仓储管理、运输管理、配送与配送中心、物流信息管理、流通加工、第三方物流与第*N*方物流，以及精益物流11个情境，进行基于工作过程的教材开发，以典型的工作任务解读现代物流的基础知识和技能，并通过企业案例提出问题、加以解析，将智慧物流技能大赛标准和现代物流管理"1+X"职业资格证书内容融入知识体系，推进"1+X"证课融通的高技能人才培养。

本书适合作为高等职业院校物流管理专业的教材，也可作为工商管理、电子商务等专业的教材，还可供物流行业从业人员培训与自学使用。

图书在版编目（CIP）数据

现代物流基础 / 王金妍，胡云峰主编．—北京：中国铁道出版社有限公司，2024.7

"十四五"高等职业教育财经商贸类新形态一体化系列教材 面向"新商科"校企双元规划教材

ISBN 978-7-113-30871-1

Ⅰ.①现… Ⅱ.①王… ②胡… Ⅲ.①物流－高等职业教育－教材 Ⅳ.① F252

中国国家版本馆 CIP 数据核字（2024）第 094122 号

书　　名：现代物流基础
作　　者：王金妍　胡云峰

策　　划：周　欣　陆慧萍　　　编辑部电话：（010）63549508
责任编辑：陆慧萍　贾淑媛
封面设计：刘　颖
责任校对：安海燕
责任印制：樊启鹏

出版发行：中国铁道出版社有限公司（100054，北京市西城区右安门西街8号）
网　　址：https://www.tdpress.com/51eds/
印　　刷：北京联兴盛业印刷股份有限公司
版　　次：2024年7月第1版　2024年7月第1次印刷
开　　本：787 mm × 1 092 mm　1/16　印张：17.25　字数：520千
书　　号：ISBN 978-7-113-30871-1
定　　价：60.00元

编 委 会

序 言

随着大数据、人工智能、云计算、物联网、AR/VR、区块链等新技术的飞速发展，社会已进入数字经济时代，新一代信息技术正以超强的存储和计算能力、快速准确的数据挖掘能力向生产、消费领域渗透，扩展了其广度和深度。数字科技新技术正不断推进和改变着我们的生活，以知识驱动、智慧驱动、数据驱动为发展引擎的新商业模式不断涌现，为新商业发展提供了新的技术基础和新的发展空间。新商业“互联网＋”跨界融合的特质深刻影响了电子商务、物流、营销等多个行业，传统的商业模式和产业结构正经历着巨大的挑战和变革。新商业孕育和催生新职业，新职业急需新人才，高校传统的商科人才培养模式已面临严峻挑战，促使高校“大经管”向“新商科”转型。新的时代背景下，转变传统的商科育人理念，培养符合时代所需的“新商科”人才已迫在眉睫。“新商科”突出了四个“新”，即“新思维”“新规则”“新理论”“新工具”。相对于传统商科，“新商科”是一场教育思维的认知革命，是商科教育重塑性的变革工程。一方面，随着产业结构调整，人才需求结构也发生了巨大的改变，企业需要的是跨学科、跨专业能力的复合型、创新型新商科人才；另一方面，随着信息技术及相关科技的发展与应用，学生的思维、学习方式也发生了巨大的变化。突破资源边界、融通院系边界、重构商科专业集群、解构专业内涵、改革教学模式，为新商科教育教学改革带来了动力与压力。

此次出版的新商科系列教材对接新产业、新业态、新模式、新职业，反映相关领域新技术、新工艺、新规范，体现行业企业参与特征，紧贴商科专业相关技术领域职业岗位（群）的能力要求。系列教材围绕教材、课程、教学实施为一体的建设思路，全面体现新时代教育教学改革成效，以职业活动为导向设计框架，以真实工作任务为载体进行整体设计，由院校教师与企业岗位能手共同开发教材资源，深化“产教融合”，融“课、岗、赛、训”为一体，以新理念、新模式、新方法为学生提供综合性跨学科教育。按照当前职业教育的发展趋势及国家规划教材的评审要求，遵循职教育人规律，体现了如下特色：

第一，将德育资源、德育素材融入教材内容。以习近平新时代中国特色社会主义思想为指导，坚持正确的政治方向和价值取向，坚持育人为本，深入挖掘教材中蕴含的新时代商务人员的基本素养，将倡导担当意识、精益求精的工匠精神、诚实守信、自利利他的职业品质等思政元素融入学习情境的具体项目任务中，将职业能力和职业素养相融合，引导学生强化家国情怀。

第二，契合地域经济发展的战略布局。紧密围绕地域经济发展和社会需求，对课程资源进行精准设计，充分反映现代产业体系建设优化最新进展，对接科技发展趋势和市场需求，充分体现服务区域经济发展，培养技术型、技能型人才。

第三，紧扣专业教学标准并结合参赛标准。教材内容在《国家职业教育改革实施方案》及《高等职业学校专业教学标准》的指导下，落实新时代的新要求，秉持高等职业教育教学理念、坚持职业教育属性，结合国家职业标准、“1+X”职业技能等级标准或技能大赛标准等，针对财经商贸大类各专业的教学需要，构建完整的知识技能体系，兼顾知识点、技能点的广度和深度，落实专业人才的培养目标。

第四，保证教材内容的先进性。在编写过程中关注相关行业的技术、经济、社会环境的发展和变化，引入最新的政策、经济数据、工艺、技术、案例等，使教材内容与时俱进，切实做到理论联系实际。

第五，教材编排生动、形式多样。教材内容组织多运用表格、图片来表达概念，力求做到图文并茂，增加趣味性；项目任务、能力实训等有提示、引导等环节，强化实操性；选择部分适合的教材按照典型的职业活动进行编写，对教学模块进行有机组合，使用活页式、工作手册式装帧，使教材内容兼顾独立性和系统性。

第六，作者团队优势最大化，突出校企合作。由校内资深教师和企业专家、校企合作人员共同组建作者团队，充分发挥作者团队的丰富教学经验与实践经验的优势，将教育链与产业链相融合、教学端与学生端相融合、编教材与用教材相融合。每本教材由副高及以上人员担任主编，知识体系设置贴合教学需求；由企业专家精选企业真实案例来验证理论，将企业的岗位要求和工作过程有机融入教材中，分解工作过程、明确任务要点，以真实工作项目导入、以典型工作任务驱动学生业务操作学习，引导工学结合、知行合一。

第七，精心打造立体化资源。做好微课、动画、视频、课件、习题、实训、案例等数字化教学资源建设，实现“教材＋微课＋平台课＋教学”的深度融合，打造线上线下融合的“互联网＋”新形态一体化教材。

2022 年 8 月 29 日于浙江大学紫金港校区

前言

伴随着互联网、电商平台的快速发展，物流业成为我国经济领域发展最快、受关注度最高的行业之一，也为国民经济和企业的发展带来了巨大的经济效益。党的二十大报告明确指出："加快发展物联网，建设高效顺畅的流通体系，降低物流成本。"这需要不断提升现代物流管理专业人才培养的质量，培养既熟知物流理论又掌握物流实操的高素质技能型人才，使其符合现代物流行业、企业的需求，真正实现校企零距离对接。

本书按照高等职业教育人才培养的要求和特点进行编写。同时，编者对物流行业、企业、毕业生等开展了多方调研，了解物流行业的岗位需求和企业的人才需求，同时依据学生的认知规律和物流企业真实的工作流程选取相关的理论知识和工作任务，实现理实并重，将企业的新知识、新标准、新技术、新方法和新规范融入知识、技能体系，提升学生的实践技能。本书编写结合近几年的教学改革实践，形成了以下鲜明特色：

1. 对接技能大赛和职业资格证书的获取标准

根据智慧物流技能大赛标准和现代物流管理"1+X"职业资格证书获取标准，将相关的知识点和技能考核点有机融入教材知识技能体系，使学生在完成学历教育的同时，也能为获得相关的职业资格证书打下基础，同时也符合"以赛促学、以赛促改和以赛促教"的教育理念。很多学生经过大赛的洗礼，最终成为各行各业的高素质技术技能人才和能工巧匠，也走进了世界技能大赛的现场。

2. 体例设置符合认知规律，并融入工作情境

（1）思维导图。通过思维导图一目了然地了解每个情境的知识体系、需要掌握的知识点和技能点，以及企业涵盖的工作任务。

（2）情境描述。引入物流企业典型的工作情境，进而设置典型的工作任务和学习目标，明晰需要进行的知识准备、任务分析和工作任务准备，提升学生自主学习能力和数据分析处理能力。

（3）任务目标。简单扼要地告诉学生，学完本任务之后，应该掌握哪些知识、具备什么能力、拥有什么样的素质，使学生在学习过程中有的放矢，提高学习效率和实践技能，真正实现立德树人的根本任务。

（4）任务准备和实施。通过完成本任务所需要的任务准备和物流企业中实际的工作流程来进行任务的具体实施，使学生能较早体会职场氛围和了解工作流程，同时有利于实现学校和企业的零距离对接，并在任务完成后进行评分，促使学生不断改进提升，真正实现“以评促改”的教学理念。

（5）相关知识。本书主要介绍了现代物流概述、装卸搬运、现代包装、采购管理、仓储管理、运输管理、配送与配送中心、物流信息管理、流通加工、第三方物流与第 N 方物流，以及精益物流管理的相关知识和技能，通过物流企业中真实的工作流程引入工作任务，实现工作手册式教与学的完美结合。

3. 教材内容有机融入思政元素

根据现代物流基础课程的特点和学生必须掌握的知识、技能，结合当下的热点问题和与时俱进的要求，深入挖掘教材内容中的思政元素，将思政元素有机融入，在润物细无声中培养学生爱国、敬业、诚信、友善的价值观，提升学生的服务理念和社会责任，提升学生的家国情怀。

本书在编写过程中组织了物流行业有实践经验的专家、企业高管参与审核、定稿，力求内容正确、先进，理论联系实际，突出重点。本书由黑龙江职业学院王金妍、胡云峰担任主编，黑龙江职业学院施雯、王蕾、姜世一、周博宁担任副主编，黑龙江圆通速递有限公司梁楠参与编写。具体分工如下：王金妍负责编写情境一、情境六和情境八，姜世一编写情境二和情境三，周博宁编写情境四，胡云峰编写情境五，王蕾编写情境七和情境九，施雯编写情境十、情境十一，梁楠负责书中企业案例的选取和指导，王金妍负责全书统稿。

本书在编写过程中浏览和援引了中国物流与采购联合会、中华物流网、百度等网络上的相关内容资料，此外还参考了大量有关的书籍及文献，引用了许多专家学者的资料，在此对他们表示衷心的感谢！

由于编者水平有限，书中难免存在不妥之处，恳请各位专家和读者批评指正。

编　者

2024 年 3 月

目　录

情境十　第三方物流与第 N 方物流 / 10-1

情境十一　精益物流管理 / 11-1

参考文献

情境一
现代物流概述

情境描述

晓文是现代物流管理专业的大一学生，学校定期组织学生到京东等物流企业完成实习课程。晓文作为刚到物流企业实习的一员，在实习前需要先了解物流企业的发展历程，分析物流企业的运作模式，明晰现代物流的发展趋势。因此查询收集了京东物流的相关信息。

京东集团2007年开始自建物流，2017年4月正式成立京东物流集团，2021年5月，京东物流于香港联交所主板上市。京东物流是中国领先的技术驱动的供应链解决方案及物流服务商，以“技术驱动，全球高效流通和可持续发展”为使命，致力于成为全球最值得信赖的供应链基础设施服务商。

一体化供应链物流服务是京东物流的核心赛道。京东物流主要聚焦于快消、服装、家电家具、3C、汽车、生鲜等六大行业，为客户提供一体化供应链解决方案和物流服务，帮助客户优化存货管理、减少运营成本、高效分配内部资源、实现新的增长。同时，京东物流将长期积累的解决方案、产品和能力模块化，以更加灵活、可调用与组合的方式，满足不同行业的中小客户需求。

京东物流建立了包含仓储网络、综合运输网络、最后一公里配送网络、大件网络、冷链物流网络和跨境物流网络在内的高度协同的六大网络，具备数字化、广泛和灵活的特点，服务范围覆盖了中国几乎所有地区、城镇和人口，不仅建立了中国电商与消费者之间的信赖关系，还通过211限时达（指以每日2个11点钟作为时间分割点进行快速投递服务）等时效产品和上门服务，重新定义了物流服务标准。在2021年，京东物流助力约90%的京东线上零售订单实现当日和次日达，客户体验持续领先行业。截至2023年3月31日，京东物流运营约1 500个仓库，含云仓生态平台的管理面积在内，京东物流仓储总面积超过3 100万 m^2。

为了更好地完成企业的实习内容，在授课教师的指导下，晓文和同学们组成项目小组，通过归纳总结和制作思维导图梳理涉及的相关知识，进而有效地开展实习实践。

学习目标

知识传递	• 了解物流的发展史 • 掌握现代物流的特征、功能 • 理解物流企业的运作模式
能力培养	• 能够根据任务完成物流企业运作模式的分析 • 能够完成物流企业的调研
素质培养	• 学会团队协作，善于沟通表达 • 有效沟通解决问题，获得最佳分析结果 • 培养爱岗敬业的精神和严谨细致的工作态度

知识结构图

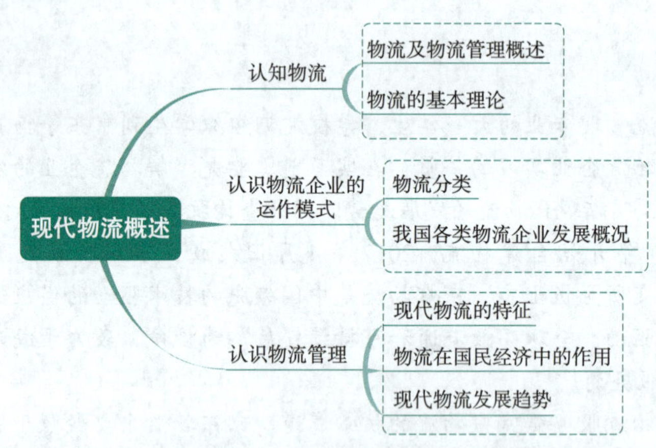

工作任务一　认知物流

任务分析

刚进入物流企业实习的晓文同学，查询到不少关于物流企业的发展史、企业规模、机构设置、岗位职责等资料。资料内容较多，感觉无从下手。请教老师后，老师建议她像课堂教学时采用思维导图梳理知识点一样，利用思维导图分析相关企业的信息，进而有效完成对物流企业的认知。

准备工作

◎收集实习物流企业的宣传片、物流企业小册子。

◎上网搜索实习物流企业的相关信息。

◎与实习物流企业的老员工交流，获取相关信息。

建议学时

课前，1 学时	课中，1 学时	课后，0.5 学时

知识储备

一、物流及物流管理概述

（一）国外物流发展情况

物流水平反映一个国家的经济发展程度，物流管理体现一个国家的民族特性和经济发展模式的差异。

1. 美国

早在第二次世界大战中，美国军队为了有效地组织军事物资调运，运用运筹学原理解决了一系列战争物资供应中出现的问题，完成了军事物资的调运和支持任务，因而称为后勤供应。第二次世界大战后，这种组织管理手段被应用到企业的生产管理中，并开拓了企业生产的崭新局面，取得了很好的经济效益。这实际上就是美国物流的初始阶段，也就是全球范围内最早的所谓“物流”。现在物流已被广泛采用，涉及物资采购、存储控制、物料搬运、订货处理，以及仓库厂址的选择、储存、运输、包装、退货处理等。促使美国物流发展的原因之一是物流机械，为降低运输成本、提高运输效率，他们不断在物流机械上大做文章，改装各种大吨位运输车辆和适合各种温度条件下运输的特种车辆，从而大大提高了运载能力和货物运输种类。随着电子技术和信息技术的出现，美国在物流领域内已迅速实现了向机械化、自动化、信息化、智能化的推进。

2. 日本

1956年从美国引进物流概念以来，日本的物流经历了以流通为主、消费者为主和现代化物流与国际化物流的几个阶段。在不断降低成本的过程中，日本总结了一套行之有效的成本管理经验，即通过实施物流合理化对策，如优化运输方式、缩短物流路径、扩大直达运输、提高车辆装载率、导入共同配送、核定合理库存、提高保管效率，以及推进包装标准化、作业机械化、省力化、控制物流成本等来提高经济效益。日本的物流涉及各个领域，包括供应物流、销售物流、退货物流、废弃物流，并对成本考核到每个项目。日本这种专注成本的管理模式卓有成效，从而引发日本物流发展的异军突起，并在世界物流界取得了令人瞩目的进展，成为世界上物流最发达的国家之一。

随着经济的发展，日本物流的发展方向是物流信息技术的开发，运用信息技术改造物流、加强物流人才的培养、推进新物流服务的实施、推进库存管理的数字化，以及推进整体系统的共同化、协作化、标准化。

3. 英国

英国的物流起步较晚，在20世纪60年代末期，才在美国和日本物流管理的影响下有了物流管理中心，初期它主要组织各类物流专业协会帮助企业从事人才培训；到了20世纪70年代才正式建立了全国物流管理协会，它们多半是从事物流具体工作的管理人员，协会主要以提高物流管理专业化程度为宗旨，推行综合性物流理念，全面规划物资的流通业务，并致力于发展综合物流体制，强调为用户提供综合性服务。物流企业不仅向用户提供和联系运输工具，而且还向用户出租仓库，并提供其他配套服务。在该理念的推动下，建立区域性综合物流中心，向社会提供多功能、全方位服务。这种多功能物流中心的使用对整个欧洲物流产生了很大的影响，进而形成了英国的综合物流体制。计算机应用和网络的出现，对英国物流起到了极大的推动作用，为英国现代化物流揭开了新的篇章。

（二）我国物流发展概况

1. 初期发展阶段（1949—1965 年）

该阶段，我国国民经济还处于一个恢复性发展时期，由于经济基础薄弱，对各种商品特别是生产资料和主要消费资料都是指令性计划生产、分配和供应，流通只不过是用来保证这种分配供应的执行而已。当时的经济指导思想是“重生产、轻流通”。物资流通刚刚起步，只是在一些生产部门和流通部门建立了为数不多的储运仓库开展运输作业。运输则是在铁路、公路、水路、航空基础上的物流雏形。随着经济的发展，初步有了物流网络，但多数处于商物合一、兼营型的初级物流业。

2. 停滞阶段（1966—1978 年）

物流是市场经济发展的结果，我国的计划经济制约了物流的发展，加上国民经济处于物资严重短缺的经济状态。从整体上看，该阶段物流基础设施基本上没有发展。

3. 较快发展阶段（1979—1991 年）

该阶段由于我国实行了以经济建设为中心的改革开放政策，国民经济得到了迅速发展，经济发展的同时，物流业也有了较快的发展，尤其是运输业、仓储业、包装业发展更快，新建了大量铁路、公路、水运码头、机场、仓库等基础物流设施。而且在物流技术设备等方面也有了很大的投入，建立了立体自动化仓库，并率先开展在国民经济中占重要地位的物资（如粮食、水泥等大宗货物）的散装运输和集装箱运输等新兴物流技术的应用。在物流理论研究方面，相关的物流学术团体纷纷建立并积极开展国内外物流学术交流活动，采取请进来、走出去的方式，学习和研究了国外许多先进的物流理论和管理经验，特别是中国物资流通学会在1989年成功地举办了“第八届国际物流年会”，这对我国的物流理论研究和物流实践都起到了历史性的推动作用。从此，在我国，物流学作为一门独立的学科，并逐渐被经济界、物流界所重视，逐步改变了孤立对待运输、仓储、装卸、包装等物流功能的传统流通观念，从而开始系统地、深刻地进行物流理论研究和物流实践的探索，该阶段物流逐渐开始向专业化、社会化过渡。

4. 高速发展阶段（1991 年至今）

我国“八五”规划时期开始到“十三五”时期，民生物流年均增长24.5%，成为助力形成强大国内市场的有力引擎。“十四五”以来，我国物流行业获得高质量发展。根据2024年全国交通运输工作会议公布的数据，2023年1~11月，交通运输完成铁路投资6 407亿元、公路水路投资2.8万亿元、民航投资1 058.9亿元。物流行业为稳经济、扩内需、保民生、促就业提供了有力支撑。我国已初步构建了“通道+枢纽+网络”物流运行体系，我国物流市场规模连续7年位居全球第一。

人才是我国物流业发展最重要的资源，自2002年开始实施中国物流人才教育工程到2023年底，我国开设物流专业的本科院校达到519所，高职高专院校达到1 058所，中职院校1 000多所。这为新时期我国物流业的发展奠定了坚实的人才基础，为物流企业补充了大量的初、中、高级管理人才。

（三）物流及物流管理的基本概念

1. 物流的基本概念

我国在国家标准《物流术语》（GB/T 18354—2021）中对物流是这样定义的："根据实际需要，将运输、储存、装卸、搬运、包装、流通加工、配送、信息处理等基本功能实施有机结合，使物品从供应地向接收地进行实体流动的过程。"

2. 物流管理的基本概念

管理是人类共同劳动的客观要求，物流活动也是一种共同劳动，当然也需要进行管理。

物流管理就是指在社会的生产过程中根据物质资料实体流动的规律，应用管理的基本原理和方法，对物流活动进行计划、组织、协调、控制与监督，使各项物流活动实现最佳组合以降低物流成本，提高物流效率和经济效益。

物流管理的"管"就是指物质活动要受到一定的限制和约束，"理"则指物流活动要符合物质实体流动的规律，因此，物流管理就是为达到既定的目标，从物流全过程出发，对相关物流活动进行的计划、组织、协调与控制通。物流管理的常用方法有经济方法、行政方法、法律方法和教育方法，这四种方法相辅相成、相互制约、有机结合。

（四）物流管理的必要性和重要性及内容

1. 物流管理的必要性

从生产力范畴来看，物流管理是非常必要的。物流的出现是社会化生产发展到一定程度的结果。物流活动包括运输、储存、装卸搬运、包装、流通加工、配送等环节，涉及人、财、物等诸要素，物流要解决物质资料在供需之间的矛盾、空间及时间的矛盾，以及品种、数量、质量之间的矛盾，要使这样复杂的系统正常运转，使其中每个环节和诸多要素有机配合，必须加强物流管理。据有关研究分析，商品处于物流状态的时间要占其从原材料采购到生产、消费全部时间的94%，因此，为了促进商品的生产、消费，协调产需之间的时间和空间的矛盾，更加凸显出加强物流管理的必要性。

从生产关系范畴来看，物流活动的主体是物流企业，而物流活动是由人来完成的，在生产过程中必然会产生各种经济关系，存在国家、集体、个人之间的不同的经济利益关系。同时在物流活动中，也会产生复杂的人与物、人与人的关系，这些都需要通过物流管理进行有效的协调。

2. 物流管理的重要性

（1）加强物流管理是降低物流成本、提高物流效益的关键措施。搞好物流管理可以实现合理运输、合理装卸搬运、合理储存、合理配送，使其费用降低，损失减少，从而提高物流活动的经济效益。

（2）加强物流管理是提高物流效率的根本途径。加强物流管理，合理组织物流，可以减少库存、加快商品周转、节约运力、提高物流效率。

（3）加强物流管理是提高物流质量的重要手段。物流质量对用户来说体现为物流服务的及时性、经济性和满意性。物流质量好意味着以较少的消耗实现满意的服务。

（4）加强物流管理是推行物流标准化管理的重要措施。推行物流标准化对提高物流各环节的作业效率和有效衔接配合都是十分重要的。在现代化物流发展过程中，推行物流标准化尤其重要。

（5）提高物流管理水平是提高物流安全性的前提。如果管理不善就会造成物流事故增多，损失加大；如果物流不畅，就会使处于流动中的商品受到破坏和损失。据有关部门的统计资料，由于物流管理不善，我国物流损失每年达数百亿元。可见，提高物流管理水平会提高物流活动安全性，减少因物流损失造成的经济损失。

3. 物流管理的内容

物流管理是以物流活动为对象，以最低的物流成本向客户提供令其满意的服务为目标，而对物流活动进行的有效管理。其主要的管理包括以下内容：

（1）物流战略管理。要求企业站在长远发展的立场上，对发展目标、经营战略及服务水平等进行统筹规划。

（2）物流作业管理。根据业务要求，制订企业经营计划，并对物流作业进行监督管理。

（3）物流系统运营管理。物流系统运行是实现物流战略目标的手段，因此，只有完善的系统和网络的设计及设施的规划才能保证物流系统合理运行。

（五）现代物流的功能

1. 物流的基本功能

从现代物流的角度看，物流的基本功能应包括运输、储存、装卸搬运、包装、流通加工、配送和物流信息七项。其基本功能具体应包括以下内容：

（1）运输管理：主要包括运输方式、运输路线和车辆调度的组织管理。

（2）储存管理：主要包括原料、产品的库存控制管理和保管管理。

（3）装卸搬运管理：主要包括装卸搬运系统的设计、组织、管理。

（4）包装管理：主要包括包装容器、包装材料、包装技术、包装标准化和系列化等。

（5）流通加工管理：主要包括加工方法与技术的研究、加工场所的布局、加工流程的制订与优化。

（6）配送管理：主要包括配送作业流程与优化、配送的合理配置与调度、配送中心的优化布局等。

（7）物流信息管理：主要包括对反映物流活动内容的信息和物流要求的信息，以及反映物流作用和物流特点的信息进行收集、处理、储存和传输，为物流活动服务。

以上物流的职能管理将在以后的各情境分别进行详细阐述。

2. 物流的增值功能

1）物流增值服务的含义

物流增值服务，是指能够满足用户的特定需要，增加用户价值并围绕物流服务进行的创新性服务。这里主要包含以下四层含义：

（1）满足用户的特殊需求。

（2）增加用户价值。

（3）围绕物流基本服务而开展的服务。

（4）增值服务是一种创新性服务。

2）物流增值服务的特点

（1）相对性。物流增值服务无论是从服务的深度还是广度上讲，都是相对于物流的基本服务功能而言的，是物流的七项基本服务功能的合理延伸。

（2）从属性。物流增值服务与物流基本服务有主从关系，基本功能是物流服务的核心业务，而增值服务则是围绕基本服务向外延伸的服务。如果这种增值服务游离于基本服务功能范围之外，那么它只能算是一种多元化经营的服务项目。

（3）增值性。从增值服务的含义可知，物流增值服务必须增加价值，理应比物流基本功能创造更多的价值。从利润的角度分析，物流增值服务的利润率确实高于基本服务的利润率。

（4）创新性。创新性是物流增值服务的基本特性，正是这种创新服务，才大大提升了物流企业服务的竞争力。

3）物流增值服务的内容

物流增值服务一般包括以下内容：

（1）提供便利性服务。物流效率要求物流服务要简单方便，在提供服务时，推行诸如门到门的一条龙服务，例如：免费培训、维护，省力化设计、安装，全天候服务，自动订货，代办转账，货物监控跟踪等多项增值服务。

（2）提高反应速度的服务。在服务经济时代，快速反应已经成为物流服务要求之一，而对用户快速反应的方法有二：一是提高运输设施、设备的技术性能，如修建高速铁路、公路，以及火车、汽车提速等；二是采用具有增值性的物流服务方案，优化生产和流通的物流配送中心，重新设计适合的流通渠道，简化流程，从而提高物流系统的快速反应能力。

（3）延伸性服务。物流的延伸性增值服务内容有：向上可以延伸到市场调查、采购、订单处理，向下可延伸到物流咨询、物流方案设计、库存规划控制、物流教育培训、代配送、代结算等。

4）物流增值服务的作用

（1）增值服务是物流供需双方潜在的利润增长点，是“第三利润源泉”的重要源泉。创新服务拓展了新的市场机会，为用户提供增值服务，使供方和物流企业都获得了新的利润增长点，从而获取更多的利润。物流的创新服务能够为需方——用户企业提高产品本身竞争力，从而占有更多的市场份额，获得更大的利润价值。

（2）物流增值服务是物流企业的重要竞争手段。随着市场向服务经济的扩展，物流企业面临的市场竞争局面愈演愈烈。在物流基本服务都能提供的情况下，物流服务竞争焦点将会由物流的基本服务向增值服务方面拓展，没有创新的增值服务，物流服务就很难在物流市场中立足，更谈不上拓展更多的高端用户、创造更大的价值。

（3）促进物流服务的不断完善和物流业的不断发展。物流业的竞争促进物流业的发展，物流业在发展中提高了服务水平、服务档次。一项物流增值服务不可能成为物流企业获得竞争力的永久性手段，物流业在不断发展，物流服务在持续完善，只有不断地推出新的创新性增值服务，才能满足用户不断增长的服务需求。这样周而复始的不断循环促进了物流业和物流服务的持续发展。

3. 物流的综合功能

（1）创造物品之间的空间效用。通过运输或配送将物品从供方送到用户手中，克服供需之间物品的空间距离，从而实现物品的空间功能。

（2）创造物品之间的时间效用。通过储存保管将物品从供方送到用户手中，克服供需之间物品的时间距离，从而实现物品的时间功能。

（3）创造物品之间的性质效用。将物品从供方通过加工改变成需方需要的形状性质再送到用户手中，克服供需之间物品的形状性质的距离，从而实现物品的性质功能。

（4）创造物品之间的信息效用。将物品从供方通过信息活动实现运输、储存、装卸、包装、加工等功能，克服了物流各环节的信息不对称，从而实现供需之间物品流通的整体功能。

二、物流的基本理论

（一）物流学说

1. 商物分流说

商物分流是指流通中的商业流通与实物流通各自按照自己的规律，独立进行的两种流通活动。

流通从生产中分化出来之后，并没有结束社会化大生产的分工和专业化向各经济领域的延伸，这种延伸也表现在流通领域。本来商流、物流，以及由商流和物流形成的信息流是相互联系在一起相伴而生并共同运动的，只是各自的运动形式不同而已。

补充资料

其他物流学说

按照流通规律，物流、商流、信息流是三流分离的。商流承担的是商品价值和使用价值及所有权转让的实现；物流承担的是商品时间效用和空间效用的实现；信息流则承担商流和物流之间的信息传递及处理的。实现商物分流是物流学赖以生存的先决条件。现代社会流通的专业化分工、职能化分工所形成的商物分流是社会再生产的一种必然产物，也是物流科学中的一种新观念。物流学正是在商物分流的基础上将物流独立出来进行研究和探索形成的一门学科。

2. “黑暗大陆”和物流“冰山”说

1962年，美国经济管理学家德鲁克在强调重视流通的文章中提出物流是一块“经济的黑暗大陆”的说法。该理论是当时人们对物流本身的正确评价，也是唤起人们对还有许多未知领域的物流进行深入地探索和研究的一种见解。

从某种意义上说，“黑暗大陆”说是一种未来学的研究结论，是战略分析的结果；但它对后人对于物流领域进行深入地探索和研究的重大启迪作用是不可忽视的。

物流“冰山”最早是由日本早稻田大学的教授在研究物流的成本结构时提出的，他认为现行的财务会计方法制度不可能完全掌握物流的所有实际费用，并把这种现象比作冰山一角，物流成本的计算就像冰山的一角一样，所露出的只是其很少的一部分。

物流成本的“冰山”说进一步论证了德鲁克的物流“黑暗大陆”说。随着物流的发展，物流领域尚待研究和探索的课题还有很多。

（二）现代物流理念

现代物流就是指物品从起点到终点及相关的信息有效流动的全过程，它是将运输、仓储、装卸搬运、流通加工、整理、配送和信息处理等功能有机结合，形成完整的供应链，从而为用户提供多功能、一体化的综合物流服务。

1. 市场的延伸理念

物流被认为是市场的延伸，如今又赋予了它新的内涵。

（1）通过为用户提供物流服务的手段来拓展市场。

（2）将物流功能和物流设施看作潜在的市场机会。

（3）物流是市场竞争的手段和策略。

（4）物流是企业的核心竞争内容之一。

2. 服务理念

军事后勤为战争服务，工业后勤为生产活动服务，商业后勤为商业经营服务。总之，物流的职能就是服务。随着服务理念的深化，物流服务出现了层次上的变化，以物流功能服务推进到物流的增值服务和超值服务（高投入、高产出）。如今，无论是生产企业还是流通企业，都要面对提供优质服务的问题，物流服务理念和物流战略已成为企业发展的基本战略之一。

3. 价值与利润理念

物流学者把物流比作降低成本的最后处女地，称其为“第三利润源泉”，因此，人们逐步有了“物流是降低成本的宝库”这一基本认识。于是物流的价值和利润的理念在经济界受到了极大的关注，开始强调高度重视流通管理。根据发达国家的经验，随着市场竞争的日益加剧，在原材料、设备和劳动力成本降低的空间已趋于饱和的情况下，会将成本的降低转向物流领域。

4. 系统化理念

物流系统是指在特定的社会经济大环境中的物品和物流设备设施、人员和信息收集等相互制约的动态要素所构成的，具有特定功能的一体化系统。在物流运行中存在“效益背反”性特点，它是指物流功能间、物流服务与物流效益之间的二重矛盾性，即追求一面必然舍弃另一面的矛盾状态。研究物流成本的“效益背反”关系，实际上是研究物流的经营管理问题。追求物流合理化需要用物流总成本来评价，物流系统是一个庞大的系统，在这个系统中又有若干子系统，而子系统间又有广泛的横向和纵向的联系。物流系统又具有一般系统所共有的特征，即整体性、相关性、目的性、环境适应性，同时还具有规模庞大、结构复杂、目标众多等庞大系统所具有的特征。

5. 一体化理念

物流一体化是指利用物流管理手段使产品在有效的供应链内运动，从而使供应链上所有成员都获得利益的新理念。

物流是企业与用户和供应商之间的联系纽带，它直接影响到企业的发展。用户的订单、产品需求信息通过销售活动、预测及其他形态传递到企业，然后这种信息会转化成具体的生产计划、采购计划，从而形成产品的增值，最终将产品的所有权让渡给用户。从企业内部分析，物流一体化是将所有涉及的物流功能各环节有机结合起来形成企业内部物流的一体化作业。而在市场竞争的局面下，企业必然将其物流活动扩展到用户与供应商相结合的层面，这种通过外部物流一体化的延伸，被称为供应链一体化。物流一体化通过物流的作用，使物品在有效的供应链上移动，使供应链各参与者都能获益，从而形成一套科学的、相对独立的体系——物流、商流、信息流的一体化体系。

6. 专业化理念

第三方物流是物流交易双方的物流服务的提供者，是一种社会专业化的合同或联盟形式的物流服务商。全球经济一体化及专业分工使物流发达国家（实际上也是经济发达国家）敏锐地意识到物流自营成本过高，转而发展专业化的第三方物流来达到降低成本、改善服务的目的。现在专业化的第三方物流已经成为物流发达国家的主要经营模式，是现代化物流发展的大趋势，例如，美国利用第三方物流的货运外包占61%，仓储外包占63%；欧洲国家利用第三方物流约占总物流70%。据美国田纳西大学一份研究报告称，大多数生产企业利用第三方物流实现了成本节约60%、服务水平可提高62%，人员可减少50%，资产可减少48%。这些数据显示，第三方物流对企业应该是一个相当可观的利润增长点。由此可见，专业化的第三方物流的发展前景十分诱人。统计表明，目前全世界第三方物流的增长约在18%左右，而且其需求形势的发展锐不可当、十分强劲。

7. 精益物流理念

精益物流最早起源于日本丰田公司的一种生产管理理念，其核心是关注零库存，并以此为目标发展的一系列管理方法。而物流学者则从物流管理的角度对比，并与供应链管理的思想密切结合起来，进而提出了精益物流的新概念。精益物流的内涵则是运用精益理念对物流活动进行管理，其目标就是在为用户提供满意服务的同时，把成本降低到最低。

始于日本丰田公司的JIT（准时制管理）在全世界被崇尚，其本质就在于它能够灵活经营，适应市场需求变化，从经济性和适应性两方面来保证企业利润的不断提高。在准时制管理中对物流的要求就是做到及时物流，即在准确的时间、准确的地点，提供准确的原材料和产品以保证供应，它遵循以下基本原则：

（1）从用户的角度而不是从企业或职能部门的角度来研究什么能够产生价值。

（2）按照整个价值流确定供应、生产和配送产品中所必需的流程及活动。

（3）提供及时、持续、快捷的物流增值活动。

（4）消除浪费，追求完善。

8. 联盟与合作理念

基于物流的联盟作为最可观的合作理念已逐渐被人们所认识。20世纪80年代中叶发展物流联盟和广泛开展合作关系的思想已经成为物流实践的基础。合作最基本的形式是发展有效的组织间联盟，以形成多种形式的业务伙伴关系。一方面促使企业从外部资源寻找物流服务以提高效率、降低成本；另一方面，促使两个或两个以上的物流供应商与需求商组织联合起来。物流企业是物流联盟的主体，现代的第三方、第四方物流能够提供系统的现代化物流服务，物流外包则是生产制造企业物流管理的一种主体模式。

随着经济全球化发展，世界大市场概念已成为现实。全球化经济对各种生产方式和营销模式产生了巨大的影响，企业通过世界市场采购原材料，又在世界各地组织生产，然后将产品销往世界各地，这就必然导致物流的全球化；而全球化物流又是企业全球战略的产物，是世界范围内进行物流的联盟与合作的支持条件。

补充资料

日本物流的现代化阶段

9. 环保理念

环保物流即绿色物流，是指在物流实现的过程中，为了实施国家可持续发展战略的根本大计，而抑制因物流活动的增加导致物流量的急剧扩张对环境造成的危害。同时实现对物流环境的净化和保护，使社会环境和物流资源得到充分利用，形成一种能促进社会经济发展和人类健康发展的环保型物流。

任务实施

实施步骤	实施内容
步骤一	学生以所在企业的实习岗位相同为原则分组，形成小组并集体研讨企业物流的发展历程、企业标志性的阶段成果
步骤二	小组绘制物流企业发展历程的思维导图
步骤三	分析物流企业的部门有哪些，并以仓储部门为例分析仓储部的主要工作职责
步骤四	你所实习的物流企业主要经营的业务
步骤五	小组互评和教师点评并整改，填写考核评价表

任务评价

专业：__________　班级：__________　姓名：__________　组别：__________

内容	评分标准		满分	得分
认知物流企业	物流企业发展历程总结清晰、具体		20	
	物流企业发展历程思维导图绘制美观、内容翔实		20	
	物流企业仓储部门的主要工作职责归纳总结合理		20	
	物流企业经营业务总结得具体翔实		30	
	小组团结协作，具有集体荣誉感		5	
	态度端正，具有严谨细致的工作态度		5	
合计			100	
小组名称		小组成员		
教师评语				

考核日期：_____年_____月_____日

工作任务二　认识物流企业的运作模式

任务分析

晓文已经初步了解了京东物流企业的发展历程和公司的业务范围，下一步的实习任务是分析京东企业运行模式，需要先了解物流企业运行的模式类型，进而分析实习企业运行模式的优缺点，尤其是深入理解该企业采用该模式的原因。

准备工作

◎收集实习物流企业的宣传片、物流企业小册子。

◎分析物流企业运行模式总体类型，并确定所实习企业运行模式类型。

◎通过资料汇总，尝试分析实习物流企业运行模式的优缺点。

建议学时

课前，1 学时	课中，1 学时	课后，0.5 学时

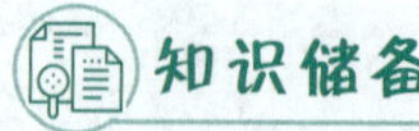

知识储备

一、物流分类

在社会经济生活中物流活动是普遍存在的，但在不同的领域中物流的表现形态、技术特征和运作方式等都有很大的差异。构建一个有效的物流系统，加强物流管理，必须研究物流的基本构成，通过科学地分类和研究，探讨物流活动的共同点和差异。一般来说物流主要有以下几种分类：

（一）按物流服务特点不同分类

（1）交通运输业。以交通运输为主体及以它为支撑、保证、衔接作用的相关行业。

（2）储运业。以储存为主体，兼有多项职能及与储运关系密切的运输业，目前我国主要有物资储运业、商业储运业、粮食储运业、乡镇储运业、后勤储运业。

（3）通运业（第三方物流）。指货主与运输业之外的第三者从事托运与货运委托的行业，各种运输业除了直接办理承运外都是通运业，从事委托承办等实现货主的运输需要。

（4）配送业。以配送为主体的各行业，主要从事大量商流活动，是一种商流、物流一体化的行业。

（二）按物流实现方式不同分类

（1）铁路货运业。主要从事包括铁路运输相关的装卸、搬运、储运等业务。铁路运输从事的业务有整车运输、集装箱运输、混载货物运输及行李货物运输。

（2）汽车货运业。在我国有一般汽车货运和特殊汽车货运两个行业。一般汽车货运主要从事长途、短途货物运输。有的一般货运从属于其他行业，如配合储运的汽车运输、为实现配送的汽车运输，以及为提高铁路、航空、水运服务功能的汽车运输业等。特殊汽车货运主要从事专门长、大、重和危险品等特殊货物的货运业。

（3）远洋货运业。在海洋上进行长途货物运输的行业，也称为海运业。该种行业的业务是以船舶运输为中心，包括港口装卸运输和仓储等，这种运输多用于国际物流领域。远洋运输业务有船舶运输、船舶租赁和租让运输代办等。

（4）沿海船运业。专门从事近海、沿海地域的船舶货物运输。

（5）内河船运业。专门从事内河船舶货物运输。内河运输所使用的船舶在船舶吨位、技术性能、管理方法上与海运业都有很大的不同，因而形成各自的行业。

（6）航空货运业。可分为航空货运业和航空货代业，前者直接从事货物委托运输，后者是中介，受货主委托代办航空货运。航空货运业主要从事国际、国内航空货运、快运、包机运输等。

（7）集装箱联运业。专门办理集装箱“一票到底”联运的集装箱运输代办理业，代货主委托完成各种方式的联合运输，并组织集装箱“门到门”运输和集装箱回收等业务。

（8）仓库业。以仓库存货为主体的行业，包括代储、代存、自存自运等业务。

（9）中转储运业。以中转货物为主的仓储运输业。

（10）运输代办托运业。以提供代理托运为主的货运业。

（11）起重装卸业。以大件、笨重货物的装卸、安装、搬运为主的行业。

（12）快递业。以承接并组织快运、快递为主的服务业。

（13）拆船、拆车业。以拆解船体、车体并进行加工为主的“再生物流”行业。

（14）集装箱租赁业。专门从事集装箱出租的行业。

（15）托盘联营业。组织托盘出租、回收、交换等业务的行业。

（16）第三方物流业。接受委托而进行物流或供应链物流服务的现代物流领域的行业。

（三）按物流所涉及的范围不同分类

1. 企业物流

企业物流就是指工业企业、物资企业、贸易企业、运输企业等企业内部的物品实体流动。企业物流是一种微观物流。

1）企业物流的种类

（1）生产企业物流。它是以购进的生产所需要的原材料、燃料、设备工具为起点，经过加工成为产品，然后以供应给社会需要部门为终点的全过程，它包括采购供应、生产阶段和销售阶段的物流。

（2）流通企业物流。流通企业物流可分为采购物流、流通企业内部物流和销售物流三种形式。采购物流是流通企业组织采购供应货源，将货物从生产供应商集中到流通企业部门的物流。流通企业内部的物流包括内部的储存、保管、加工、装卸搬运、配送等物流活动。销售物流是流通企业将产品转移到消费者手中的物流。

流通企业物流又可分为以下几类：

①批发企业物流，是指在流通批发企业经营中所产生的物流活动。

②零售企业物流，是指流通零售企业经营中所产生的物流活动。

③仓储企业物流，是指仓储企业在储存、保管、经营中所产生的物流活动。

④配送中心物流，是指配送中心集储存、运输、加工、配送为一体的综合物流活动。

⑤第三方物流企业的物流，是指第三方物流本身不拥有商品，而是通过签订合作协议在特定的时间内按特定的价格向用户提供个性化的物流代理服务时所形成的物流活动，如商品储存、运输、装卸搬运、配送、加工物流作业等。

2）企业物流的特点

（1）企业物流的连续性。企业内部物流是由静态的点和动态的线连接在一起的网络结构，静态的点是物料处在空间位置不变的状态，如相关的装卸搬运等企业的场内配置、运输条件生产布局等。而生产物流动态运动的方向、流量、流速等正是使企业生产处于有节奏、有次序的连续不断运行的基础。

（2）物料流转是企业生产物流的关键特征。物料流转的媒介手段是物流搬运，在企业生产过程中，物料搬运流转贯穿于生产加工全过程的始终。生产过程物流的目的是提供畅通无阻的物料流转，保证生产持续、高效的运行。

为此，必须对物料流转进行合理化分析，尽可能减少不必要的搬运，消除物料在场内的相向、迂回搬运，使物料搬运作业与生产、供应、分发等形成流水作业。这对合理选择和配备搬运设备、充分利用物流空间、提高物流效率、降低物流费用具有十分重要的作用。

（3）企业物流成本的背反规律实质上是研究物流的经营管理问题。企业的管理目标是降低物流成本并取得最大的经济效益，成本能真实地反映物流活动实态，同时也可以作为评价物流活动的尺度。因此，在企业经营管理中，物流成本管理无疑是最重要的管理工作。只有认真分析研究物流成本的背反规律，并充分利用它，才能在物流经营活动中最大限度地降低物流成本，获得较好的经济效益。

2. 城乡物流

1）城市物流

城市物流是在一定的城市行政范围内为满足本城市经济发展要求和发展特点而组织的一种区域性物流，其所关注的目标是实现一个城市内的物流合理化问题。城市物流是一种中观社会物流，其具有以下特点：

（1）城市物流的繁杂性。城市物流涉及城市的政治、经济、文化活动等因素，使城市物流的组织具有繁杂性特点。城市物流关系到城市生产、生活所需要的生产、生活资料的物流合理规划问题。而且城市物流的繁杂性还表现在一般城市建设总是先于物流设施的建设，使物流发展先天滞后，给城市物流合理化提出了更高的要求。

（2）城市物流节点多、分布广。城市物流除了大量的货物运输、储存、装卸搬运外，每个工厂、配送中心、货站、商店、机关单位都形成了物流节点，城市物流末端节点数量多、分布广。因此，城市物流的基地、物流中心、物流园区、配送中心的规划就成为物流节点规划的重点，这些节点与节点之间的联系即城市运输、配送就构成了星罗棋布的城市物流网络。

2）农村物流

农村物流，实质上是研究广大农村的物流及连接城乡之间的，在农业生产及其相关的农资供应和农产品销售过程中所形成的物流，也可称为农业物流。其具有以下特点：

（1）主体的特殊性。农村物流的主体既有加工企业、运销企业，又有农户，而农户又具有多重身份，从数量特征上看统计弹性很大。

（2）农村物流路径的复杂性。主要源于农业生产的分散和农产品的消费普遍存在于广大城乡之间。

（3）农村物流环境的影响性。主要是农村物流客体的特殊性形成的物流能力（包括物流基础设施和物流管理等）、物流环境、农产品产业规范和标准化等对农业物流的制约和影响。

（4）农村物流需求的不确定性。主要表现在对农产品需求差异和选择变动上。本书对农村物流只作上述的简单提及，而着重点在于探讨工业及生产建设领域所涉及的物流问题。

3. 区域物流

以跨越若干近邻的经济中心城市为纽带的物流称为区域性物流，区域性物流也是一种中观社会物流。经过多年的努力，在我国一些经济发达的地区，特别是在经济发达的东部和南部地区，区域性物流已经基本形成。例如，我国以沿海大城市群为代表的四大物流圈：以北京、天津、沈阳、大连、青岛等城市为中心的环渤海物流圈；以上海、南京、杭州和宁波等城市为中心的长江三角洲物流圈；以广州、深圳为中心的珠江三角洲物流圈。这些经济发达的区域性物流圈的形成和发展，必将带动其周边地区物流乃至全国物流的迅速发展，并将对我国物流现代化起着十分重要的推动作用。

4. 国民经济物流

1）国民经济物流是指在一个国家范围内的宏观社会物流

国民经济物流的重点是宏观地构筑地区间和企业间运输网络。工业是国民经济的主导产业，工业及工业布局对物资生产和物资流通具有决定性的作用，是衡量一个国家经济发展水平最重要的标志。

（1）工业布局的平衡性要求物流组织与设施与之相配套。

（2）工业布局产品开放性要求以物流作支撑。

（3）工业布局门类完整性要有完整的物流系统做保证。

（4）工业布局的最佳效益要通过优化布局、最大限度地减少原材料与产品的物流费用来实现，最终提高社会经济效益。

2）国民经济物流是一个国家范围内最高层次的物流

国家必须从国家宏观战略的高度，从整体物流系统上进行规划和组织，从而建立起国民经济现代化物流体系。

（1）强化工业生产布局的合理化。

（2）强调经济区域化、合理化地组织物流。

（3）仓储设施的均衡合理布局。

（4）采用多种形式的运输格局。

（5）提高和推广现代化物流技术，推行物流标准化，加强物流服务质量管理。

5. 国际物流

国际物流是国与国之间的物资进出口贸易所形成的物流。它是一种宏观社会物流。随着经济全球化的发展，国际物流已经逐渐成为各国经济建设普遍关注的问题，也是当今世界经济竞争的一个焦点。

1）国际物流的特点

（1）国际物流环境的差异性，包括各国的政治、经济、法律、人文、科技、物流设施等差异而形成的各国之间物流环境的差异。

（2）国际物流必须以国际化信息系统为依托。国际化信息系统是国际物流，特别是国际联运最重要的手段之一。

（3）国际物流的标准化程度要求较高。要使国际物流流畅、快捷，统一的物流标准非常重要。若没有一个统一的标准，国际物流很难衔接，物流水平很难提高。

（4）国际物流是以远洋运输为主的多种运输方式的组合。国际物流由于运输距离长，主要是以远洋运输为主体，实施铁路、航空、公路，以及由这些运输方式组合的复合式综合运输体系。

2）国际物流的形式

（1）按形成角度不同来分，国际物流有以下几种形式：

①生产企业直接与外商进行的进出口贸易形成的国际物流。

②生产企业通过外贸公司进出口贸易形成的国际物流。

③专业外贸公司进出口贸易形成的国际物流。

（2）按运输方式不同来分，国际物流有以下几种形式：

①陆路运输（包括管道运输）进出口贸易形成的国际物流。

②海路运输进出口贸易形成的国际物流。

③航空运输进出口贸易形成的国际物流。

④多式联运进出口贸易形成的国际物流。

⑤邮购运输进出口贸易形成的国际物流。

（四）按物流活动的先后顺序不同分类

按物流活动的先后顺序分类，物流可分为以下几种类型：

1. 供应物流

供应物流是指企业的物资从采购到投入生产前的物流活动，包括物资的采购、进货、运输、仓储、仓库保管等环节。

2. 生产物流

生产物流是指从原材料投入生产的第一道工序开始，到半成品、成品或可出售制品入库整个生产过程的全部物流活动，还包括流通过程中带有生产性的劳务所产生的物流活动，如包装、流通加工等。

3. 销售物流

销售物流是指从企业成品库、流通仓库或厂内分发销售等销售过程中所发生的物流活动，包括生产上的直销和流通企业的销售。其内容包括产成品的库存管理、订货处理、发货运输与用户服务等。

4. 回收与废弃物流

（1）回收物流是指对生产和生活消费过程中所形成的，可回收利用的物品进行回收过程中所产生的物流活动，如对包装物、废机具、边角余料、废金属材料等的回收产生的物流活动。

（2）废弃物流是指对生产和生活消费过程中所产生的废弃物，可以回收利用的回收并加工为再生资源，另一部分不可再生利用的废弃物，为了保护环境而对其进行收集、整理、运输、处理等过程发生的物流活动。

二、我国各类物流企业发展概况

（一）物流企业的类型

1. 传统的仓储运输企业转型而成的物流企业

传统的仓储、运输、货代企业，如中国远洋国际货运公司、中国对外运输公司、中国铁路运输总公司、中国储运总公司等大型物流企业，改变原来单一的货运和仓储服务，依托原来的设施、业务基础和经营网络的优势，不断拓展和延伸物流服务，扩大经营范围，逐步向专业化物流企业转型。

2. 专业物流企业

随着我国物流大发展，近几年国内一些应运而生的新的物流企业，如宝供物流公司、宅急送快递公司、华运通物流公司等，它们运用现代物流理念和灵活的竞争策略，在激烈竞争的物流市场中发展很快，成为我国物流领域中的一支生力军。如宝供物流公司自1994年成立以来，一直致力于为制造企业提供“门到门”一站式联运服务，1997年又率先使用Internet/Intranet等信息化网络技术，对物流运作全过程进行跟踪和库存管理，目前已发展成能为100多家国际知名生产企业提供物流服务，提供从物流方案设计到全程物流服务的组织和实施大型综合服务的物流企业。

3. 工商企业自有的物流企业

一些工商企业逐渐认识到“物流是第三利润源泉”的重要作用，将自己的仓储运输部门独立出来，建立自己的物流体系，以整合分布在不同部门的物流资源，实现企业物流合理化，降低企业物流成本，提高企业经济效益。还有一些大型工商企业，利用现成的市场网络和闲置的物流资源对外开展第三方物流业务，如海尔、长虹、联想、华联超市、国美电器等大型工商企业。

4. 外资（合资）物流企业

目前，国际一些知名的大型物流企业纷纷登陆中国，如Maersk、UPS、DHL、日通、宅急便等美国、日本的公司，他们看好中国的物流市场前景，利用合资或独资形式，开始在中国经营物流业务，建立物流网络及物流联盟，运用其成功的物流服务经验和现代物流理念为用户提供综合物流服务。

日通、住友、TNT等公司先后在上海、北京、广州等大中城市建立物流机构和货运网络，凭借其丰富的经验、优质的服务和一流的管理，在我国三资企业物流服务中占领了相当大的市场份额。

5. 物流软件企业

2000年，杰合伟业软件技术公司发布的中国第一个城市物流配送管理应用软件——杰合配送管理系统，以及该公司针对城市物流配送领域的应用服务提供的解决方案，拉开了物流电子化配送业务的序幕。随后许多IT企业纷纷加入到物流软件开发应用的竞争队伍中，而成为物流行业的一员。

6. 物流装备制造企业

我国物流装备企业发展很快，20世纪70年代只有昆明船舶设备集团一家较大的物流自动化设备公司，到20世纪90年代就增加到8家。随着物流信息化、自动化时代的到来，我国的自动化仓库成套设施供应商发展很快，目前多数物流装备企业都能提供如叉车、货架、升降机等装卸搬运、输送设备，而相对于自动化程度较高的立体化仓库等功能控制型设备还只有昆明船舶设备集团和北京起重运输机械研究所等企业能够生产。

（二）物流企业的运作模式

1. 传统物流企业运作模式分析

长期以来，传统物流企业沿用的是单一的职能型经营模式。条块分割、管理多元、运储分离的物流机制，很难实现对全社会的综合物流服务。其主要表现有三：一是物流技术低下，很难将物流功能有效地整合起来实现综合物流服务；二是物流围绕生产而进行，生产是物流的推动力，企业更多的是关注生产成本，缺乏对包括物流在内的总成本的认识；三是难以对可能取得的投资回报进行量化，收益具有不确定性。

由于以上原因，传统物流企业的运作是建立在功能基础上的后勤保障，对存在的综合物流缺乏认识，所以只能进行单一的储存和运输业务，而不可能从综合物流服务的理念去考虑整合物流功能的问题。这种功能单一分散的物流运作模式和多元化的物流格局，导致我国物流社会化程度低下，造成物流适应社会化大生产、专业化流通的集约化经营的优势很难发挥，规模经营、规模效益难以实现，形成布局不合理、设施利用率低、资金浪费严重的局面。

如前所述，传统物流企业主要包括运输企业、仓储企业和货运代理企业。

（1）运输企业是具体运输的承担者。运输企业按照运输合同把货物运送到指定地点，其运送手段相对简便、专业性强，主要是对货物的集装、分配、搬运、中转、装卸等作业。

（2）仓储企业是货物储存业务的承担者。仓储企业主要从事货物的装卸搬运、入库、出库及保管业务。

（3）货运代理企业是运输的组织者和设计者。货运代理企业是运输服务的延伸，主要包括揽货、配载、运送、报关、装运、装拼箱、转运、仓储、编制有关运单、垫付和结算运杂费、运输咨询、提供货运信息等业务。货代企业的出现是以市场营销为出发点，充分解决了市场和物流分离、市场服务与物流服务分离的状况，从而提供更加专业的物流服务，同时货代企业也是现代物流企业的基础和雏形。

2. 现代物流企业运作模式

现代物流企业是连接生产、交换、流通、消费等各个环节，并为之提供专业物流服务的经济组织，它是建立在信息技术和现代物流理念基础之上的，为用户提供个性化、专业化服务和综合性物流服务的经济组织，它不仅可以提供货物运输、储存、包装、装卸搬运、配送、流通加工等有形服务，还可以提供优化物流方案的设计和物流信息等无形服务。

现代物流企业运作模式具体有以下特点：

（1）依托于信息系统强有力的支持。现代物流企业建立在以数据交换系统、互联网为基础的公共物流信息平台之上，并可以通过全球卫星定位系统和条形码技术对货物实施全程跟踪与监控，实现实时监控和信息共享。

（2）树立以用户服务为导向的管理理念。物流企业的利润来源于对用户的增值服务，响应用户的需求已经成为当今物流市场竞争战略的重要手段，以满足用户的需求。现代物流企业向用户提供增值服务，与用户建立战略联盟关系，降低物流总成本，并提升物流企业本身的核心竞争力。

（3）提供深度的物流服务。现代物流企业不是简单的货代企业，也不是单纯的运输企业，它的业务已经涉及用户的销售计划、订货计划、生产计划、库存计划等整个生产经营过程，影响到用户企业的生产运作，使用户随时可以调节生产和库存、生产周期和销售周期，设计企业的生产能力，实现生产的JIT管理，从而在激烈的市场竞争中始终立于主动地位。

（4）现代物流是建立在先进的物流技术基础之上的高效率、低成本的运营模式。现代物流企业拥有先进的物流技术和先进的物流装备，充分发挥这些技术和装备的效能作用，将会极大地提高物流运作效率、降低物流成本。

补充资料

企业废弃物的种类

案例讨论

三菱化工公司物流模型

化工行业由于其供应链管理非常复杂，每个环节都要求有一个非常严谨的供应链计划，这样企业才可以更合理地做出是否购买中间产品或最终产品的重要决策，以有效地实现贸易交换以及商业伙伴之间的贸易均衡。同时，企业需要针对不同的市场需求做出具有可行性的供应安排。企业利用这些信息，可以判断是否有机会捕获更多的针对某些特定产品的需求，或者是否有可能在供应紧张的情况下提高产品的价格。

三菱化工公司是由三菱卡石公司和三菱石化公司于1994年合并而成，年销售收入达140亿美元。公司主要经营范围涉及石化产品、农用化学品、医药产品、塑料制品、专用化工产品。因此，对三菱化工来说，一条高度集成和完整的供应链就显得格外重要。咨询公司为三菱化工提供管理咨询，并帮助其建立起一套完整的包括产品销售、供给、生产和筹资计划等在内的供应链业务流程；同时协助三菱化工建立起整个供应链的计划运行机制，使其能够高效运行；还协助三菱化工建立起与其相适应的物流模式。

整个项目包括以下五方面的内容：

（1）需求计划设计：用统计工具、因果要素和层次分析等手段进行更为精确的预测，用包括互联网和协同引擎在内的通信技术帮助生成企业间的最新和定时的协作预测。

（2）生产计划和排序：分析企业内部和供应商生产设施的物料和能力的约束，编制满足物料和能力约束的生产进度计划，并且还可以按照给定条件进行优化。各软件供应商根据不同的生产环境应用不同的算法和技术，提供各有特色的软件。

（3）分销计划：帮助管理分销中心并保证产品可订货、可盈利、能力可用。分销计划帮助企业分析原始信息，然后企业能够确定如何优化分销成本或者根据生产能力和成本提高客户服务水平。

（4）物流和运输计划：帮助确定将产品送达客户的最好途径。物流和运输计划目是短期的和战术的。物流和运输计划对交付进行成组并充分利用运输能力。

（5）企业或供应链分析：以整个企业或供应链的图示模型，帮助企业从战略功能上对工厂和销售中心进行调整。有可能对贯穿整个供应链的一个或多个产品进行分析，注意挖掘到问题的症结。

供应链管理系统在三菱化学公司试点单位的实施，使得生产线的准备时间和生产物料供应提前期有了明显提高；通过整合和优化供应链中需求和供应计划，达到了公司管理层预先设定的要求：当客户有新的需求时，可及时查阅整个供应链上的资源并重新配置。

三菱化学公司试点单位的供应链计划员可以编制高精度的月生产、销售计划，同时可以通过系统模拟客户需求量的变化对整个供应链的潜在影响程度。高精度的月生产计划帮助公司减少浪费、降低生产成本；整个供应链上各要素的综合计划如生产能力、可用库存量和客户对产品的特殊要求等，帮助三菱公司提高了客户满意度。

问题思考：“供应链管理系统在三菱化学公司试点单位的实施，使得生产线的准备时间和生产物料供应提前期有了明显提高。”说明了什么问题，请简单阐述。

扫一扫

参考答案

任务实施

实施步骤	实施内容
步骤一	根据学生实习企业的岗位进行分组，小组讨论物流企业是如何划分的、物流企业的类型有哪些
步骤二	上网搜索，查询该物流企业的运作模式
步骤三	分析比较自营模式和第三方物流模式各自的优缺点： 自营模式：优点________ 缺点________ 第三方物流：优点________ 缺点________
步骤四	小组互评、教师点评，填写考核评价表

任务评价

专业：________ 班级：________ 姓名：________ 组别：________

内容	评分标准	满分	得分
分析物流企业运作模式	物流企业运作模式类型分析恰当合理	20	
	所实习的物流企业运作模式分析得具体、脉络清晰	30	
	自营模式和第三方物流模式各自的优缺点总结恰当合理	30	
	小组团结协作，具有集体荣誉感	10	
	具有深入思考问题的能力和严谨、精益求精的工作态度	10	
合计		100	
小组名称		小组成员	
教师评语			

考核日期：____年____月____日

工作任务三　认识物流管理

任务分析

在京东物流企业实习期间，晓文看到了物流企业的岗位人员配置情况和具体岗位的工作内容，开始思考日后毕业去向和就业岗位等实际问题。在咨询了老师和企业实习师傅后，晓文打算了解一下现代物流管理专业学生毕业后的就业前景、就业方向和毕业生应具备的能力，老师提醒她："就业要全面考虑，首先要了解现代物流管理的发展趋势和特征，同时也要考虑所在城市及物流企业现代化的程度，这也和自身的技能水平及获取的相关职业资格证书等相关，应该综合考量这些情况再作出选择"。经过一番思考，晓文对自己进行了初步规划并开始对目前物流企业就业前景、方向和必备的能力进行了搜索和分析。

准备工作

◎从求职网上搜索物流公司招聘毕业生的要求。
◎分析自己具有的能力和优劣势。
◎分析汇总自己通过本专业在校课程学习后可具有的相关能力。

建议学时

课前，1 学时	课中，1 学时	课后，0.5 学时

知识储备

一、现代物流的特征

（一）物流电子化

可以说，物流电子化与物流信息化是科学技术发展进程中诞生的现代应用技术，在发展过程中它们是相互促进共同发展起来的。它们都对现代物流的发展起到了巨大的推动作用。作为电子商务前身的电子数据交换（EDI）技术，是为了简化烦琐、耗时的订单处理过程，以加快物流速度，提高资源配置利用率而产生的。物流电子化的应用最终是为了解决商流、物流、资金流、信息流的传递效率问题，使物流效率达到最优，从总体上达到降低物流成本、实现经济效益的最大化。

（二）物流信息化

物流信息化主要表现在物流信息的表示、传递、储存及使用等方面，与传统物流相比，有着革命性的变化。这些革命性的变化包括物流信息表达的数字化，物流信息收集的自动化、代码化，物流处理的计算机化，物流信息传递的网络化、标准化、实时化，物流信息存储的数据库化，物流信息管理的系统化，物流信息查询的个性化，物流信息的商品化等。

（三）物流自动化

自动化的基础是信息化，自动化的核心是机电一体化，自动化的表现就是操作无人化，自动化的效果就是活力化。物流自动化广泛应用于物流运作过程，如条码、语音系统、射频自动识别系统、自动分拣系统、自动存取系统、自动导向系统、货物自动跟踪系统等，这些已经普遍应用于物流作业，而且取得了巨大的效益。

（四）物流智能化

应该说，物流智能化是物流自动化和物流信息化的一种高层次的应用。物流运作过程中大量的运筹、决策，如物流运作方案的模拟与优选、库存水平的确定与控制、自动导向与自动分拣的运行控制、自动存取系统的运行与控制等，都需要高智力地解决。在物流自动化的进程中，物流智能化是不可回避的技术问题。目前一些国家已经发明了如“专家系统”、机器人等相关的物流智能化技术，并在物流业推广应用，取得了巨大的成功。为了实现物流现代化，提高物流智能化水平是一条必然的途径。

（五）物流柔性化

实际上，柔性化是为实现营销“以用户为中心”的理念而提出的，物流是一种服务性行业，要做到物流运作的柔性化，就要求物流企业根据用户的需求，随时灵活地调节物流企业的物流运作活动，对用户的物流服务需求做出及时的响应。20世纪90年代末，国际上推出的柔性制造系统（FMS）、计算机集成制造系统（CIMS）、物料需求计划（MRP）系统、制造资源计划（MRPⅡ）系统、企业资源计划（ERP）系统、及时制（JIT）系统，以及供应链管理（SCM）系统等，都是将生产流通进行集成，根据用户需求来组织生产物流运作。因此，在当今“以用户为中心”的营销理念的推动下，物流运作必须柔性化，这样才能适应社会经济发展和市场竞争的需要。

二、物流在国民经济中的作用

我国改革开放以来，国民经济持续高速发展，为我国物流的发展提供了坚实的基础。2013年我国GDP达到56.88万亿元人民币，比1990年增长近14.33倍，高速发展的经济必然促进物流的迅速发展。“十五”期间我国物流总额达到159万亿元人民币，比“九五”期间增长1.4倍。2021年，社会物流总额超过330万亿元，较2012年翻了近一番，货运量、货物周转量、快递业务量等位居世界前列，物流业总收入将近12万亿元，成为全球最大的物流市场。我国物流的这种发展态势，极大地推动了我国物流现代化发展进程。现代化物流的内涵一方面表现为物流系统的技术革命，即以现代化物流技术取代传统的物流技术；另一方面则表现为对现代物流理念的认识和对物流系统的现代化管理。

物流一头连着生产，一头连着消费，是畅通国民经济循环的重要环节，对更好支撑现代化产业体系具有重要意义。物流如何适应经济现代化发展的需要是近年来经济界（包括物流界）十分关注的问题。物流学是一门研究物质资料的生产、流通、消费等各环节的物流规律的学科，它的研究对象则是处于不断运动中的物资及影响物资流通的各相关因素，它涉及物质资料空间位移过程中各种经济问题和技术问题，以及相适应的物流经济管理理论、方法和物流技术。

物流学研究的任务是在物流活动中采用先进的物流管理理论和物流技术，使物流的投入与物流目标达到总体平衡，实现物流效益的最大化，为人民生活和国家经济建设提供优质服务。

（一）物流是生产不断进行的前提条件，是社会再生产过程的必要环节

社会化生产都是经过生产、分配、流通、消费这四个环节。

社会再生产的主要特点是它的连续性，这是人类社会得以发展的重要保证，一个社会既不可能停止生产也不可能停止消费。而持续不断的“再生产之流”总是以获得必要的生产资料并使之与劳动力相结合开始的。企业生产要持续不断地进行，一方面必须按生产需要的数量、质量、品种、规格和时间不断地供给原材料、燃料、工具、设备等生产资料；另一方面，又必须及时将生产的产品销售出去，也就是说必须保证物质资料不间断地流入生产部门，经过加工后又不间断地流出生产部门。同时在生产部门内部这些物质资料也要在各生产工序场所间相继输送，使它们经过一步一步的深加工后变为价值更高、使用价值更能满足用户需求的新产品。这两种形式的物流如果停顿，生产过程就必然受到影响或者停滞。所以说物流为企业生产提供了外部和内部的经营环境，是企业生存和发展的重要支撑力量，是企业生产运行的根本保证。因此物流是社会生产与再生产不断进行的前提条件。

（二）物流是国民经济的动脉系统，是联系国民经济其他产业的纽带

一个社会（或国家）的经济都是由众多的产业部门和企业组成，而这些又分布在不同的地域，它们之间相互供应其产品，用于其他方的生产性消费和个人生活消费，它们既互相依赖又相互竞争，形成错综复杂的关系。特别是现代科技的发展和新技术革命的兴起，引起和正在引起经济结构、产业结构和消费结构的一系列变化。这些变化和复杂的结构必须通过物流把它们联系起来，就像人体各器官要由血管把它们联成一个循环的整体一样。物流就是维系这些关系错综复杂的产业、部门和企业的纽带。物流这条纽带把众多的不同类型的企业和部门及众多产品连接起来，成为一个有序运行的国民经济体系。商流和物流一起把各个部门变成社会总生产过程中相互依赖的部门。现代物流是伴随工业化、城市化发展而兴起的生产性服务行业，加快发展现代物流，对于提高物流效率，降低社会物流成本，促进经济结构调整和增长方式的转变，推动第三产业乃至整个国民经济的发展都具有十分重要的意义。近年来现代物流在全球范围内的迅速发展，促进了生产要素在更大范围内的自由流动和优化配置，进一步推动了区域、国际经济的合作、互补融合，使各地、各国在更大范围、更深程度上参与经济全球化进程，为形成优势互补、互惠互利的区域、国际合作新格局提供了坚实的平台。特别是迅速步入以电子技术和信息技术为特征的现代化物流，已经成为国民经济的重要支柱产业。

（三）物流是保证商流顺利进行、实现商品使用价值和商品价值的物质基础

流通的出现是商品经济发展的必然，在商品流通中一方面要发生商品的所有权的让渡，即实现商品的价值，该过程称之为“商流”；另一方面又要完成商品从生产地向消费地的空间转移，即发生商品的实体移动，以实现商品的使用价值，该过程称之为“物流”。流通首先起源于商品交换活动，来源于商流，但是，商流只是实现了商品所有权的转移，并没有完成商品的全部流通过程，卖方还需要将商品交付给买方。这种交付过程就是商品的流通过程，或者说是商品从生产地向消费地的实体流动过程，也就是物流。

在商品流通过程中，物流是伴随商流而产生的，但它不是商流的物资内容和基础。商流的目的在于让渡商品的所有权，而物流才是商品交换过程所要解决的社会物资转移过程的具体体现。没有物流过程就无法完成商品的流通过程，商品的价值和使用价值就不可能实现。因此商流是物流的前提，而物流则是商流的保证。总之，商流和物流构成了商品流通的两大环节，商流和物流相互促进、共同作用，从而推动社会经济的不断发展。

（四）物流技术的发展是决定商品生产规模即产业结构变化的重要因素

商品生产的发展要求社会化、专业化和规模化，但是如果没有物流的发展，这些要求很难实现。由于运输技术的发展而使产销两地距离缩短，产品才能在短时间内进入消费市场；同时由于储存技术的发展，使商品的使用价值可能在较长时间延存，使其能在较长时间内消费；由于包装技术的发展，能使商品安全运输、安全储存、保护商品，使其更好地销售。总之，物流技术的发展从根本上改变了商品生产的消费条件，为社会经济发展创造了前提条件，而且随着现代化科技的发展，物流对社会生产及国民经济的发展都将起到越来越重要的作用。

（五）物流发展是提高微观经济效益和宏观经济效益的重要源泉

随着市场竞争的加剧，作为企业创造利润的“第一利润源泉”（即原材料成本的节约）和“第二利润源泉”（即劳动力成本的节约）已趋枯竭，人们已经开始重视物流这块降低成本的最后处女地。“物流是降低成本的宝库”已成共识，这就是常说的物流是“第三利润源泉”。2024年2月召开的中央财经委第四次会议也提出了“必须有效降低全社会物流成本，增强产业核心竞争力”的要求。物流组织得如何，直接关系着生产过程和销售过程是否能够顺利进行，关系着商品价值最终能否顺利实现。而且物流费用已经成为生产成本和流通成本的重要组成部分。物流实践证明，通过合理组织运输和配送、减少装卸搬运次数、改进商品包装和装卸设备机具、提高物流效率、减少商品损耗等措施，都可以大大提高企业利润水平。

长期以来，由于重生产、轻流通的传统观念，造成产需脱节、流通不畅，给国家经济和人民生活带来了很大损失。例如，由于包装不善、野蛮装卸和运输不合理等原因，大量物资在流通过程中受损，仅此一项每年损失达上百亿元。改革开放以来，国民经济迅速发展，物流得到了政府和企业广泛重视，上述情况虽然有了明显的改善，但仍然存在许多有待改善的问题，因此提高物流管理水平无论是对企业经济效益还是社会宏观经济效益都有十分重大的意义。

三、现代物流发展趋势

（一）信息化

现代社会已步入了信息时代，物流信息化是社会信息化的必然要求和重要组成部分。物流信息化表现在：物流信息的商品化、物流信息收集的代码化和商业智能化、物流信息处理的电子化和计算机化、物流信息传递的标准化和实时化、物流信息存贮的数字化和物流业务数据的共享化等。

（二）网络化

网络化是指物流系统的组织网络和信息网络体系。从组织上来讲，它是供应链成员间的物理联系和业务体系，国际电信联盟（ITU）将射频识别技术（RFID）、传感器技术、纳米技术、智能嵌入技术等列为物联网的关键技术，这种过程需要有高效的物流网络支持。而信息网络是供应链上企业之间的业务运作通过互联网实现信息的传递和共享，并运用电子方式完成操作。例如配送中心向供应商发放订单就可以利用网上的电子订货系统通过互联网来实现，对下游分销商的送货通知也可通过网上的分销系统甚至是移动手持设备来实现，等等。

（三）自动化

物流自动化的基础是信息化，核心是机电一体化，其外在表现是无人化，效果是省力化。此外，它还能扩大物流能力、提高劳动生产率、减少物流作业的差错等。物流自动化的技术很多，如射频自动识别、自动化立体仓库、自动存取、自动分拣、自动导向和自动定位、货物自动跟踪等技术。这些技术在经济发达国家已普遍用于物流作业中，在我国，虽然某些技术已被采用，但达到普遍应用还需要相当长的时间。

（四）电子化

电子化是指物流作业中的电子商务。它也是以信息化和网络化为基础，具体表现为：业务流程的步骤实现电子化和无纸化；商务的货币实现数字化和电子化；交易商品实现符号化和数字化；业务处理实现全程自动化和透明化；交易场所和市场空间实现虚拟化；消费行为实现个性化；企业或供应链之间实现无边界化；市场结构实现网络化和全球化，等等。作为电子商务发展关键性因素之一的物流，是商流、信息流和资金流的基础与载体。电子化使得跨国物流更加频繁，对物流的需求更加强烈。

（五）共享化

供应链管理强调链上成员的协作和社会整体资源的高效利用，以最优化的资源最大化地满足整体市场的需求。企业只有在建立共赢伙伴关系的基础上，才能实现业务过程中的高度协作和资源的高效利用，通过资源、信息、技术、知识、业务流程等的共享，才能实现社会资源优化配置和物流业务的优势互补，快速对市场需求作出响。

（六）协同化

市场需求的瞬息万变、竞争环境的日益激烈都要求企业具有与上下游进行实时业务沟通的协同能力。企业不仅要及时掌握客户的需求，更快地响应、跟踪和满足需求，还要使供应商对自己的需求具有可预见能力，并能把握好供应商的供应能力，使其能为自己提供更好的供给。为了实现物流协同化，合作伙伴需要共享业务信息、集成业务流程，共同进行预测、计划、执行和绩效评估等业务。而只有企业间实现了全方位的协同，才能使物流作业的响应速度更快、预见性更好、抵御风险能力更强、降低成本和增加效益。

（七）集成化

物流业务是由多个成员与环节组成的，全球化和协同化的物流运作要求物流业中成员之间的业务衔接更加紧密，因此要对业务信息进行高度集成，实现供应链的整体化和集成化运作，缩短供应链的相对长度，使物流作业更流畅、更高效，更快速，更加接近客户和需求。集成化的基础是业务流程的优化和信息系统的集成，二者都需要有完善的信息系统支持，实现系统、信息、业务、流程和资源等的集成。同时，集成化也是共享化和协同化的基础，没有集成化，就无法实现共享化和协同化。

（八）智能化

智能化是自动化、信息化的一种高层次应用。物流涉及大量的运筹和决策，例如物流网络的设计优化、运输（搬运）路径和每次运输装载量的选择，多货物的拼装优化、运输工具的排程和调度、库存水平的确定与补货策略的选择、有限资源的调配、配送策略的选择等优化处理，都需要借助智能的优化工具来解决。近年来，专家系统、人工智能、仿真学、运筹学、商务智能、数据挖掘和机器人等相关技术已经有比较成熟的研究成果，并在实际物流业中得到了较好的应用，使智能化已经成为物流发展的一个新趋势，智能化还是实现物联网优化运作的一个不可缺少的前提条件。

（九）移动化

移动化是指物流业务的信息与业务的处理移动化。它是现代移动信息技术发展的必然选择。由于物流作业更多地体现在载体与载物的移动，除了暂时静态的存储环节外全都处于移动状态，因此移动化对物流业具有更加重要和深远的意义。应用现代移动信息技术（通信、计算机、互联网、GPS、GIS、RFID、传感、智能等技术）能够在物流作业中实现移动数据采集、移动信息传输、移动办公、移动跟踪、移动查询、移动业务处理、移动沟通、移动导航控制、移动检测、移动支付、移动服务等，并将这些业务与物体形成闭环的网络系统，在真正意义上实现物联网。它不仅使物流作业降低成本、加速响应、提高效率、增加盈利，而且还使其更加环保、节能和安全。

（十）标准化

标准化是现代物流技术的一个显著特征和发展趋势，也是实现现代物流的根本保证。货物的运输配送、存储保管、装卸搬运、分类包装、流通加工等作业与信息技术的应用，都要求有科学的标准。例如，物流设施、设备及商品包装、信息传输等的标准化等。只有实现了物流系统各个环节的标准化，才能真正实现物流技术的信息化、自动化、网络化、智能化等。特别是在经济贸易全球化的新世纪中，如果没有标准化，就无法实现高效的全球化物流运作，这将阻碍经济全球化的发展进程。

（十一）柔性化

柔性化是20世纪90年代由生产领域提出来的，为了更好地满足消费者的个性化需求，实现多品种、小批量以及灵活易变的生产方式，国际制造业推出柔性制造系统（flexible manufacturing system，FMS），实行柔性化生产。随后，柔性化又扩展到了流通领域，根据供应链末端市场的需求组织生产和安排物流活动。物流作业的柔性化是生产领域柔性化的进一步延伸，它可以帮助物流企业更好地适应消费需求的“多品种、小批量、多批次、短周期”趋势，灵活地组织和完成物流作业，为客户提供定制化的物流服务来满足他们的个性化需求。

（十二）社会化

物流社会化也是今后物流发展的方向，其最明显的趋势就是物流业中出现第三方和第四方物流服务方式。它一方面是为了满足企业物流活动社会化要求所形成的，另一方面又为企业的物流活动提供了社会保障。而第三方、第四方乃至未来发展可能出现的更多服务方式，是物流业发展的必然产物，是物流过程产业化和专业化的一种形式。人们预测下阶段的物流将向虚拟物流和第*N*方物流发展，物流管理和其他服务也将逐渐被外包出去。这将使物流业告别“小而全、大而全”的纵向一体化运作模式，转变为新型的横向一体化的物流运作模式。

（十三）全球化

补充资料

海尔的JIT

为了实现资源和商品在国际的高效流动与交换，促进区域经济的发展和全球资源优化配置的要求，物流运作必须要向全球化的方向发展。在全球化趋势下，物流目标是为国际贸易和跨国经营提供服务，选择最佳的方式与路径，以最低的费用和最小的风险，保质、保量、准时地将货物从某国的供方运到另一国的需方，使各国物流系统相互“接轨”，它代表物流发展的更高阶段。

我国企业正面临的国内、国际市场更加激烈的竞争，面对资源在全球范围内的流动和配置大大加强，越来越多的外国公司加速加入中国市场，同时一大批中国企业也将真正融入全球产业链中，这将加剧中国企业在本土和国际范围内与外商的竞争，这都将对我国的物流业提出更高的要求。在新的环境下，我国的企业必须把握好现代物流的发展趋势，运用先进的管理技术和信息技术，提高物流作业的管理能力和创新能力，提升自己的竞争力。

案例讨论

成功的物流秘笈：精益生产、及时供货

随着汽车市场竞争越来越激烈，很多汽车制造厂商采取了价格竞争的方式来应战。在这个背景下，大家都不得不降低成本。而要降低成本，很多厂家都从物流这个被视作“第三大利润”的源泉入手。

有资料显示，我国汽车工业企业，一般的物流成本起码占整个生产成本的20%以上，差的公司基本在30%~40%，而国际上物流做得比较好的公司，物流的成本都控制在15%以内。

扫一扫

参考答案

上海通用在合资当初就决定，要用一种新的模式，建立一个在“精益生产”方式指导下的全新理念的工厂。

精益生产的思想内涵很丰富，最重要的一条就是像丰田一样——即时供货（just in time，JIT），即时供货的外延就是缩短交货期。所以上海通用在成立初期，就在现代信息技术的平台支撑下，运用现代的物流观念做到交货期短、柔性化和敏捷化。

问题思考：上海通用公司是如何降低物流成本的？

任务实施

实施步骤	实施内容
步骤一	根据学生实习所在岗位形成学习小组
步骤二	上网搜索资料，查询物流企业的行业背景和毕业生应具备的能力
步骤三	查询分析现代物流管理专业毕业生的就业前景包括哪些方面
步骤四	绘制现代物流管理专业毕业后的就业方向思维导图
步骤五	学生自评，小组互评，教师点评，填写考核评价表

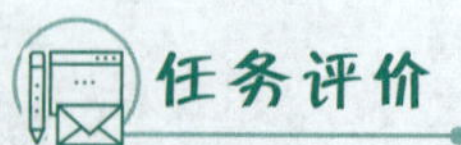

任务评价

专业：＿＿＿＿＿＿　班级：＿＿＿＿＿＿　姓名：＿＿＿＿＿＿　组别：＿＿＿＿＿＿

<table>
<tr><td>内容</td><td colspan="2">评分标准</td><td>满分</td><td>得分</td></tr>
<tr><td rowspan="6">分析现代物流企业就业前景</td><td colspan="2">物流企业的行业背景和毕业生应具备的能力总结得全面具体</td><td>20</td><td></td></tr>
<tr><td colspan="2">现代物流管理专业毕业生的就业前景总结得细致全面</td><td>30</td><td></td></tr>
<tr><td colspan="2">绘制现代物流管理专业毕业后的就业方向思维导图结构合理，外观美观，内容翔实</td><td>20</td><td></td></tr>
<tr><td colspan="2">具有团队合作意识和服务意识</td><td>10</td><td></td></tr>
<tr><td colspan="2">具有深入思考问题的能力和科技创新意识</td><td>10</td><td></td></tr>
<tr><td colspan="2">态度端正，具有严谨细致的工作态度</td><td>10</td><td></td></tr>
<tr><td colspan="3">合计</td><td>100</td><td></td></tr>
<tr><td>小组名称</td><td></td><td>小组成员</td><td colspan="2"></td></tr>
<tr><td>教师评语</td><td colspan="4"></td></tr>
</table>

考核日期：＿＿＿年＿＿＿月＿＿＿日

知识回顾

本情境主要介绍了物流的基本概念、功能要素、物流的特点及物流分类、物流企业的类型和特点、现代物流的特点及功能。本情境涉及的主要知识如下：

（1）物流的概念功能及基本理论。

（2）现代物流分类及我国物流企业。

（3）现代物流的特征及其在国民经济中的作用。

实践演练

晓文在京东物流企业实习期间，了解了物流岗位主要包括采购与销售、运输与配送、装卸搬运与储存。而竞争和服务质量是物流企业经营所依赖的主要手段，公平竞争和诚信服务是从业人员应具备的基本素质，请同学们查阅并整理物流企业经营的道德标准。

情境二

装卸搬运

情境描述

学校近期组织学生到永辉超市实习。晓华和同学们了解到，永辉超市成立于2001年，2010年上市，是中国企业500强之一，是国家级“流通”及“农业产业化”双龙头企业。永辉超市是中国首批将生鲜农产品引进现代超市的流通企业之一，被国家七部委誉为中国“农改超”推广的典范，通过农超对接，以生鲜特色经营及物美价廉的商品受到百姓认可，被誉为“民生超市、百姓永辉”。

自创办以来，永辉超市持续高质量发展。目前永辉超市已在全国发展超千家连锁超市，业务覆盖29个省份，近600个城市，经营面积超过800万 m^2。位居2022年中国超市百强榜第二位、2022年中国连锁百强第四位。

商品进入超市的第一步就是进行商品的装卸搬运。收货员安排供应商将商品安全卸载到指定的位置并进行到货情况的核查，以保证权责明晰。晓华实习的初期阶段，主要就是完成货品的装卸搬运工作——装卸搬运是超市收货部门一个重要的环节，同时也是比较辛苦的一个工作。在有限的时间和场地内，对成千上万的商品进行处理，工作强度非常大，这就要求收货员具有强烈的责任心，耐心、细心，能够吃苦耐劳。

为了更好地完成装卸搬运的工作，晓华和同学们需要提前对装卸搬运有最基本的认知，知道如何进行合理的装卸搬运，并且能够熟练使用装卸搬运设施设备，高效地完成装卸搬运。

学习目标

知识传递	• 掌握装卸搬运的含义和特点 • 了解装卸搬运的设施设备和作用 • 掌握装卸搬运的作业形式和活性指数 • 掌握装卸搬运合理化的途径
能力培养	• 能够根据任务完成合理化的装卸搬运 • 能够正确使用合理化装卸搬运的设施和设备
素质培养	• 学会团队协作，善于沟通表达 • 具有吃苦耐劳的精神及节约成本的意识 • 具有良好的职业素养和安全意识

知识结构图

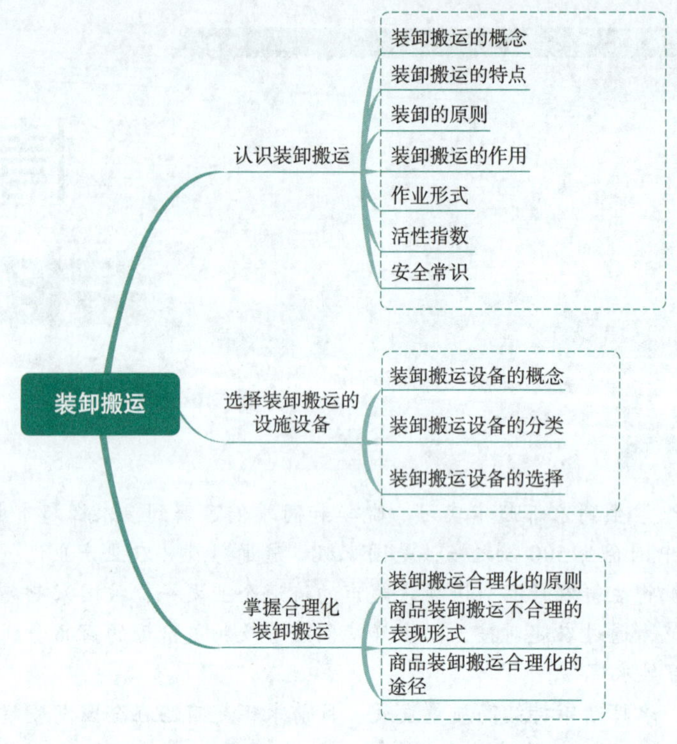

工作任务一　认识装卸搬运

任务分析

晓华同学这次负责供应商运来商品的接收，要想顺利保质保量完成商品的接收工作，其中重要的环节就是装卸搬运，如何进行装卸搬运，就需要事先了解装卸搬运的基本含义、装卸搬运的原则，并能够根据商品选择合理类型的装卸搬运。

准备工作

◎考虑如何根据超市商品和场地选择装卸搬运的类型。
◎学会判别什么是不合理装卸搬运。
◎与物流企业的老员工交流，获取相关经验。

建议学时

课前，1 学时	课中，1 学时	课后，0.5 学时

知识储备

装卸活动是物流各项活动中出现频率最高的一项作业活动，装卸活动效率的高低，直接会影响到物流整体效率。虽然装卸活动本身并不产生效用和价值，但由于装卸活动对劳动力的需求量大，需要使用装卸设备，因此物流成本中装卸费用所占的比重较大。装卸活动的合理化对于物流整体的合理化至关重要。

装卸搬运是介于物流各环节（如运输、储存等）之间起衔接作用的活动。它把货物运动的各个阶段连接成为连续的“流”，使物流的概念名副其实。

一、装卸搬运的概念

按照我国《物流术语（GB/T 18354—2021）》国家标准，装卸是指：“在运输工具间或运输工具与存放场地（仓库）间，以人力或机械方式对物品进行载上载入或卸下卸出的作业过程。”搬运是指：“在同一场所内，对物品进行水平移动为主的作业过程。”

装卸是改变“物”的存放，支撑状态的活动，主要指物体上下方向的移动。而搬运是改变“物”的空间位置的活动，主要指物体横向或斜向的移动。通常装卸搬运是合在一起用的。

在工业尚不发达的年代，货物装卸主要依靠人力来完成，装卸现场的劳动强度很大，且劳动环境恶劣。在发展中国家，即便到了今天，仍有相当部分的装卸活动依然是依靠人背肩扛来完成的。改善体力劳动的环境、提高装卸作业效率是物流现代化的重要课题。

在物流过程中，装卸活动是不断出现和反复进行的，它出现的频率高于其他各项物流活动，每次装卸活动都要花费很长时间，所以往往成为决定物流速度的关键。装卸活动所消耗的人力也很多，所以装卸费用在物流成本中的比重也很高。以我国为例，铁路运输的始发和到达的装卸作业费大致占运费的20%，搬运占40%左右。据我国相关部门统计，火车货运以500 km为分界点，运距超过500 km，运输在途时间多于起止的装卸时间；运距低于500 km，装卸时间则超过实际运输时间。此外，进行装卸操作时往往需要接触物资，故它是物流过程中造成物资破损、散失、损耗等损失的主要环节。

从某种意义上讲，装卸发展的历史实际上就是用机械代替人力，不断提高装卸的机械化程度，将人从繁重的体力劳力中解放出来的历史。装卸的机械化不仅可以减轻人的作业压力，改善劳动环境，而且可以大大提高装卸效率，缩短物流时间。

搬运活动主要目的见表2-1。

表 2-1　搬运活动主要目的

目　的	内　容
提高生产力	顺畅的搬运系统能够消除瓶颈以维持及确保生产水准，使人力有效利用，设备减少闲置
降低搬运成本	减少每位劳工及每单位货品的搬运成本，并减少延迟、损坏及浪费
提高库存周转率，以降低存货成本	有效率的搬运，可加速货品移动及缩减搬运距离，进而减少总作业时间，使得存货存置成本及其他相关成本皆得以降低
改善工作环境，增加人员、货品搬运安全	良好的搬运系统能使工作环境大为改善，不但能保证物品搬运的安全，减少保险费率，且能提高员工的工作热情
提高产品品质	良好的搬运可以减少产品的毁损，使产品品质水准提升，减少客户抱怨
促进配销成效	良好的搬运可增进系统作业效率，不但能缩短产品总配销时间，提高客户服务水准，也能提高土地劳动生产力，对公司营运成效助益很大

补充资料

装卸搬运的意义

二、装卸搬运的特点

（一）附属性、伴生性

装卸搬运是物流每一项活动开始及结束时必然发生的活动，因而有时常被人忽视，有时被看作其他操作时不可缺少的组成部分。例如，一般而言的“汽车运输”，就实际包含了相随的装卸搬运，仓库中泛指的保管活动，也含有装卸搬运活动。

（二）支持、保障性

装卸搬运的附属性不能理解成被动的，实际上，装卸搬运对其他物流活动有一定决定性。装卸搬运会影响其他物流活动的质量和速度，例如：装车不当，会引起运输过程中的损失；卸放不当，会引起货物转换成下一步运动的困难。许多物流活动在有效的装卸搬运支持下，才能实现高水平。

（三）衔接性

在任何其他物流活动互相过渡时，都是以装卸搬运来衔接，因而装卸搬运往往成为整个物流“瓶颈”，是物流各功能之间能否形成有机联系和紧密衔接的关键，而这又是一个系统的关键。建立一个有效的物流系统，关键看这一衔接是否有效。联合运输方式就是着力解决这种衔接而实现的。

（四）作业需要有较高的安全性

装卸搬运作业的安全性，一方面直接涉及作业人身安全，另一方面涉及商品本身的安全，因此也就要求更加重视装卸搬运作业的安全问题。

（五）装卸搬运是作业量大、对象复杂的活动

物流活动中所有环节都需要有装卸搬运的衔接，其作业量大，作业的货物类别复杂。

三、装卸的原则

（一）减少装卸次数

装卸作业本身并不产生价值。但是，如果进行了不适当的装卸作业，就可能造成商品的破损，或使商品受到污染。因此，尽力排除无意义的作业是理所当然的。尽量减少装卸次数，以及尽可能地缩短搬运距离等，所起的作用也是很大的。因为装卸作业不仅要花费人力和物力，增加费用，还会使流通速度放慢。如果多增加一次装卸，费用也就相应地增加一次，同时还增加了商品污损、破坏、丢失、消耗的机会。因此，装卸作业的经济原则就是“不进行装卸”，所以，应当考虑如何才能减少装卸次数、缩短移动商品的距离的问题。

（二）装卸的连续性

装卸的连续性是指两处以上的装卸作业要配合好。进行装卸作业时，为了不使连续的各种作业中途停顿，而能协调地进行，整理其作业流程是很必要的。因此，进行“流程分析”，对商品的流动进行分析，使经常相关的作业配合在一起，也是很必要的。如把商品装到汽车或铁路货车上，或把商品送往仓库进行保管时，应当考虑合理取卸或出库的方便。所以某一次的装卸作业，某一个装卸动作，有必要考虑下一步的装卸而有计划地进行。要使一系列的装卸作业顺利地进行，作业动作的顺序、作业动作的组合或装卸机械的选择及运用是很重要的。

（三）减轻人力装卸

减轻人力装卸就是把人的体力劳动改为机械化劳动。在不得已的情况下，非依靠人力不可时，尽可能不要让搬运距离太远。关于“减轻人力装卸”问题，主要是在减轻体力劳动、缩短劳动时间、防止成本上升、劳动安全卫生等方面推进省力化、自动化。

（四）提高灵活性

物流过程中，常须将暂时存放的物品再次搬运。从便于经常发生的搬运作业考虑，物品的堆放方法是很重要的，这种便于移动的程度，被称为“搬运灵活性”。衡量商品堆存形态的“搬运灵活性”，用灵活性指数表示。一般将灵活性指数分为五个等级，即：散堆于地面上为0级；装入箱内为1级；装在货盘或垫板上为2级；装在车台上为3级；装在输送带上为4级。

（五）商品整理

商品整理就是把商品汇集成一定单位数量，然后再进行装卸，既可避免损坏、消耗、丢失，又容易查点数量，而且最大的优点在于使装卸、搬运的单位加大，使机械装卸成为可能，以及使装卸、搬运的灵活性好等。这种方式是把商品装在托盘、集装箱和搬运器具中，原封不动地装卸、搬运，进行输送、保管。

（六）从物流整体的角度去考虑

在整个物流过程中，要从运输、储存、保管、包装与装卸的关系来考虑。装卸要适合运输、储存保管的规模，即装卸要起着支持并提高运输、储存保管能力和效率的作用，而不是起阻碍的作用。对于商品的包装来说也是一样的，过去是以装卸为前提进行的包装，要运进许多不必要的包装材料，现在采用集合包装，不仅可以减少包装材料，同时也省去了许多徒劳的运输。

四、装卸搬运的作用

装卸搬运活动在整个物流过程中占有很重要的位置。一方面，物流过程各环节之间以及同一环节不同活动之间，都是以装卸作业有机结合起来的，从而使物品在各环节、各种活动中处于连续运动或流动；另一方面，各种不同的运输方式之所以能联合运输，也是由于装卸搬运才使其形成。在生产领域中，装卸搬运作业已成为生产过程中不可缺少的组成部分，成为直接生产的保障系统，从而形成装卸搬运系统。由此可见，装卸搬运是物流活动得以进行的必要条件，在全部物流活动中占有重要地位，发挥重要作用。

（一）影响物流质量

因为装卸搬运是使货物产生垂直和水平方向上的位移，货物在移动过程中受到各种外力作用，如震动、撞击、挤压等，容易使货物包装和货物本身受损，如损坏、变形、破碎、散失、流溢等，装卸搬运损失在物流费用中占有一定的比重。

（二）影响物流效率

物流效率主要表现为运输效率和仓储效率。在货物运输过程中，完成一次运输循环所需的时间中，在发运地的装车时间和在目的地的卸车时间占有不小的比重，特别是在短途运输中，装卸车时间所占比重更大，有时甚至超过运输工具运行时间。所以缩短装卸搬运时间，对加速车船和货物周转具有重要作用。在仓储活动中，装卸搬运效率对货物的收发速度和货物周转速度产生直接影响。

（三）影响物流安全

由于物流活动是物的实体的流动，在物流活动中确保劳动者、劳动手段和劳动对象安全非常重要。装卸搬运特别是装卸作业，货物要发生垂直位移，不安全因素比较多。实践表明，物流活动中发生的各种货物破失事故、设备损坏事故、人身伤亡事故等，相当一部分是装卸过程中发生的。特别是一些危险品，在装卸过程中如违反操作规程进行野蛮装卸，很容易造成燃烧、爆炸等重大事故。

（四）影响物流成本

装卸搬运是劳动力借助于劳动手段作用于劳动对象的生产活动。为了进行此项活动，必须配备足够的装卸搬运人员和装卸搬运设备。由于装卸搬运作业量较大，它往往是货物运量和库存量的若干倍，所以所需装卸搬运人员和设备数量亦比较大，即要有较多的活动和物化劳动的投入，这些劳动消耗要计入物流成本，如能减少用于装卸搬运的劳动消耗，就可以降低物流成本。

五、作业形式

（一）按装卸搬运作业的场所分类

根据装卸搬运作业场所的不同，流通领域的装卸搬运基本可分为车船装卸搬运、港站装卸搬运、库场装卸搬运三大类。

1. 车船装卸搬运

车船装卸搬运是指在载运工具之间进行的装卸、换装和搬运作业，主要包括汽车在铁路货场和站台旁的装卸搬运、铁路车辆在货场及站台的装卸搬运、装卸搬运时进行的加固作业，以及清扫车辆、揭盖篷布、移动车辆、检斤计量等辅助作业。

2. 港站装卸搬运

港站装卸搬运是指在港口码头、车站、机场进行的各种装卸搬运作业，主要包括码头前沿与后方之间的搬运、港站堆场的堆码、拆垛、分拣、理货、配货、中转作业等。

3. 库场装卸搬运

库场装卸搬运通常是指在货主的仓库或储运公司的仓库、堆场、物品集散点、物流中心等处进行的装卸搬运作业。库场装卸搬运经常伴随货物的出库、入库和维护保养活动，其操作内容多以堆垛、上架、取货为主。

在实际运作中，这三类作业往往是相互衔接、难以割裂的。例如码头前沿的船舶装卸作业与港口和船舶都有联系，而这两者分别对应着港站装卸搬运和车船装卸搬运，所以作业的内容和方式肯定十分复杂，在具体组织实施的过程中，必须认真对待。

（二）按装卸搬运作业的内容分类

根据装卸搬运作业内容的不同，装卸搬运可分为堆放拆垛作业、分拣配货作业和挪动移位作业（即狭义的装卸搬运作业）等形式。

1. 堆放拆垛作业

堆放（或装上、装入）作业是指把物品移动或举升到装运设备或固定设备的指定位置，再按所要求的状态放置的作业；而拆垛（卸下、卸出）作业则是其逆向作业。如用叉车进行叉上叉下作业，将物品托起并放置到指定位置场所，如卡车车厢、集装箱内、货架或地面上等；又如利用各种形式吊车进行吊上吊下作业，将物品从轮船货仓、火车车厢、卡车车厢吊出或吊进。

2. 分拣配货作业

分拣是在堆垛作业前后或配送作业之前把物品按品种、出入先后、货流进行分类，再放到指定地点的作业。而配货则是把物品从所处的位置按品种、下一步作业种类、发货进行分类的作业。一般情况下，配货作业多以人工进行，但是由于多品种、小批量的物流形态日益发展，对配货速度要求越来越高，以高速分拣机为代表的机械化作业应用逐渐增多。

3. 挪动移位作业

挪动移位作业，即狭义的装卸搬运作业，包括水平、垂直、斜行报送，以及几种组合的接送。在水平搬运方式中，广泛应用辊道输送机、链条输送机、悬挂式输送机、皮带输送机以及手推车、无人搬运车等设备。从方式来分，有连续式和间歇式；对于粉体和液体物质，也可以用管道进行输送。

（三）按装卸搬运的机械及其作业方式分类

根据装卸搬运机械及其作业方式的不同，装卸搬运可分成“吊上吊下”“叉上叉下”“滚上滚下”“移上移下”“散装散卸”等方式。

1. 吊上吊下方式

吊上吊下方式是采用各种起重机械从物品上部起吊，依靠起吊装置的垂直移动实现装卸，并在吊车运行的范围内或回转的范围内实现搬运或依靠搬运车辆实现小搬运。由于吊起及放下属于垂直运动，这种装卸方式属于垂直装卸。

2. 叉上叉下方式

叉上叉下方式是采用叉车从物品底部托起物品，并依靠叉车的运动进行物品位移，搬运完全靠叉车本身，物品可不经中途落地直接放置到目的处。这种方式垂直运动不大而主要是水平运动，属于水平装卸方式。

3. 滚上滚下方式

滚上滚下方式主要是指在港口对船舶物品进行水平装卸运的一种作业方式。在装货港，用拖车将半挂车或平车拖上船舶，完就成装货作业。待载货车辆（包括汽车）连同物品一起由船舶运到目的港后，再用拖车将半挂车或平车拖下船舶，完成卸货作业。

4. 移上移下方式

移上移下方式是指在两车之间（如火车及汽车）进行靠接，然后利用各种方式，不使物品垂直运动，而靠水平移动从一个车辆上推移到另一车辆上的一种装卸搬运方式。这种方式需要使两种车辆水平靠接，因此，对站台或车辆货台需进行改变，并配合移动工具实现这种装卸。

5. 散装散卸方式

散装散卸方式是指对散状物品不加包装地直接进行装却搬运的作业方式。在采用散装散卸方式时，物品在从起始点到终止点的整个过程中不再落地，它是将物品的装卸与搬运作业连为一体的作业方式。

（四）按装卸搬运的作业特点分类

根据作业特点的不同，装卸搬运可分为连续装卸搬运与间歇装卸搬运两大类。

1. 连续装卸搬运

连续装卸搬运是指采用皮带机等连续作业机器，对大批量的同种散状物品或小型件杂货进行不间断输送的作业方式。在采用连续装卸搬运时，作业过程中间不停顿，散货之间无间隔，小型件杂货之间的间隔也基本一致。在装卸量较大、装卸对象固定、物品对象不易形成大包装的情况下适合采取这一方式。

2. 间歇装卸搬运

间歇装卸搬运是指作业过程包括重程和空程两个部分的作业方式。间歇装卸搬运有较强的机动性，装卸地点可在较大范围内变动，广泛适用于批量不大的各类物品，对于大件或包装物品尤其适合，如果配以抓斗或集装袋等辅助工具，也可以对散状物品进行装卸搬运。

（五）按装卸搬运对象分类

根据装卸搬运对象的不同，装卸搬运可分为单件作业法、集装作业法、散装作业法三大类。

1. 单件作业法

单件作业法指的是对非集装的、按件计的物品逐个进行装卸搬运操作的作业方法。单件作业对机械、装备、装卸条件要求不同，因而机动性较强，可在很广泛的地域内进行而不受固定设施、设备的地域局限。单件作业可采取人力装卸搬运、半机械化装卸搬运及机械装卸搬运。由于逐件处理，装卸速度慢，且装卸要逐件接触货体，因而容易出现货损，反复作业次数较多，也容易出现货差。

单件作业的装卸搬运对象主要是包装杂货，多种类、小批量物品及单件大型、笨重物品。

2. 集装作业

集装作业是对集装货载进行装卸搬运的作业方法。每装卸一次是一个经组合之后的集装货载，在装卸时对集装体逐个进行装卸操作。它和单件装卸的主要异同在于，都是按件处理，但集装作业“件”的单位大大高于单件作业每件的大小。

集装作业一次作业装卸量大，装卸速度快，且在装卸时并不逐个接触货体，而仅对集装体进行作业，因而货损较小，货差也小。

集装作业由于集装单元较大，不能进行人力手工装卸，虽然在不得已时，可用简单机械偶尔解决一次装卸，但对大量集装货载而言，只能采用机械进行装卸。同时也必须在有条件的场所进行这种作业，不但受装卸机具的限制，也受集装货载存放条件的限制，因而其机动性较差。

3. 散装作业

散装作业指对大批量粉状、粒状物品进行无包装的散装、散卸的装卸搬运方法。装卸搬运可连续进行，也可采取间断的装卸搬运方式。但是，都需采用机械化设施设备。在特定情况下，且批量不大时，也可采用人力装卸搬运，但是会有很大的劳动强度。

（六）按被装物的主要运动形式分类

根据被装物的主要运动方式，装卸可分为垂直装卸和水平装卸两大类。

1. 垂直装卸

采取提升和降落的方式进行装卸，这种装卸需要消耗较大的能量。垂直装卸是采用比较多的一种装卸形式，所用的机具通用性较强，应用领域较广，如吊车、叉车等。

2. 水平装卸

水平装卸对装卸物采取平移的方式实现装卸的目的。这种装卸方式不改变被装物的势能，因此比较节能，但是需要有专门的设施，例如和汽车水平接靠的高站台、汽车与火车车皮之间的平移工具等。

六、活性指数

装卸活性是装卸搬运专用术语，是指货物的存放状态对装卸搬运作用的方便（或难易）程度，也称装卸活性。如果很容易转变为下一步的装卸搬运而不需过多进行装卸搬运准备工作，则活性高；如果难于转入下一步的装卸搬运，则活性低。

活性一般是用“活性指数”进行定量的衡量。根据物料所处的状态，即物料装卸、搬运的难易程度，可划分不同的级别，即所谓的“活性指数”。

在货场装卸搬运过程中，下一步工序比上一步的活性指数高，因而下一步比上一步工序更便于作业时，称为“活化”。装卸搬运的工序、工步应设计的使货物的活性指数逐步提高，则称“步步活化”。通过合理设计工序、工步，在做到步步活化作业的同时，还要采取相应的措施和方法尽量节省劳力、降低能耗。从理论上讲，活性指数越高越好，但也必须考虑到实施的可能性。

装卸搬运活性指数见表2-2。

表 2-2　装卸搬运活性指数

装卸搬运活性指数	物资所处状态描述
0 级	货物散乱堆放于地面
1 级	货物已被成捆地捆扎或集装
2 级	货物被置于箱内，以便于叉车或其他机械进行装卸搬运
3 级	货物被置于台车或起重机等装卸搬运机械上，处于可移动状态
4 级	已被起动，处于装卸搬运的直接作业状态

七、安全常识

装卸搬运作业容易发生砸伤、碰伤、扭伤等伤害；搬运粉状货物还要注意防尘肺病；搬运易燃易爆、化学危险品还要注意预防火灾、爆炸事故。作业中应注意：

（1）单人搬运时，要注意腿曲、腰部前倾，多发挥腿部力量。双人抬运时，扛子上肩要同起同落；多人抬运时，要有专人喊号子，同时起落，抬运中步伐一致。

（2）用手推车搬运货物，注意平稳，掌握重心，不得猛跑或撒把溜放。前后车距，平地时不小于2 m，下坡时不小于10 m。

（3）用汽车装运货物，在车辆停稳后方可进行，货物要按次序堆放平稳整齐。在斜坡地面停车，要将车轮填塞住。

（4）装运有扬尘的垃圾要洒水湿润，装运白灰、水泥等粉状材料要戴口罩。

补充资料

沈阳铁路局的装卸搬运

（5）装运化学危险品（如炸药、氧气瓶、乙炔气瓶等）和有毒物品时，要按安全交底的要求进行作业，并由熟练工人进行。作业中要轻拿轻放，互不碰撞，防止激烈振动。要按规定穿工作服，戴口罩和手套。

案例讨论

联华公司的装卸搬运

联华公司创建于 1991 年 5 月，是上海首家发展连锁经营的商业公司。经过多年的发展，已成为中国最大的连锁商业企业之一。联华公司的快速发展，离不开高效便捷的物流配送中心的大力支持。目前，联华共有 4 个配送中心，分别是 2 个常温配送中心、1 个便利物流中心、1 个生鲜加工配送中心，总面积 7 万余平方米。

联华便利物流中心总面积 8 000 m^2，由 4 层楼的复式结构组成。为了实现货物的装卸搬运，配置的主要装卸搬运机械设备主要为：电动叉车 8 辆、手动托盘搬运车 20 辆、垂直升降机 2 台、笼车 1 000 辆、辊道输送机 5 台、数字拣选设备 2 400 套。在装卸搬运时，操作过程如下：对来货卸下后，把其装在托盘上，由手动叉车将货物搬运至入库运载处，入库运载装置上升，将货物送上入库输送带。

当接到向第一层搬送指示的托盘在经过升降机平台时，不再需要上下搬运，将直接从当前位置经过一层的入库输送带自动分配到一层入库区等待入库；接到向二至四层搬送指示的托盘，将由托盘垂直升降机自动传输到所需楼层。当升降机到达指定楼层时，由各层的入库输送带自动搬送货物至入库区。货物下平台时，由叉车从输送带上取下托盘入库。出库时，根据订单进行拣选配货，拣选后的出库货物用笼车装载，由各层平台通过笼车垂直输送机送至一层的出货区，装入相应的运输车上。

联华的装卸搬运系统不仅考虑到了先进，还考虑到了实用。这使它的设备不仅发挥整体高效便捷作用，还做到了经济实用。

先进实用的装卸搬运系统，为联华便利店的发展提供了强大的支持，使联华便利物流运作能力和效率大大提高。

问题思考：提高装卸搬运作业的连续性应做到哪些方面？

扫一扫

参考答案

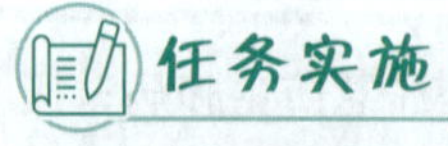

实施步骤	实施内容
步骤一	根据学生实习的岗位形成学习小组，进行集体讨论和任务分工
步骤二	分析超市进货的商品种类和数量和性质
步骤三	采取恰当的装卸原则和安全防护要求
步骤四	选择恰当的商品装卸类型
步骤五	小组互评、教师点评，填写考核评价表

任务评价

专业：__________ 班级：__________ 姓名：__________ 组别：__________

内容	评分标准		满分	得分
认识装卸搬运	任务分工、人员安排合理		10	
	超市进货商品的性质分析正确		20	
	采用了恰当的装卸搬运原则和正确的安全防护措施		30	
	装卸搬运类型符合进货商品的要求		20	
	具有深入思考问题的能力和安全意识		10	
	具有社会服务意识和节约成本的理念		10	
合计			100	
小组名称		小组成员		
教师评语				

考核日期：______年______月______日

工作任务二　选择装卸搬运的设施设备

任务分析

晓华同学对商品的装卸搬运有了最基本的认知，理解了装卸搬运的功能和作用。他还了解到在企业实际工作中，员工需要具备根据商品的种类、数量、包装和性质等情况选择装卸搬运设施设备的能力，为了合理选择超市进货商品装卸搬运设备，晓华决定先了解装卸搬运的设施设备及其使用方法，以保证在后续的工作中正确选择商品装卸搬运的设备。

准备工作

◎上网搜索装卸搬运设施和设备。

◎分析超市进货的商品性质、数量和价格。

◎根据进货的商品选择恰当的装卸搬运设施设备。

建议学时

课前，1学时　　课中，1学时　　课后，0.5学时

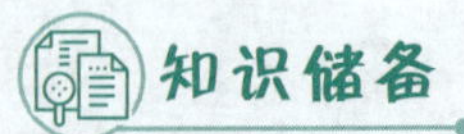

在装卸搬运作业前要考虑许多要素，如搬运物品的属性、装卸搬运作业场地、现有搬运设备及附属工具。必须对这些要素加以整理、分析、研究，再决定采用的作业方法。

一、装卸搬运设备的概念

装卸搬运设备是指用来搬移、升降、装卸和短距离输送物料或货物的机械。它是物流机械设备中重要的机械设备。它不仅用于完成船舶与车辆货物的装卸，而且也用于完成库场货物的堆垛、拆垛、运输以及舱内、车内、库房内货物的起重输送和搬运。

二、装卸搬运设备的分类

（一）按作业性质的分类

按装卸及搬运两种作业性质不同可分成装卸机械、搬运机械及装卸搬运机械三类。

（1）装卸机械。单一装卸功能的机械种类不多，手动葫芦最为典型，固定式吊车如卡车吊、悬臂吊等吊车虽然也有一定移动半径，也有一点搬运效果，但基本上还是看成单一功能的装卸机具。

（2）搬运机械。单一功能的搬运机具种类较多，如各种搬运车、手推车及斗式、刮板式输送机之外的各种输送机等。

（3）装卸搬运机械。物流科学很注重装卸、搬运两功能兼具的机具，这种机具可将两种作业操作合而为一，因而有较好的系统效果。属于这类机具的最主要的是叉车、港口中用的跨运车、车站用的龙门吊以及气力装卸输送设备等。

（二）按机具工作原理分类

按机具工作原理分类可分为叉车类、吊车类、输送机类、作业车类和管道输送设备类。

（1）叉车类，包括各种通用和专用叉车。

（2）吊车类，包括门式、桥式、履带式、汽车式、岸壁式、巷道式等各种吊车。

（3）输送机类，包括辐式、轮式、皮带式、链式、悬挂式等各种输送机。

（4）作业车类，包括手车、手推车、搬运车、无人搬运车、台车等各种作业车辆。

（5）管道输送设备类，液体、粉体的装卸搬运一体化的由泵、管道为主体的一类设备。

（三）按有无动力分类

（1）重力式装卸输送机。有辗式、滚轮式等输送机属于此类。

（2）动式装卸搬运机具。分为内燃式及电动式两种，大多数装卸搬运机具属于此类。

（3）人力式装卸搬运机具。用人力操作作业，主要是小型机具和手动叉车、手车、手推车、手动升降平台等。

三、装卸搬运设备的选择

装卸搬运作业性质和作业场合不同，需配备不同的装卸搬运设备。根据作业是单纯的装卸或单纯的搬运，还是装卸、搬运兼顾，从而可选择更合适的装卸搬运设备；作业场合不同，也需配备不同的装卸搬运设备。

（一）叉车

叉车常用于仓储大型物件的搬运装卸，可以对成件托盘货物进行装卸、堆垛和短距离运输作业，毫不夸张地说，它是工业搬运装卸不可或缺的车辆。因为叉车通常使用燃油机或者电池为驱动，所以将叉车在大体上分为两种：一种是电动叉车，如图2-1所示；另一种是燃油叉车，如图2-2所示。

图 2-1　电动叉车

图 2-2　燃油叉车

（二）搬运坦克车

搬运坦克车常用于无法使用叉车作业的地理环境和物品，一般用于工厂大型设备搬运任务，是一种可以替代传统以滚杠为搬运工具的搬运设备。

有的工厂所使用到的大型设备重量少则几百千克，多则几十吨甚至上百吨，这样的“庞然大物”单靠人工是无法搬运的，当所需摆放位置狭窄叉车无法完成搬运的时候，就需要用到搬运坦克车。搬运坦克如图2-3所示。

（三）地牛

地牛在超市比较常见，是利用液压千斤顶来进行升降的一种方便、小巧的运输工具。一般都是黄颜色的，本身是比较细长的，运动起来很方便。有个手柄，两个木板的叉子。叉上货盘以后看起来体积会显得比较大，一般能运1~2 t左右的货物。地牛如图2-4所示。

图 2-3　搬运坦克

图 2-4　地牛

（四）手拉葫芦

手拉葫芦的外壳材质是优质合金钢，坚固耐磨，安全性能高。手拉葫芦向上提升重物时，顺时针拽动手拉链条、手链轮转动，下降时逆时针拽动手拉链条，制动座与刹车片分离，棘轮在棘爪的作用下静止，五齿长轴带动起重链轮反方向运行，从而平稳下降重物。

手拉葫芦一般采用棘轮摩擦片式单向制动器，在载荷下能自行制动，棘爪在弹簧的作用下与棘轮啮合，使制动器安全工作。手拉葫芦如图2-5所示。

（五）吊料机

吊料机体积小、重量轻、吊程高、速度快（30层楼房8分钟就能完成一次来回）、便于安装，起重量大，容易操作、效率高。

它的问世是当今建筑装潢行业机械上料的重大突破，从此结束了高空装潢材料依靠人工搬运的历史，为劳动者极大地减轻了劳动强度，创造了经济效益；它投资小、见效快、零风险、高回报。吊料机如图2-6所示。

图 2-5　手拉葫芦

图 2-6　吊料机

补充资料

装卸搬运作业的组织活动

在选择装卸搬运设备时首先要符合现场作业的性质和物资特点、特性要求，如在有铁路专用线的车站、仓库等，可选择门式起重机；在库房内可选择桥式起重机；在使用托盘和集装箱作业的生产条件下，可尽量选择叉车以至跨载起重机。其次，要使机械的作业能力（吨位）与现场作业量之间形成最佳的配合状态，装卸机械吨位的具体确定，应对现场要求进行周密的计算、分析。然后就是要在能完成同样作业效能的前提下，选择性能好、节省能源、便于维修、利于配套、成本较低的装卸搬运设备。

补充资料

体力搬运重量限值

随着生产力的发展，装卸搬运的机械化程度定将不断提高。此外，由于装卸搬运的机械化能把工人从繁重的体力劳动中解放出来。尤其对于危险品的装卸作业，机械化能保证人和货物的安全，这也是装卸搬运机械化程度不断得以提高的动力。

案例讨论

Jasper 公司的布置和物料搬运改进

Jasper 工业公司发动机分公司是一家修理变速箱、发动机和差动齿轮的公司，该公司的厂房设施面积有 35 000 m^2，其中变速箱修理车间面积为 10 000 m^2，该公司的年产量为 55 000 个变速箱，雇员有 800 人，工作时间按白班每周 5 天；晚班（8 PM~6:30 AM）每周 4 天的工作制。

为了寻找新的盈利点，Jasper发动机公司准备开展一项新业务：为赛车手Brendan Gaughan所驾驶的77辆赛车提供修理服务。而在美国全国赛车协会的比赛上，赛场修理站就是对物料搬运的最终检验，不允许慢慢地换轮胎、加油或换其他部件，这些都要在20 s内完成。这就要求该公司提高其生产能力和生产效率，以满足新业务的要求。Jasper公司存在很明显的问题，公司的在制品太多，人员使用和时间安排不紧凑，生产能力达不到预期目标，不能适应公司业务增长的需要。

公司对生产车间的搬运系统进行了规划、改进，通过重新配置变速箱装配线区域，Jasper发动机公司产能提高了36%，并缩短了交货期。

为了能够为赛车比赛提供维修服务，Jasper公司对变速箱装配车间10 000 m^2的面积进行了重新布置，并将物料搬运和信息流集成到一起。重新分配了厂房空间，并重新配置工作单元。然后，购买了新的输送机、旋转式货架、料架、货架、带升降和斜倾功能的工作台等，以改善物流和工效。此外，数据收集和管理系统也更新了，整个车间都实现了物料条码管理。

变速箱车间重新组装各种型号的变速箱，从运输公司的卡车变速箱，到修车行和代理商们换下的轿车变速箱。一般每年要修造55 000件。

不仅这些换下来要再造的变速箱在车间里流动，而且有各种更换零件——有些是检验合格的旧零件，有些是新零件——到处流动。他们用箱子装这些零件，在制品在各个不同工序都有，这种方式非常低效落后，并且很费人力。

而且问题还不止这些，还有大量的在制品。在工序开始前要暂存500个变速箱，而且变速箱是手工跟踪的，使得工人难于很快找到所要的零件。一次这么多的变速箱放在车间地面上，占用的面积太多，使得生产面积不够，从而达不到原定的产能。

这样要完成任务，生产只能以批量来管理。就修理再制造来说，批量方式显然不是最有效的方式。

还是在原10 000 m^2的面积内，现在考虑降低在制品数量和存储面积，安排更多的工作单元，并形成通畅的物料流动模式。

按照新布置图，收到的变速箱先暂存，各存到100件而不是500件就开始修理再制造工艺。暂存时它们就单个地放入一个带条码的物流箱中，再存放在货架上。

Jasper自己开发了所有的软件系统，工厂的制造执行系统软件按照管理系统的指令调动指定的物流箱。然后在车间的其他主要位置也都装有条码扫描器，能扫取经过的带变速箱的物流箱条码，组成物料搬运的控制系统。此外，这种实时的变速箱跟踪技术使得顾客服务部门能及时更新客户变速箱的修理状况。

现在废除了原来的批量方式，变速箱是以单件的方式在系统内流动，大多数时间都在输送机上流动。现在是将工件传给工人，而不是原来的工人找工件，仅这一项生产能力就提高了10%。也不需要手推车来移动在制品，大大消除了原来的拥挤。重要的是，工人不再去到处找零件了，而是专注于修理工作本身。

问题思考：Jasper公司进行了哪些方面的改革？

扫一扫

参考答案

任务实施

实施步骤	实施内容
步骤一	根据实习岗位形成小组并集体研讨
步骤二	将超市进货商品根据商品的性质进行分类
步骤三	选择超市进货商品的装卸搬运设施设备
步骤四	应用装卸搬运设施设备完成商品的装卸搬运
步骤五	任务完成总结反思
步骤六	小组互评，教师点评，填写考核评价表

任务评价

专业：__________ 班级：__________ 姓名：__________ 组别：__________

内容	评分标准		满分	得分
选择装卸搬运的设施设备	超市进货商品的分类正确		20	
	选择超市进货商品的装卸搬运的设施设备正确		20	
	装卸搬运设施设备使用规范正确		30	
	任务完成总结反思		10	
	小组团结协作，具有集体荣誉感		10	
	态度端正，具有吃苦耐劳的品质和良好的职业道德		10	
合计			100	
小组名称		小组成员		
教师评语				

考核日期：______年______月______日

工作任务三　掌握合理化装卸搬运

任务分析

晓华同学通过在永辉超市的实习，初步掌握了装卸搬运的含义、特点及作用，也能够根据商品的性质合理选择装卸搬运设备，但对于如何根据超市进货商品完成商品的装卸搬运，还需要合理设计装卸搬运的路线，并注意相关的安全防护措施，进而完成超市进货商品的合理化装卸搬运。

准备工作

◎准备好装卸搬运的设施设备。

◎准备好装卸搬运的安全防护设备。

◎设计好装卸搬运路线。

建议学时

课前，1学时	课中，1学时	课后，0.5学时

知识储备

装卸搬运是装卸搬运人员借助于装卸搬运机械和工具，作用于货物的生产活动，它的效率高低，直接影响着物流整体效率。为此，科学组织装卸搬运作业，实现装卸搬运合理化，对物流整体的合理化至关重要。

一、装卸搬运作业合理化的原则

装卸搬运合理化是指以尽可能少的人力和物力消耗，高质量、高效率地完成仓库的装卸搬运任务，保证供应任务的完成。装卸搬运合理化，是针对装卸不合理而言。合理与不合理是相对的，由于各方面客观条件的限制，不可能达到绝对合理。

由于装卸搬运作业仅是衔接运输、保管、包装、配送、流通加工等各物流环节的活动，本身不创造价值，所以应尽量节约时间和费用，在装卸搬运作业合理化方面，可遵循以下七项原则。

（一）省力化原则

所谓省力，就是节省动力和人力。因为货物装卸搬运不产生价值，作业的次数越多，货物破损和发生事故的概率越大，费用越高，因此首先要考虑尽量不装卸搬运或尽量减少装卸搬运次数。集装化装卸、多式联运、集装箱化运输、托盘一贯制物流等都是有效的做法；货物本身的重量和落差原理，如滑槽、滑板等工具的利用；减少从下往上的搬运，多采用斜坡式，以减轻负重；水平装卸搬运，如仓库的作业台与卡车车厢处于同一高度，手推车直接进出；卡车后面带尾板升降机，仓库作业月台设装卸货升降装置等。总之，省力化装卸搬运原则是：能往下则不往上、能直行则不拐弯、能用机械则不用人力、能水平则不要上斜、能滑动则不摩擦、能连续则不间断、能集装则不分散。

（二）活性化原则

这里所说的活性化是指“从物的静止状态转变为装卸状态的难易程度”。如果容易或适于下一步装卸搬运作业，则活性化高。如仓库中的货物乱七八糟与整齐堆码的差别、散乱状态与放在托盘上的差别等。此外，在装卸机械灵活化方面的例子有：叉车、铲车、带轨道的吊车、能转动360° 的吊车和带轮子、履带的吊车等。

（三）顺畅化原则

货物装卸搬运的顺畅化是保证作业安全、提高作业效率的重要方面，所谓顺畅化，就是作业场所无障碍，作业不间断、作业通道畅通。如叉车在仓库中作业，应留有安全作业空间，转弯、后退等动作不应受面积和空间限制；人工进行货物搬运，要有合理的通道，脚下不能有障碍物，头顶留有空间，不能人撞人、人挤人；用手推车搬运货物，地面不能坑坑洼洼，不应有电线、工具等杂物影响小车行走；人工操作电葫芦吊车，地面防滑、行走通道两侧的障碍等问题均与作业顺畅与否相关。机械化、自动化作业途中停电、线路故障、作业事故的防止等都是确保装卸搬运作业顺畅和安全的因素。

（四）短距化原则

短距化，即以最短的距离完成装卸搬运作业，最明显的例子是生产流水线作业。它把各道工序连接在输送带上，通过输送带的自动运行，使各道工序的作业人员以最短的动作距离实现作业，大大地节约了时间，减少了人的体力消耗，大幅度提高了作业效率；转动式吊车、挖掘机也是短距化装卸搬运机械；短距化在人们生活中也能找出实例，如转盘式餐桌，各种美味佳肴放在转盘上，人不必站起来就能夹到菜。缩短装卸搬运距离，不仅省力、省能，又能使作业快速、高效。

（五）单元化原则

单元化装卸搬运是提高装卸搬运效率的有效方法，如集装箱、托盘等单元化设备的利用等都是单元化的例证。

（六）连续化原则

连续化装卸搬运的例子很多，如输油、输气管道，气力输送设备、皮带传送机、辊道输送机、旋转货架等都是连续化装卸搬运的有力证明。

（七）人格化原则

装卸搬运是重体力劳动，很容易超过人的承受限度。如果不考虑人的因素或不够尊重人格，容易发生野蛮装卸、乱扔乱摔现象。搬运的东西在包装和捆包时应考虑人的正常能力和抓拿的方便性，也要注重安全性和防污染性等。

二、商品装卸搬运不合理的表现形式

对于装卸搬运合理化，不能简单处之，也很难有一个绝对的标准。但是，在装卸搬运作业时，必须避免由于不合理装卸搬运的出现而造成的损失。因为有时某些不合理现象是伴生的，要追求大的合理，就可能派生小的不合理。所以，在此只概括论述不合理装卸搬运的表现形式，具体辨别时要防止绝对化。

（一）过多的装卸搬运次数

在物流过程中，装卸搬运环节是发生货损的主要环节，而在整个物流过程中，装卸搬运又是反复进行的，其发生的频数超过其他任何活动，过多的装卸搬运必然导致损失的增加。同时，每增加一次装卸搬运，就会较大比例地增加费用，就会大大减缓整个物流的速度。

（二）过大的包装装卸搬运

包装过大过重，在装卸搬运作业中，就会反复在包装上消耗较大的劳动。这一消耗不是必需的，因而会形成无效劳动。

（三）无效物质的装卸搬运

进入物流过程中的货物，有时混杂着没有使用价值或对用户来讲使用价值不对路的各种掺杂物，如煤炭中的矸石、矿石中的水分、石灰中的未烧熟石灰及过烧石灰等。在反复装卸搬运时，会对这些无效物质反复消耗劳动，因而形成无效劳动。

由此可见，无效装卸搬运增加了物流成本，增加了货物的损耗，降低了物流速度，如能防止无效装卸搬运，则可节省劳动，使装卸搬运合理化。

三、商品装卸搬运合理化的途径

（一）防止和消除无效作业

尽量减少装卸次数，减少人力、物力的浪费和货物损坏的可能性；努力提高被装卸物品的纯度，仅装卸搬运必要的货物，如有些货物要去除杂质之后再装卸搬运比较合理；选择最短的作业路线；避免过度包装，减少无效负荷：充分发挥装卸搬运机械设备的能力和装载空间，中空的物件可以填装其他小物品再进行搬运，以提高装载效率；采用集装方式进行多式联运等。这些都可以防止和消除无效装卸搬运作业。

（二）提高物品的装卸搬运活性

货物平时存放的状态是各种各样的，可以是散放在地上，也可以是装箱存放在地上或放在托盘上等。由于存放的状态不同，货物的装卸搬运难易程度也不一样。人们把货物从静止状态转变为装卸搬运运动状态的难易程度称之为装卸搬运活性。

在装卸搬运整个过程中，往往需要几次装卸搬运作业，为使每一步装卸搬运都能按一定活性要求操作，对不同放置状态的货物做了不同的活性规定，这就是活性指数。在装卸搬运作业工艺方案设计中，应充分应用活性理论，合理设计作业工序，不断改善装卸搬运作业。货物放置时要有利于下次搬运，如：装于容器内并垫放的物品较散放于地面的物品易于搬运；在装卸时要考虑便于卸下，在入库时要考虑便于出库；还要创造易于搬运的环境和使用易于搬运的包装。总之，要提高装卸搬运活性，以达到作业合理化、节省劳力、降低消耗、提高装卸搬运效率的目的。

（三）充分利用重力和消除重力影响，进行少消耗的装卸搬运

装卸搬运使货物发生垂直和水平位移，必须通过做功才能完成。由于一些装卸搬运作业尚需人工完成，劳动强度大。因此，在有条件的情况下，可利用货物的重量，进行有一定落差的装卸搬运。例如，可将设有动力的小型运输带（板）斜放在货车、卡车上，依靠货物本身重量进行装卸搬运，使货物在倾斜的输送带（板）上移动，这样就能减轻劳动强度和能量的消耗。

在装卸搬运时，尽量消除或削弱重力的影响，也会获得减轻体力劳动及其他劳动消耗的效果。例如，在进行两种运输工具的换装时，如采用落地装卸方式，即将货物从甲工具卸下并放到地上，一定时间后，再从地上装到乙工具之上的方式，这样必然消耗过多的劳动。如果能进行适当安排，将甲、乙两工具靠接，使货物平移，就能有效地消除货物重力的影响，

实现装卸搬运合理化。

（四）合理利用装卸搬运机械设备

现阶段，装卸搬运机械设备大多在以下情况使用：超重物品；搬运量大、耗费人力多、人力难以操作的；粉体或液体的物料搬运；速度太快或距离太长，人力不能胜任时；装卸作业高度差太大，人力无法操作时。今后的发展方向是，即使在人可以操作的场合，为了提高生产率、安全性、服务性和作业的适应性等，也应将人力操作转由机械设备来实现。同时，要通过各种集装方式形成机械设备最合理的装卸搬运量，使机械设备能充分发挥自己的效能，达到最优效率，实现规模装卸搬运。

（五）保持物流的均衡顺畅

货物的处理量波动大时会使搬运作业变得困难，但是搬运作业受运输等其他环节的制约，其节奏不能完全自主决定，必须综合各方面因素妥善安排，使物流量尽量均衡，避免忙闲不均的现象

（六）合理选择装卸搬运方式，不断改善作业方法

在装卸搬运过程中，必须根据货物的种类、性质、形状、重量来合理确定装卸搬运方式，合理分解装卸搬运活动，并采用现代化管理方法和手段，改善作业方法，实现装卸搬运的高效化和合理化。

（七）创建物流“复合终端”

所谓“复合终端”，即对不同运输方式的终端装卸场所，集中建设不同的装卸设施。

复合终端的优点在于：取消了各种运输工具之间的中转搬运，因而有利于物流速度的加快，减少装卸搬运活动所造成的物品损失；由于各种装卸场所集中到复合终端，这样就可以共同利用各种装卸搬运设备，提高设备的利用率；在复合终端内，可以利用大生产的优势进行技术改造，大大提高转运效率；减少了装卸搬运的次数，有利于物流系统功能的提高。

补充资料

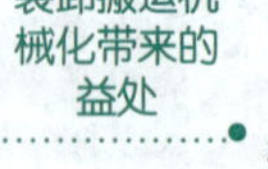

装卸搬运机械化带来的益处

（八）重视改善物流系统的总效果

装卸搬运在某种意义上是运输、保管活动的辅助活动。因此，特别要重视从物流全过程来考虑装卸搬运的最优效果。如果单独从装卸搬运的角度考虑问题，不但限制了装卸搬运活动的改善，而且还容易与其他物流环节发生矛盾，影响物流系统功能的提高。

案例讨论

沃尔玛改进包装实现装卸搬运合理化

据了解，沃尔玛现在使用的包装材料有70%是RPC（可回收塑料包装筐），而不是瓦楞纸箱，这主要是由于纸箱没有统一的占地标准和展示产品的功能。产品堆码整齐统一的重要性不言而喻。比如在一个农产品配送中心会有来自不同产地的商品，如果商品的种类繁多，而包装件的尺寸大小不一，那么对于如何搬运这些货物就是一个很大的难题。如果商品的包装标准化，拥有统一的占地面积，而且有一个完整的占地尺寸和托盘的尺寸相等，这个问题就迎刃而解了。

RPC 是最早实现标准化的运输材料，因为其规格一致，所以便于堆码。

RPC 底部均有插槽，其堆码稳定性也优于纸箱。RPC 不仅具有标准的规格，还具有很强的展示功能。由于 RPC 没有顶盖，可以直接看到内装的产品；不必在外包装上印刷图案，省去了一笔印刷费又不失包装的推销功能。但是，瓦楞纸箱对商品的保护性能很强，是 RPC 不能与之比的。而且 RPC 有优良的抗压、抗戳穿和防潮性能是由于是经回收后重复使用的包装产品，所以从外观上看是比较陈旧的，而纸箱却是干净美观的。

但值得注意的是，纸箱行业正在受到 RPC 的挑战。沃尔玛公司有关负责人道出了纸箱产品存在最重要的两个弊端：首先，纸箱的规格成千上万，这对于追求个性化包装的商家当然是重要的，但却给整个物流环境带来很大麻烦。不便于堆码，不便于运输，还会消费大量的宝贵空间。其次，由于其结构封杀了产品自身展示的功能，虽然可以在包装箱的外面印刷精美的图案，但这需要加大包装成本。欧洲瓦楞纸制造商联合会与美国纸箱协会和一些大型纸箱企业联合推出了《欧洲通用瓦楞纸箱占地标准》，目的就是加强瓦楞纸箱便于堆码和展示产品的功能。这一措施将有效地推动瓦楞纸箱行业的发展。更重要的是一种观念的转变，这套标准不仅改变了人们对原本在销售及堆码方面和 RPC 相比处于劣势地位的纸箱的认识，而且成了纸箱行业向更成熟的方向发展的一个标志。我们国内的纸箱企业应该引以为鉴，走出企业，了解用户、销售商乃至消费者的实际需求，才能生产出用户满意的产品。

大部分商品在通过综合物流系统时需要保护。包装不仅仅有助于防止盗窃和损坏，而且也有助于推销商品，使客户得知产品信息。包装还与生产有关，包装的大小、形状和材料极大地影响着装卸搬运的效率。尽管包装不像运输一样昂贵，但包装占了综合物流成本的 10%。包装不仅影响销售和生产，而且还影响其他的综合物流活动。包装的大小、形状和包装材料的类型影响到材料搬运装备的类型和数量、商品在仓库中的储存，以及产品运输过程中的装载、卸货和转运。包装合理化是包装管理中的重要内容，也是企业开展物流服务必须重视的环节。包装的强度不足或者过度包装、材料不当、成本过高以及包装尺寸不标准是包装管理中常见的问题，这都给装卸搬运带来了很大的难度。随着新型包装技术和包装材料的不断出现，通过包装的合理化，可以使上述问题得到有效的解决。

问题思考：沃尔玛公司如何通过物流包装方面的不断改进与完善，从而实现装卸搬运的合理化？

扫一扫

参考答案

任务实施

实施步骤	实施内容
步骤一	根据学生的实习岗位形成小组并进行集体研讨和任务分工
步骤二	穿戴好装卸搬运安全防护服
步骤三	利用装卸搬运的设施设备完成商品的装卸搬运
步骤四	任务完成后总结设备的选择、路线的安排和货损情况，反思改进
步骤五	小组互评，教师点评，填写考核评价表

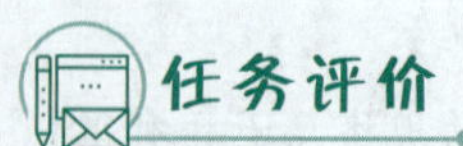

任务评价

专业：________ 班级：________ 姓名：________ 组别：________

内容	评分标准	满分	得分
合理化装卸搬运	装卸搬运安全防护措施正确	20	
	装卸搬运路线设计合理	20	
	装卸搬运设施设备选择正确和使用规范	30	
	任务完成总结反思深刻具体，改进手段合理	10	
	小组团结协作，具有社会责任意识和安全意识	10	
	态度端正，具有吃苦耐劳的品质和良好的职业道德	10	
合计		100	
小组名称		小组成员	
教师评语			

考核日期：______年______月______日

知识回顾

本情境主要介绍了搬运装卸的基本概念，搬运装卸的原则、搬运装卸的特点和装卸搬运的方法，以及装卸搬运合理化因素。本情境涉及的主要知识如下：

（1）装卸搬运的相关概念。

（2）装卸搬运的原则。

（3）装卸搬运的特点和装卸搬运的方法。

实践演练

晓华同学在永辉超市实习了一段时间，了解了装卸搬运的基本含义及装卸搬运设备的选择、装卸搬运路线的规划和安全的防护措施，为了更好地巩固已获得的实践技能，学生以组为单位，制作一份捷运流程图并总结捷运过程中的注意事项。

情境三 现代包装

情境描述

晓华是现代物流管理专业刚来的大一学生，学校定期组织学生到深圳华运国际物流有限公司等物流企业完成实习课程。

深圳市华运国际物流有限公司位于深圳坪山保税区，主要从事出口加工保税区进出口报关、商检、产品检测、简单加工、保税仓储、合同备案、余料核销、货运代理、深加工结转、一般贸易进出口、保税产品检测维修等。为了促进产业升级，保税区还允许开展货物包装、组装、流通性简单加工和增值服务：在加工区内可以对国内出口到保税区的货物、国外转关进入保税区的货物开展不改变物理性质的流通性简单加工、增值服务，以及分级分类、分拆分拣、分装、组合包装、打膜、打码、刷贴标志、改换包装、拼装、拆箱等具有商业增值的辅助性作业。

晓华将在深圳市华运国际物流有限公司的仓库工作，主要对货物进行一些简单的加工，提供增值服务。为了更好地完成企业实习课程，晓华需要掌握货物包装的相关知识，并能按要求完成货物的增值服务——包装。

学习目标

知识传递	• 了解包装的基本概念和包装的发展史 • 掌握不同标准下的包装的具体分类 • 掌握包装的技术、方法和合理化包装的标准
能力培养	• 能够根据商品的性质和要求完成包装 • 会使用包装的设施设备
素质培养	• 具有团队合作意识和节约成本意识 • 具有良好的沟通能力和解决实际问题的能力 • 具有社会责任意识及精益求精的科学态度

知识结构图

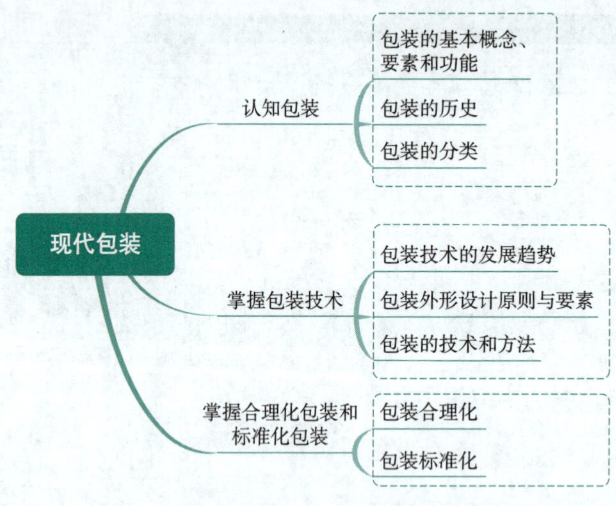

工作任务一　认知包装

任务分析

晓华到实习企业的仓库帮忙发货，仓管员李师傅拿起一瓶葡萄酒，问他们在流通过程中内外包装都起到了什么作用，货品在不同的流通阶段，商品的包装形态可能会发生哪些变化，在出口的国际贸易中，对包装有什么要求。晓华考虑着这些问题，又看到仓库打包区还有很多不同材质的包装材料，他想知道这些材料分别都有什么功能，在给商品打包时该如何选用。带着这些疑问，晓华开始了多途径获取知识和解决问题方法的学习。

准备工作

◎了解包装的作用和包装材料的选择原则。

◎上网搜索出口贸易商品包装的流程和注意事项。

◎与实习物流企业的老员工交流，获取相关信息。

建议学时

课前，1 学时	课中，1 学时	课后，0.5 学时

知识储备

一、包装的基本概念、要素和功能

中国包装行业社会需求量大，科技含量日益提高，已成为我国国民经济中的重要产业之一。随着世界加工制造业中心的转移以及国家对包装行业的大力扶持，我国包装产业企业数量呈稳步上升的趋势。据统计，2022年我国包装企业年主营业务收入2 000万元及以上全部工业法人企业有9 860家，较2021年增加1 029家。

包装行业有纸板包装、塑料包装、金属包装、玻璃包装、纤维包装等，产业链上游原材料涉及到纸板、塑料、金属、玻璃及纤维等原材料，下游广泛应用于食品饮料、家用电器、消费电子、电商物流、机械器械、化工、日化、医药保健等行业。其中造纸行业下游行业众多，覆盖食品饮料、家用电器、消费电子、电商物流、机械器械、化工、日化、医药保健等行业。包装在商业和日常生活中都具有重要作用，不仅对产品的保护和销售有影响，还可以对环境和可持续性产生影响。因此，包装设计和材料选择需要综合考虑多个因素，以平衡产品的需求和可持续性考虑。

（一）包装的概念

在不同的时期、不同的国家，对包装的理解与定义也不尽相同。以前，很多人都认为，包装就是以流通物资为目的，是包裹、捆扎、盛装物品的手段和工具，也是包扎与盛装物品时的操作活动。20世纪60年代以来，随着各种自选超市与卖场的普及与发展，使包装由原来的保护产品的安全流通为主，一跃而转向销售的作用，人们对包装也赋予了新的内涵和使命。包装的重要性，已深被人们认可。

可以从狭义和广义两方面对包装进行定义：

狭义：包装为在流通过程中保护产品，方便储运，促进销售，按一定的技术方法所用的容器、材料和辅助物等的总体名称；也指为达到上述目的在采用容器，材料和辅助物的过程中施加一定技术方法等的操作活动。承装没有进入流通领域物品的用品不能称为包装，只能称为“包裹”“箱子”“盒子”“容器”等。因为包装除了有包裹和承装的功能外，对物品进行修饰、获得受众的青睐才是包装的重要作用。

广义：一切进入流通领域的拥有商业价值的事物的外部形式都是包装。

我国在国家标准《物流术语》（GB/T 18354—2021）中对包装的定义是：为在流通中保护产品、方便储运、促进销售，按一定的技术方法而采用的容器、材料和辅助物等的总体名称。

（二）包装的要素

包装要素有包装对象、材料、造型、结构、防护技术、视觉传达等。一般来说，商品包装应该包括商标或品牌、形状、颜色、图案和材料等要素。

（1）商标或品牌是包装中最主要的构成要素，应在包装整体上占据突出的位置。

（2）适宜的包装形状有利于储运和陈列，也有利于产品销售，因此，形状是包装中不可缺少的组合要素。

（3）颜色是包装中最具刺激销售作用的构成元素。突出商品特性的色调组合，不仅能够加强品牌特征，而且对顾客有强烈的感召力。

（4）图案在包装中如同广告中的画面，其重要性、不可或缺性不言而喻。

（5）包装材料的选择不仅影响包装成本，而且也影响着商品的市场竞争力。

（6）在标签上一般都印有包装内容和产品所包含的主要成分、品牌标志、产品质量等级、产品厂家、生产日期和有效期、使用方法。

（三）包装的主要功能

1. 保护功能

保护功能是包装最基本的功能，使商品不受各种外力的损坏。一件商品，要经多次流通才能走进商场或其他场所，最终到消费者手中。这期间，需要经过装卸、运输、库存、陈列、销售等环节。在储运过程中，很多外因，如撞击、潮湿、光线、气体、细菌等因素，都会威胁到商品的安全。因此，作为一个包装设计师，在开始设计之前，首先要想到包装的结构与材料，保证商品在流通过程中的安全。包装具体的保护功能如下：

（1）进行商品包装可以防止商品破损，承受在装卸、运输、保管过程中的各种撞击、振动、压缩、摩擦等外力破坏，减小和避免因此造成的损伤。

（2）进行商品包装可以防止商品因潮、霉、锈、虫害、鼠害等而发生的损坏。

（3）进行商品包装可以防止异物混入、污物的污染，以及商品的丢失和散失等。

2. 方便功能

商品要进行销售，必须经过流通过程，从生产厂到销售地要进行装卸搬运、储存、运输等过程。这就要求商品的包装必须适应这些过程。因此，商品包装应具有方便储存和方便装卸等功能。

（1）方便储存。进行商品包装可以为商品保管的出入库、装卸搬运作业提供方便。

（2）方便装卸。进行商品包装可以为各种装卸搬运机械的使用提供条件，尤其值得关注的是，包装的标准化能极大地提高装载作业效率。

（3）包装的规格、形状、重量与运输关系密切。包装的外形尺寸与运输车辆、船舶、飞机等运输工具的货箱和仓容的高度相吻合是提高运输效率的关键。

3. 销售功能

在市场竞争日益激烈的今天，包装的作用与重要性也为厂商深谙。人们已感觉到“酒香也怕巷子深”。如何让自己的产品得以畅销，如何让自己的产品从琳琅满目的货架中跳出来，只靠产品自身的质量是远远不够的，正如人们常说：“包装是沉默的商品推销员”。

（四）包装在物流管理中的作用

1. 包装具有维护商品质量的作用

包装具有保护商品安全的作用，是商品正常流通的必要条件。产品在流通过程中受各种条件影响，会造成损失、耗损、变质。资料显示，我国因包装破损造成的商品损失很大，如水泥每年因纸袋、塑料袋包装破损而造成损失达5亿元，陶瓷玻璃破损损失约6亿元，化肥损失约4亿元，这些损失之大、浪费之巨，足以引起生产企业和物流企业的高度重视。因此，改进包装技术、提高包装作业水平和装卸搬运作业水平及储运管理水平刻不容缓。

2. 包装具有方便储存和运输的作用

包装是加速商品流转、降低物流费用的重要因素。产品的形态是各异的，但经过包装后可使包装的外形符合一定规格，因此可以提高仓容利用率和运输工具的装载能力。同时，商品的包装标志和标识能够指导对产品的装卸搬运作业，减少商品的货损货差事故，加速商品的流转，缩短物流环节，提高物流效率，降低物流费用。

3. 包装具有美化、宣传商品的作用

包装的销售功能是商品经济高度发展、市场竞争日益激烈的必然结果。在商品质量相同的情况下，精致、美观、大方的包装可以引起消费者的注意，引导消费者的购买欲望和购买动机，继而产生购买行为。商品通过包装的标志、标识、外形结构、装潢等达到美化、宣传商品的作用，同时也能帮助消费者了解商品性质，引导消费，促进商品销售，从而提高对消费者的服务的水平。

4. 包装具有信息传递的作用

最典型的信息传递作用就是识别所包装商品的品名、规格、型号、性质等；另一个作用就是对商品在物流活动中的跟踪，防止和减少在物流活动中的货损、货差。

二、包装的历史

包装是一个古老而现代的话题，也是人们自始至终在研究和探索的课题。从远古的原始社会、农耕时代，到科学技术十分发达的现代社会，包装随着人类的进化、商品的出现、生产的发展和科学技术的进步而逐渐发展，并不断发生一次次重大突破。从总体上看，包装大致经历了原始包装、传统包装和现代包装三个发展阶段。

（一）原始包装

人类使用包装的历史可以追溯到远古时期。早在距今一万年左右的原始社会后期，随着生产技术的提高，生产得到发展，有了剩余物品须贮存和进行交换，于是开始出现原始包装。最初，人们用藤蔓捆扎猎获物，用植物的叶、贝壳、兽皮等包裹物品，这是原始包装发展的胚胎。随着劳动技能的提高，人们以植物纤维等制作最原始的篮、筐，用火煅烧石头、泥土制成泥壶、泥碗和泥罐等，用来盛装、保存食物、饮料及其他物品，使包装的方便运输、储存与保管功能得到初步完善。这是古代包装，即原始包装。这一阶段的包装还称不上真正意义上的包装，但已经是包装的萌芽了，如图3-1所示。

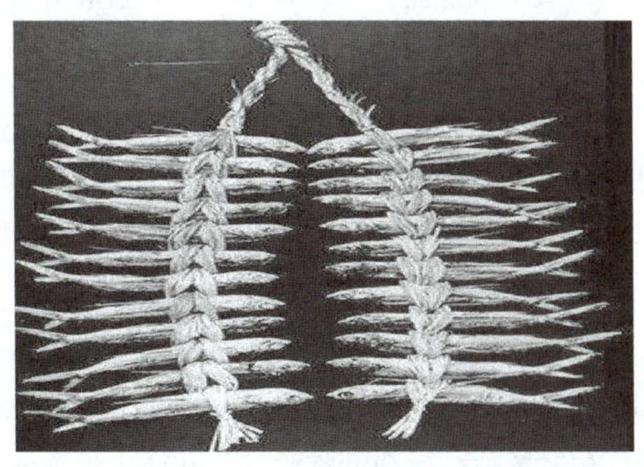

图 3-1　原始包装

（二）传统包装

用陶瓷、玻璃、木材、金属加工的各种包装容器已有千年的历史，其中许多技术经过不断完善发展，一直使用到如今。早在汉代，公元前105年蔡伦发明造纸术。公元61年，中国造纸术传至日本；13世纪传入欧洲，德国第一个建造了较大的造纸厂。11世纪中叶，中国毕昇发明了活字印刷术。15世纪，欧洲开始出现了活版印刷，包装印刷及包装装潢业开始发展。16世纪欧洲陶瓷工业开始发展；美国建成了玻璃工厂，开始生产各种玻璃容器。至此，以陶瓷、玻璃、木材、金属等为主要材料的包装工业开始发展，近代传统包装开始向现代包装过渡。

（三）现代包装

自16世纪以来，由于工业生产的迅速发展，特别是19世纪的欧洲产业革命，极大推动了包装工业的发展，从而为现代包装工业和包装科技的产生和建立奠定了基础。

18世纪末，法国科学家发明了灭菌法包装储存食品，使得19世纪初出现了玻璃食品罐头和马口铁食品罐头，使食品包装学得到迅速发展。进入19世纪，包装工业开始全面发展，1800年机制木箱出现；1814年英国出现了第一台长网造纸机；1818年镀锡金属罐出现；1856年，美国发明了瓦楞纸；1860年欧洲制成制袋机；1868年美国发明了第一种合成塑料袋——赛璐珞；1890年美国铁路货场运输委员会开始承认瓦楞纸箱正式作为运输包装容器。

进入20世纪，科技的发展日新月异，新材料、新技术不断出现，聚乙烯、纸、玻璃、铝箔、各种塑料、复合材料等包装材料被广泛应用，无菌包装、防震包装、防盗包装、保险包装、组合包装、复合包装等技术日益成熟，从多方面强化了包装的功能。

电子技术、激光技术、微波技术广泛应用于包装工业，包装设计实现了计算机辅助设计（CAD），包装生产也实现了机械化与自动化。

包装工业和技术的发展，推动了包装科学研究和包装学的形成。包装学科涵盖物理、化学、生物、人文、艺术等多方面知识，属于交叉学科群中的综合科学，它有机地吸收、整合了不同学科的新理论、新材料、新技术和新工艺，从系统工程的观点来解决商品保护、储存、运输及促进销售等流通过程中的综合问题。包装学科的分类比较多样，通常将其分类为包装材料学、包装运输学、包装工艺学、包装设计学、包装管理学、包装装饰学、包装测试学、包装机械学等分学科。中国目前已有50多所高校开办了包装工程专业，包装人才队伍日益壮大。

补充资料

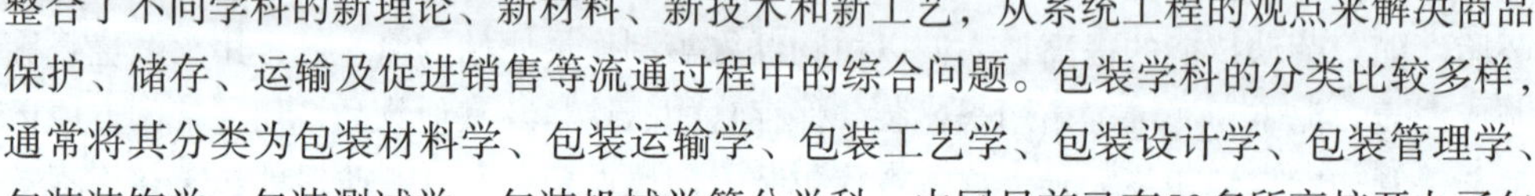

后现代的包装设计

三、包装的分类

为适应各种物资性质差异和不同运输工具等的要求，现代包装的门类繁多，品种复杂。可以从不同角度对包装进行分类。包装按功能不同、层次不同、容器质地、使用范围、使用次数等不同分为如下几类：

（一）按包装功能不同分类

1. 商业包装

商业包装是以促进商品销售为目的的包装。这种包装的特点是：外形美观，有必要的装潢，包装单位应适合顾客购买量和商店设施的要求。

2. 工业包装

工业包装又称为运输包装，是物资运输、保管等物流环节所需要的必要包装。工业包装以强化运输、保护商品、便于储运为主要目的。工业包装要在满足物流要求的基础上使包装费用越低越好。对于普通物资的工业包装，其程度应当适中，才会有最佳的经济效果。

在有些情况下，工业包装同时又是商业包装。例如，装橘子的纸箱应属工业包装，在连同箱子出售时，也可以认为是商业包装。为使工业包装更加合理并为促进销售，在有些情况下，也可以采用商业包装的办法来做工业包装。例如，家电用品就是兼有商业包装性质的工业包装。

（二）按包装层次不同分类

1. 单个包装

单个包装是指一个商品为一个销售单位的包装形式。单个包装直接与商品接触，在生产中与商品装配成一个整体。它以销售为主要目的，一般随同商品销售给顾客，因而又成为销售包装或小包装。单个包装起着直接保护、美化、宣传和促进商品销售的作用。

2. 中包装

中包装又称内包装，是指若干个单体商品或包装组成一个小的整体包装。它是介于单个包装与外包装之间的中间包装，属于商品的内层包装。中包装在销售过程中，一部分随同商品出售，一部分则在销售中被消耗掉，因而被列为销售包装。在商品流通过程中，中包装起着进一步保护商品、方便使用和销售作用，方便商品分拨和销售过程中的点数和计量，方便包装组合等。

3. 外包装

外包装又称运输包装或大包装，是指商品的最外层包装。在商品流通过程中，外包装起着保护商品、方便运输、装卸和储存等方面的作用。

（三）按包装容器质地不同分类

1. 硬包装

硬包装又称刚性包装，是指充填或取出包装的内装物后，容器形状基本不发生变化，材质坚硬或质地坚牢的包装。

2. 半硬包装

半硬包装又称半刚性包装，是介于硬包装和软包装之间的包装。

3. 软包装

软包装又称挠性包装，是指包装内的充填物或内装物取出后，容器形状会发生变化，且材质较软的包装。

（四）按包装使用范围分类

1. 专用包装

专用包装是指专供某种或某类商品使用的一种或一系列的包装。

2. 通用包装

通用包装是指一种包装能盛装多种商品，被广泛使用的包装容器。

（五）按包装使用的次数分类

（1）一次用包装是指只能使用一次，不再回收复用的包装。

（2）多次用包装是指回收后经适当的加工整理，仍可重复使用的包装。

（3）周转用包装是指工厂和商店用于固定周转多次复用的包装容器。

（六）包装的其他分类方法

1. 按运输方式不同

按运输方式不同，包装可以分为铁路运输包装、卡车货物包装、船舶货物包装、航空货物包装及零担包装和集合包装等。

补充资料

最早的纸包装广告

2. 按包装防护目的不同

按包装防护目的不同，包装可分为防潮包装、防锈包装、防霉包装、防震包装、防水包装、遮光包装、防热包装、真空包装、危险品包装等。

3. 按包装操作方法

按包装操作方法，包装可分为罐装包装、捆扎包装、裹包包装、收缩包装、压缩包装和缠绕包装等。

案例讨论

包装容器王

20 世纪 30 年代，易拉罐在美国成功研发并生产。这种由马口铁材料制成的三片罐——由罐身、顶盖和底罐三片马口铁材料组成，当时主要用于啤酒的包装。目前我们常用的由铝制材料制作而成的二片罐——只有罐身片材和罐盖片的深冲拉罐诞生于 20 世纪 60 年代初。

易拉罐技术的发展，使其被广泛运用于各类商品包装当中，啤酒、饮料、罐头目前大多都以易拉罐进行包装。据悉，全世界每年大约生产的铝制易拉罐已经超过 2 000 亿个。目前，易拉罐已经成为市场上应用范围最广、消费者接触使用最多、最频繁的包装容器，是名副其实的“包装容器王”。易拉罐消费量的快速增长，使得制造易拉罐的铝材消费量也有大幅增长，目前制作易拉罐的铝材已经占到世界各类铝材总用量的 15%。

随着易拉罐使用量的增加，世界各国为了节省资源和减少包装成本，纷纷研发更轻、更薄的新型易拉罐。铝制易拉罐也从最开始的每 1 000 罐 25 kg，缩减到 20 世纪 70 年代中期的 20 kg。现在每 1 000 罐的重量只有 15 kg，比 20 世纪 60 年代平均重量减轻了大约 40%。

除了推出更轻、更薄的铝制易拉罐以外，目前各国对易拉罐的回收利用率也不断增高。早在 20 世纪 80 年代，美国铝制易拉罐的回收利用率就已经超过 50%，在 2000 年达到 62.1%。日本的回收利用率更高，目前已超过 83%。

扫一扫

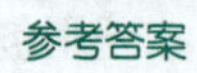

参考答案

问题思考：易拉罐为什么能成为包装容器之王？

任务实施

实施步骤	实施内容
步骤一	根据不同商品的内外包装归纳出内外包装的作用
步骤二	使用相关的包装设备
步骤三	绘制商品出口时不同阶段的包装形态流程图
步骤四	小组互评，教师点评，填写考核评价表

任务评价

专业：____________　班级：____________　姓名：____________　组别：____________

内容	评分标准	满分	得分
认知包装	商品内外包装的作用总结正确	20	
	商品包装设备使用规范合理	20	
	出口商品不同阶段的包装形态和分装操作流程绘制正确	30	
	任务完成总结反思深刻具体，改进手段合理	10	
	小组团结协作，具有社会责任意识和安全意识	10	
	资料的获取能力和协调沟通能力	10	
合计		100	
小组名称		小组成员	
教师评语			

考核日期：_____年_____月_____日

工作任务二　掌握包装技术

任务分析

晓华同学通过学习，对于包装的作用、包装材料的选择有了初步的了解，接下来的实习工作是要完成商品包装的设计。为了更好地完成实习任务，他需要先了解包装设计的原则和要求，以及包装设计的流程。晓华看到了不同的商品和包装材料，对待发的礼盒货物非常感兴趣，仓管员李师傅提出由晓华和同学们完成礼盒商品的包装设计，并能根据不同的发货商品设计不同的包装。

准备工作

◎了解常见礼盒商品的包装设计原则和要求。

◎准备好礼盒的包装材料和辅助材料。

◎与实习物流企业的老员工交流，获取相关信息。

建议学时

课前，1 学时	课中，1 学时	课后，0.5 学时

知识储备

一、包装技术的发展趋势

随着科学技术的飞速发展，商品包装已成为促进销售、增强竞争力的重要手段。许多新技术、新工艺、新思维已被应用于包装设计、包装工艺、包装设备、包装新材料、包装新产业等方面。

（一）设计趋势

包装设计已迈入了数字化时代，一种适用于更新换代快的借助于计算机和各种信息系统的设计方法已经出现。当今的设计人员，必须具备包装设计的基本技能，更主要的是会思考、会欣赏、懂创意，而计算机技术则是建立在前述技能基础上的。包装设计者同时还必须知道相关的包装制作工艺，如何选材，如何利用现代化的包装制造设备，如印前工艺设备、印后处理设备等。

计算机和包装软件是未来包装设计的主要工具。设计人员的欣赏的能力是包装设计成败的关键。

（二）工艺发展

包装工艺主要指包装制作过程中的制造工艺，例如包装的成型工艺、包装的修饰（整饰工艺）等都经历了一个个改进完善的过程。

包装的成型包括了金属包装的成型、塑料包装的成型、纸品包装的成型以及其他复合材料包装的成型。塑料包装用的挤压、热压、冲压等成型，已逐渐用到了纸板包装的成型上，过去纸板类纸盒包装压凸（凹）成型较为困难，现已基本解决。很多不同材质的包装成型已借助于气压、冲击、湿法处理、真空技术来实现其工艺的简化与科学化。

包装干燥工艺，也由过去的普通热烘转向紫外光固化，使其干燥成型更为节能、快速和可靠。

包装的印刷工艺也更为多样化。特别是高档商品的包装印刷已采用了丝印和凹印。还有防伪包装制作工艺，已由局部印刷或制作转向整体式大面积印刷与制作。

综上所述，包装工艺是发展最快、变化最快、种类最多的技术。

（三）设备发展

包装机械的特征趋于“三高”：高速、高效、高质量。重点趋于节能降耗、质量和性能可靠、自动控制水平先进、稳定性好、自重轻、结构紧凑、占地空间小、噪声低、效率高、外观造型适应环境和操作人员心理要求、有利于环保等。

近些年来，发达国家一方面为满足现代商品包装多样化的需求，发展适应多品种、小批量的通用包装技术及设备；同时又紧跟当代高科技发展步伐，不断应用先进的技术，发展和开发应用高新技术的现代化专用型包装机械。所应用到的新技术有：航天工业技术（热管类），微电子技术，磁性技术，信息处理技术，传感技术（光电及化学），激光技术，生物技术，以及新的加工工艺，新的机械部件结构（如锥形同步齿形带传动等），新的光纤材料等，使许多包装机械已趋于智能化。

国内包装机械发展趋势，在引进消化、吸收的基础上，有了一定的创新，产品科技含量也正在不断提高，这些包装机械产品正在向机电结合、主辅机结合、成套连线方向发展。

（四）材料趋势

包装材料是整个包装行业中最为活跃的研究方向。包装质量的好坏，绝大部分取决于包装材料的性能。包装新材料与包装新技术都是每一个包装企业或科研院所首选的方向。不利于环保的包装材料，亟待取代。新型的包装材料正在开发，有的已初见成效。主要有下面几大类：

（1）以EPS快餐盒为代表的塑料包装将被新型的纸质类包装所取代。EPS类包装制品急需研制替代的还有EPS工业包装衬垫。

（2）塑料袋类包装材料正朝水溶性无污染方向发展。

（3）木包装正在寻求替代包装材料。

（4）其他新型的辅助包装材料也亟待研究，如黏合剂、表现处理剂、油墨等。

（五）技术发展

（1）包装固化技术：固化与干燥能源在更新，从热能转向光能。

（2）包装切割成型技术：新型切割与成型器械。

（3）包装与加工结合技术；包装与加工相结合。

（4）包装功能借用技术：包装功能超出包装，具有增值作用。

（5）包装功能保护技术：在包装材料中加入保鲜、杀菌、防潮、防静电、防异味等功能性成分。

上述最有前途的是包装与加工结合技术。它解决了很多处理工艺，直接借用包装机理，实现包装加工一体化，使包装更具潜力和作用。

（六）产业化发展

包装产业化发展，是通过技术与产品相结合在市场上增加市场占有率而实现的。有好的产品必须有好的包装，有好的包装才有好的市场，相辅相成。未来的包装产业既要有特色，更要有规模。包装产业必须要以行业为依托，以设备和技术做后盾，走集团化道路。专业化和技术创新是包装产业立于竞争不败的根本法宝。

补充资料

未来包装设计的可持续发展趋势

二、包装外形设计原则与要素

包装的外形是包装设计的一个主要方面，外形要素包括包装展示面的大小和形状。如果外形设计合理，则可以节约包装材料，降低包装成本，减轻环保的压力。在考虑包装设计的外形要素时，应优先选择那些节省原材料的几何体。各种几何体中，若容积相同，则球形体的表面积最小；对于棱柱体来说，立方体的表面积要比长方体的表面积小；对于圆柱体来说，当圆柱体的高等于底面圆的直径时，其表面积最小。

（一）包装外形设计原则

（1）结合产品自身特点，充分运用商品外形要素的形式美法则。

（2）适应市场需求，进行准确的市场定位，创造品牌个性。

（3）要以“轻、薄、短、小”为主，杜绝过度包装、夸大包装和无用包装。

（4）从自然中吸取灵感，用模拟的手法进行包装外形的设计创新。

（5）充分考虑环境与人机工程学要素。

（6）积极运用新工艺、新材料进行现代包装外形设计。

（7）大力发展系列化包装外形设计。

（二）包装技术要素

要想真正达到绿色包装的标准，仅仅依靠以上原则是不完善的，还需要绿色包装技术作为补充。这里说的技术要素包括包装设计中的设备、工艺、能源及采用的技术。而所谓的绿色技术，是指能减少污染、降低消耗、治理污染或改善生态的技术体系。

绿色包装设计的技术要素包括以下几点：

（1）加工设备和所用能源等要有益于环保，不产生有损环境的气、液、光、热、味等。加工过程不产生有毒、有害的物质。

（2）增强可拆卸式包装设计的研究，以便消费者能轻易按照环保要求拆卸包装。

（3）加强绿色助剂、绿色油墨的研制开发。

据统计，大约90%的商品需经过不同程度、不同类型的包装，包装已成为商品生产和流通过程中不可缺少的重要环节。每年消耗的包装品数以亿计，因此推动包装的环保革命就成为环保界的一个重要使命。

三、包装的技术和方法

（一）包装的一般技术和方法

（1）对内装物品合理放置与固定。为达到缩小体积、节省材料、减少损失的目的，包装内商品重力要分布均衡，产品之间要有隔离和固定。

（2）对粉、泡产品进行压缩。该类产品属于轻泡货物，要尽量减少对装载设备的容积占用，节约材料，以降低运输和储存成本。

（3）合理选择外包装形状尺寸。选择外包装形状尺寸应按包装模数为准，避免过高、过大、过重、过扁，特别是与集装箱配套使用的包装，必须与集装箱标准尺寸匹配，方能充分利用集装箱的容积。

（4）合理选择内包装形状尺寸。内包装一般属销售包装，其选择要与外包装相吻合。因其是销售包装，要考虑是否利于销售，包括装潢、展示和携带等方面。

（5）包装外的捆扎。该种技术和方法是直接将单个物件或多个物件捆紧，防止散落，以便储存、运输和装卸，同时能压缩体积，降低储存和运输费用。

（二）包装的特殊技术和方法

（1）缓冲（或防震）包装技术。它主要是使被包装物品免受因物流作业产生的冲击力、推动力等造成物品损伤的一种包装技术，它还可以细分为全面缓冲包装技术和部分缓冲包装技术。

（2）防潮包装技术。它是采用防潮材料以防止外界空气和相对湿度的变化对商品产生影响，使包装内的相对湿度与商品要求相符，从而达到保护商品的一种包装技术。

（3）防锈包装技术。它是为防止金属制品生锈降低使用价值而采用对包装进行防锈涂处理的一种包装技术。

（4）防霉包装技术。它是为防止霉菌侵害商品，影响商品质量而采用的如耐低温、防潮和高密封包装等防护措施的包装技术。

（5）危险品包装及其他包装技术：

①对于易燃易爆物品的包装技术：

a. 使用塑料桶包装并装入铁质或木质箱体中。

b. 每个桶内易爆物品重量不能超过50 kg。

c. 防爆桶配有安全阀，桶内压力上升可自动放气调节。

d. 危险品的包装有什么要求？如对黄磷等易自燃商品的包装，宜将其装入壁厚不少于1 mm的铁桶中，桶内壁须涂耐酸保护层，桶内盛水并使水面浸没商品，桶口严密封闭，每桶净重不超过50 kg。

e. 危险品运输包装储存有哪些要求？如遇水引起燃烧的物品如碳化钙，遇水即分解并产生易燃乙炔，对其应用坚固的铁桶包装，桶内充入氮气。如果桶内不充氮气，则应装置放气活塞。

②对于腐蚀性物品的包装技术：

a. 对于腐蚀性的危险品，运输包装要求注意物品和容器之间的变化。

b. 金属容器需要涂刷防腐蚀涂料，阻隔腐蚀物品对金属容器的腐蚀。

c. 危险品的包装有哪些要求？对于甲酸这类易挥发的腐蚀性物品，其气体有腐蚀性，应装入良好的耐酸坛、玻璃瓶或塑料桶中，严密封口，再装入坚固的木箱或金属桶中。

d. 危险品运输包装储存有哪些要求？氢氟酸是无机酸性腐蚀物品，有剧毒，能腐蚀玻璃，不能用玻璃瓶作包装容器，应装入金属桶或塑料桶，然后再装入木箱。

③对有毒物品的包装技术：

a. 对于有毒的危险品运输包装，要求必须有明显的有毒物品标志。

b. 对于有毒的物品，必须要严密包装，杜绝泄漏、透气的情况。

c. 危险品运输包装储存有哪些要求？对于有毒结晶体如重铬酸钾和重铬酸钠，应用坚固铁桶包装，桶口要严密不漏，桶壁不能小于1.2 mm。

d. 用作杀鼠剂的磷化锌有剧毒，应用塑料袋严封后再装入木箱中，箱内用两层牛皮纸、防潮纸或塑料薄膜衬垫，使其与外界隔绝。

④收缩包装技术。收缩包装技术是将经过预拉伸的塑料薄膜、薄膜套或袋，在考虑其收

缩率的前提下，将其裹包在被包装商品的外表面，以适当的温度加热，薄膜即在其长度和宽度方向产生急剧收缩，紧紧地包裹住商品。收缩包装技法的特点是所采用的塑料薄膜通常为透明的，经过收缩后紧贴于商品，能充分显示商品的色泽、造型，大大增强了陈列效果；能包装用一般方法难以包装的异形商品，如蔬菜、玩具、工具、鱼肉类等；所用薄膜材料有一定韧性，且收缩得比较均匀，在棱角处不易撕裂。

⑤拉伸包装技术。拉伸包装技术是用具有弹性（可拉伸）的塑料薄膜，在常温和张力下，裹包单件或多件商品，在各个方向牵伸薄膜，使商品紧裹并密封。其特点是：采用此种包装不用加热，适合于怕加热的产品，如鲜肉、冷冻食品、蔬菜等；可以准确地控制裹包力，防止产品被挤碎；由于不需加热收缩设备，可节省设备投资和设备维修费用，并可节省能源。

尤其需要注意的是，对危险品货物除一般包装标识外，均须在包装物外表印有明显的危险品货物标志，并标明装卸搬运的具体要求。

（三）现代包装方法和标识

许多新技术，新工艺、新思维已被应用于包装设计、包装工艺、包装设备、包装新材料、包装新产业等方面，通过包装材料和包装手段的实施，使产品和消费者之间建立起一种紧密联系。这进一步说明了包装与产品的关系，强调了包装是产品的一部分，甚至就是产品本身。随着经济的发展和科技的进步，商品的种类更加繁多，包装的作用已远远超过传统包装的界定。

消费者在关注产品本身的同时，也在体会包装本身的功能。

1. 现代包装方法

现代包装技术的方法主要包括感觉包装、功能包装和智能包装。

（1）感觉包装是指能使消费者对包装商品有一种直观感受（包括触觉、视觉、嗅觉等）的包装，其目的是保持商品的完整性。

（2）功能包装是指保护商品实用价值的包装方法，其功能主要体现在包装的防护材料和技术，如抗菌、防臭等包装。

（3）智能包装是指对环境具有自动识别和判断功能的包装，如识别和显示所在空间的温湿度、压力及密封程度、时间等参数。从严格意义上讲，智能包装应该是功能包装的一部分。

2. 包装标识

1）销售包装标识

销售包装是直接接触商品并随商品直接与消费者见面的包装。这种包装除具有商品的保护功能外还具有促销的功能。销售包装标识主要通过包装图案、文字、条形码等信息形式表达商品的信息，能够方便消费者识别，起到促销的作用。因此，对销售包装的造型、装潢画面和文字说明等都有较高的要求。

（1）包装图案。销售包装的图案要美观大方，突出商品特点，在设计图案画面时要考虑到各类消费者的喜好，起到引导和刺激消费的作用。

（2）文字说明。销售包装应有文字说明，如商标、品名、规格、成分、用途、使用方法和产地等必要的文字表述。对于有时效性要求的商品还要注明储存期或保质期。

（3）条形码。商品包装上的条形码是由一组带有数字的黑白及粗细间隔不等的平行条纹所组成的商品条码，它是利用光电扫描器为计算机输入数据的特殊代码。

2）运输包装标识

运输包装是以满足商品运输和仓储要求为目的的包装。运输包装标识是在包装的外部采用特殊的图像、符号和文字表明对内装物品载运、储存过程中应注意的事项。一般运输包装标识包括以下两类：

（1）运输包装收发货标识。它可便于运输、装卸作业时识别货物，对收货、发货、装车、装船都很重要。

（2）包装储运图示标识。它是按照商品的特征（如商品怕潮湿、怕震动、怕热、怕冻等）确定的。其目的是为使货物在运输、装卸和存储过程中引起作业人员的注意，使其按照包装标识的要求作业。

3）危险品包装标识

危险品包装标识用以标明危险品货物。对爆炸品、易燃气体、不易燃压缩气体、有毒气体、易燃固体、自燃品、遇湿危险品、氧化剂、有机过氧化物、毒品、有害品、感染性物品、放射性物品、腐蚀品等16种危险货物，要用文字、图像表示危险品的理化性质及危险等级，以提示在物流作业时要特别注意。

4）包装标识的要求

（1）必须按国家有关规定办理，国家对商品包装的标识和标志所使用的文字、数字、符号、图形及使用方法都有统一规定。

（2）必须简明、清晰、易于辨认。包装标识和标志要文字少、图形清晰、易于制作、一目了然、方便识别。标识和标志的文字、字母、号码的大小要与标识和标志的尺寸相称。

补充资料

绿色美丽运动

（3）涂刷、拴挂、粘贴标识和标志时部位要适当，所有的标识和标志都应当位于搬运、装卸作业时容易看到的地方。

（4）要选用明显的颜色作标识、标志。

（5）用于拴挂的标识、标志尺寸为74 cm × 52.5 cm，用于印刷的标识与标志为105 cm × 74 cm和148 cm × 105 cm两种（特大、特小包装除外）。

案例讨论

审美习惯决定包装成败

牙膏是我们生活中不可或缺的日用品，因此市场竞争十分激烈。国际牙膏巨头美国高露洁公司在进入我国牙膏市场以前，曾做过大量的市场调查。高露洁公司发现，我国牙膏市场竞争激烈，但同质化竞争严重。无论是牙膏的包装还是广告诉求都非常平淡。针对这些特点，高露洁采用了创新的复合管塑料内包装，并用中国消费者都非常喜欢的红色作为外包装的主题色彩。结果大获成功。

高露洁的成功，极大地触动了我国牙膏企业的神经。包括“中华”“两面针”在内的多个牙膏品牌都放弃了使用多年的铝制包装，换上了更方便、卫生、耐用的复合管塑料包装。

除了在包装材料上进行改革以外，国内牙膏品牌在外包装设计上也进行了创新，基本都换上总体感觉清新自然、更具有时代感和流行特色的新包装。

易造工业设计公司产品设计部经理告诉记者，“过去我们的企业对产品的包装不重视，在同国外企业的竞争中才发现，一个有创意的好包装往往意味着更多的市场份额。于是我们的企业才开始意识到包装的重要性，并努力地制造出富有中国特色和审美习惯的包装”。

扫一扫

参考答案

思考问题：试分析高露洁牙膏外包装是如何进行设计的。

任务实施

实施步骤	实施内容
步骤一	根据实习岗位进行分组，并进行集体研讨和任务分工
步骤二	根据商品礼盒选择包装材料和辅助材料，并进行包装设计
步骤三	将商品装入包装并进行造型设计
步骤四	编制设计说明书
步骤五	小组互评，教师点评，填写考核评价表

任务评价

专业：__________ 班级：__________ 姓名：__________ 组别：__________

内容	评分标准	满分	得分
包装技术	包装材料选择和设计合理	20	
	包装造型设计美观大方、符合礼盒包装的特点	20	
	设计说明书表达清晰具体	30	
	小组团结协作，具有创新意识	20	
	态度端正，具有精益求精的科学态度	10	
	合计	100	
小组名称		小组成员	
教师评语			

考核日期：______年______月______日

工作任务三　掌握合理化包装和标准化包装

任务分析

晓华同学通过前面一段时间的学习，初步掌握了包装的作用、包装材料的选择，于是李师傅布置了新的实习任务：“发货前要根据订单货物的性质和体积选择合适的包装。易碎品必须先用气泡膜、泡沫或者珍珠棉包裹，装进纸箱后还要填充饱满；少量的纺织品可以使用防潮的邮政复合袋包装；生鲜食品在包装时一定要放上冰袋。”为了更好地完成包装任务，晓华准备深入了解不同的商品类型和包装材料，并观察李师傅是如何根据商品选择不同的包装材料进行打包示范的。

准备工作

◎了解包装的作用和包装材料的选择原则。

◎上网搜索包装的流程和注意事项。

◎与实习物流企业的老员工交流，获取相关信息。

建议学时

课前，1学时	课中，1学时	课后，0.5学时

知识储备

一、包装合理化

（一）包装合理化的基本概念主要表现和合理化的要求

1. 包装合理化的基本概念

所谓包装合理化，是指在包装过程中使用适当的材料和适当的技术，制成与物品相适应的容器，节约包装费用，降低包装成本，既满足包装保护商品、方便储运、有利销售的要求，又要提高包装的经济效益的包装综合管理活动。

2. 包装合理化的主要表现

（1）包装的轻薄化。由于包装只是起保护作用，对产品使用价值没有任何意义，因此在强度、寿命、成本相同的条件下，更轻、更薄、更短、更小的包装，可以提高装卸搬运的效率，更节约了运输空间和成本。

（2）包装的单纯化。为了提高包装作业的效率，包装材料及规格应力求单纯化，包装规格还应标准化，包装形状和种类也应单纯化。

（3）符合集装单元化和标准化的要求。包装的规格与托盘、集装箱关系密切，也应考虑到与运输车辆，搬运机械的匹配，从系统的观点制订包装的尺寸标准。

（4）包装的机械化与自动化。为了提高作业效率和包装现代化水平，各种包装机械的开发和应用是很重要的。

（5）注意与其他环节的配合。包装是物流系统组成的一部分，需要和装卸搬运、运输、仓储等环节一起综合考虑、全面协调。

（6）有利于环保。包装是产生大量废弃物的环节，处理不好可能造成环境污染。包装材料最好可反复多次使用并能回收再生利用；在包装材料的选择上，还要考虑不对人体健康产生影响，对环境不造成污染，即所谓的“绿色包装”。

3. 包装合理化的要求

包装合理化一方面包括包装总体的合理化，这种合理化往往用整体物流效益与微观包装效益的统一来衡量，另一方面也包括包装材料、包装技术、包装方式的合理组合及运用。从多个角度来考察，合理包装应满足五个方面的要求：

（1）包装应妥善保护内装的商品，使其质量不受损伤。

（2）包装的容量要适当，包装的标志要清楚，以便于装卸和搬运。

（3）科学包装、减少浪费，要做到包装标准化、包装轻薄化、包装单纯化和包装绿色化。

（4）采用无包装的物流形态。

（5）包装要考虑人格因素。

（二）包装合理化设计

由于包装强度不足、包装材料不足等因素所造成商品在流通过程中发生的损耗不可低估。

由于包装物强度设计过高，包装材料选择不当而造成包装过剩，这一点在发达国家表现尤为突出，日本的调查结果显示，发达国家包装过剩约在20%以上。因此包装合理化设计要求如下：

（1）掌握流通实况，发挥最经济的保护功能。

（2）实行包装标准化。

（3）协调与生产的关系。

（4）注意装卸及开启的方便性。

（三）包装合理化管理

要实现包装合理化，需要从以下几方面加强管理：

（1）广泛采用先进包装技术。包装技术的改进是实现包装合理化的关键。要推广诸如缓冲包装、防锈包装、防湿包装等包装方法，使用不同的包装技法，以适应不同商品的包装、装卸、储存、运输的要求。

（2）由一次性包装向反复使用的周转包装发展。

（3）采用组合单元装载技术，即采用托盘、集装箱进行组合运输。托盘、集装箱是包装-输送-储存三位一体的物流设备，是实现物流现代化的基础。

（4）推行包装标准化。

（5）采用无包装的物流形态。对需要大量输送的商品（如水泥、煤炭、粮食等）来说，包装所消耗的人力、物力、资金、材料是非常大的，若采用专门的散装设备，则可获得较高的技术经济效果。散装并不是不要包装，它是一种变革了的包装，即由单件小包装向集合大包装的转变。

（四）包装合理化策略

从物流总体角度出发，用科学方法确定最优包装。对包装发生影响的因素如下：

1. 装卸

不同装卸方法决定着包装。我国汽车运输，有时还采用手工装卸，因此，包装的外形和尺寸就要适合于人工操作。另一方面，装卸作业不规范也直接引发商品损失。

因此，引进装卸技术、规范装卸作业标准等都会相应地促进包装、物流的合理化。

2. 保管

在确定包装时，应根据不同的保管条件和方式而采用与之相适合的包装强度。

3. 运输

运送工具类型、输送距离长短、道路情况等对包装都有影响。我国现阶段，特别是广州地区，存在很多种不同类型的运输方式：航空的直航与中转，铁路快运集装箱、包裹快件、行包专列等，汽车的篷布车、密封厢车，等等。以上不同的运送方式对包装都有着不同的要求和影响。

二、包装标准化

包装标准化是以包装的有关事项（如包装尺寸、包装设备、包装材料、包装工艺及其他相关活动等）为对象，通过制定和实施标准，以保障物品在贮藏、运输和销售中的安全便利和节约，从而提高社会综合经济效益的工作过程。包装一般与运输和贮存条件紧密相连，因此，包装标准化中最重要的内容是包装尺寸标准化。包装尺寸标准化就是将货物流通中的各种包装货物的尺寸用标准化手段简化、统一起来。在国际和国内，人们对货物流通系统的现状和发展趋势做了大量调研和预测，结果肯定了集装形式是未来货物流通的主导形式。因此，在货物流通的各个环节中，起着配合、协调作用的基本集装单元，只能是运输包装基本尺寸，即标准化了的包装单元尺寸和相应系列的包装件尺寸。实现包装尺寸标准化可以提高货运效率和货物的运输质量，也是实现仓储工作现代化的基础，还能促进包装工业的发展和改进包装设计。

我国的产品包装标准主要包括建材、机械、电工、轻工、医疗器械、仪器仪表、中西药、食品、农畜水产、邮电、军工等14大类500多项。包装标准是以包装为对象制定的标准。

包装标准包括以下几类：

（1）包装基础标准。主要包括包装术语、包装尺寸、包装标志、包装基本试验、包装管理标准。

（2）包装材料标准。包括各类包装材料的标准和包装材料试验方法。

（3）包装容器标准。包括各类容器的标准和容器试验方法。

（4）包装技术标准。包括包装专用技术、包装专用机械、防毒包装技术方法、防锈包装

补充资料

绿色包装

等标准。

（5）产品包装标准。在生产技术活动中，对所有制作的运输包装和销售包装的品种、规格、尺寸、参数、工艺、成分、性能等所做的统一规定，称为产品包装标准。

（6）相关标准。主要指与包装关系密切的标准，诸如集装箱技术条件、尺寸，托盘技术条件、尺寸，叉车规格等。

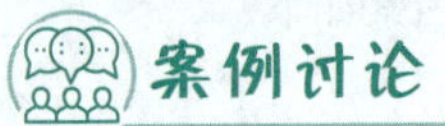

案例讨论

苏宁共享快递盒

苏宁易购总裁在2017年苏宁易购O2O购物节发布会上宣布推出共享快递盒计划，用塑料快递盒代替常用的瓦楞纸箱，用可循环回收的共享快递盒代替常用纸箱，用于3C、母婴、快消易碎商品的自提、送货上门等服务，结合智能包装推荐，有效减少纸箱的使用，实现绿色经济。

1. 共享快递盒的样式

苏宁共享快递盒单个制作成本是25元，平均每周循环6次，单个快递盒使用寿命可达1 000次以上，单次使用成本为0.025元。其主要分为标准款和方便携带的可折叠款两种型号。采用新型材质，更轻便、环保、耐摔的共享快递盒也在研发中。共享快递盒采用电子面单尺寸，为100 mm×100 mm和100 mm×150 mm，以后会变为100 mm×130 mm，包装胶带统一宽48 mm。

2. 共享快递盒的使用方式

（1）消费者对收到的快递开箱验货后，即可将共享快递盒交给快递员进行回收，快递员将回收的共享快递盒送到快递点，随后被返回仓库。

（2）每个共享快递盒平均每天循环两次。

3. 其他电商公司及行业循环包装情况

（1）京东推出循环包装袋，以抽拉绳完成包装袋密封，消费者到京东自提点带走商品后，包装袋将由配送员回收送回仓库再次打包使用。部分地区的消费者可将闲置的纸箱交给京东配送员，并可获取相应的京豆。

（2）菜鸟物流在北京、上海、广州、深圳、杭州等地以及其他地区的高校菜鸟驿站全面启动纸箱回收计划，消费者在收件拆包后，可以将纸箱留在菜鸟驿站。

（3）中粮我买网用回收快递箱兑换积分的举措促使消费者循环使用快递箱，中粮我买网北京广渠门、海淀区配送站点的纸箱回收率达到80%，全国的纸箱回收率也已超过七成。

（4）顺丰优选则对快递员提出强制性要求，凡是包装盒上贴有回收标签的，快递员配送后必须送回网点。

扫一扫

参考答案

问题思考： 苏宁共享快递盒的使用对经济、环境保护有哪些意义？

任务实施

实施步骤	实施内容
步骤一	形成小组并进行集体研讨和任务分工
步骤二	领取包装材料并节约使用
步骤三	利用包装设备按照规定进行包装作业
步骤四	包装完毕后填写包装清单并放入容器中，及时封闭包装，确保货物提取方便和安全性
步骤五	封装完毕，在外包装容器上贴具有文字和图像说明标签
步骤六	小组互评，教师点评，填写考核评价表

任务评价

专业：____________　　班级：____________　　姓名：____________　　组别：____________

内容	评分标准		满分	得分
合理化包装	包装材料使用合理规范		30	
	包装设备操作正确		20	
	包装流程环节正确，包装合理，标签贴得正确		30	
	小组团结协作，具有社会责任意识和环保意识		10	
	态度端正，具有吃苦耐劳的品质和良好的职业道德		10	
	合计		100	
小组名称		小组成员		
教师评语				

考核日期：_____年_____月_____日

知识回顾

本情境主要介绍了包装的基本概念、功能和作用，包装的分类，合理化包装的要求，包装技术和包装标准及包装设计。本情境涉及的知识和技能如下：

（1）包装的概念、功能及作用。

（2）包装分类及包装技术。

（3）包装标准和合理化包装。

实践演练

晓华同学通过在深圳市华运国际物流有限公司的实习，初步理解了包装的作用、包装材料的选择和如何进行合理化包装设计，接下来搜集整理不同环节的包装形态选择和绘制不同运输包装的标志。

情境四
采购管理

情境描述

这学期楠楠来到了海尔公司的采购部门实习。在实习前，她需要先了解采购和采购管理的区别与采购管理的基本内容，了解采购在企业中起到的重要作用，了解几种常见采购方式、流程以及使用条件。

她了解到海尔采取的采购策略是利用全球化网络、集中购买、以规模优势降低采购成本，同时精简供应商队伍。海尔将全球供应商数量由原先的 2 336 家优化至 840 家，其中国际化供应商的比例达到了 71%，目前世界前 500 强中有 44 家是海尔的供应商。对于供应商关系的管理，海尔采用的是 SBD（suburban business district）模式：共同发展供应业务。海尔有很多产品的设计方案直接交给厂商来做，很多零部件由供应商提供今后两个月市场的产品预测，并将待开发产品形成图纸。这样一来，供应商就真正成为海尔的设计部和工厂，加快了开发速度。

许多供应商的厂房和海尔的仓库之间甚至不需要汽车运输，工厂的叉车直接开到海尔的仓库，大大节约运输成本。海尔本身则侧重于核心的买卖和结算业务。这与传统的企业与供应商关系的不同在于，它从供需双方简单的买卖关系成功转型为战略合作伙伴关系，是一种共同发展的双赢策略。降低成本、与供应商双赢关系的稳定发展带来的经济效益，促使众多企业以积极的态度引进和探索先进、合理的采购管理模式。

为了更好地完成企业的实习内容，在授课教师的指导下，楠楠和同学们组成学习小组，通过归纳总结和思维导图梳理采购管理的相关知识，进而有效完成企业实习。

学习目标

知识传递	• 了解采购的基本内容 • 掌握每种采购方式的优缺点和相关的特点 • 理解不同采购方式的采购流程和注意事项
能力培养	• 能够根据任务选择合适的采购方式 • 能够实施四种采购方式 • 认识采购管理
素质培养	• 有效沟通解决问题，获得最佳分析结果 • 提升学生工作效率和树立节约成本的意识 • 培养爱岗敬业的精神和严谨细致的工作态度

知识结构图

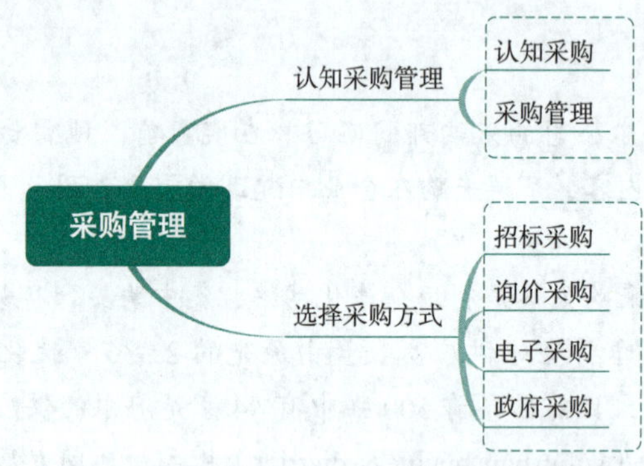

工作任务一　认知采购管理

任务分析

在楠楠同学的思维里认为，采购就是拿钱买东西，目的就是花最少的钱来买到最好最合适的商品，但是在经过查询资料之后，她发现采购已由单纯的商品买卖发展成为一种职能，一种可以为企业节省成本、增加利润、获取服务的资源。在请教老师后，老师建议她先了解采购与采购管理的区别，以及采购在企业中的重要性来初步了解采购管理。

准备工作

◎上网搜索采购与采购管理的区别。

◎了解采购在企业中起到的作用。

◎与实习企业负责采购的员工交流，获取相关信息。

建议学时

课前，1 学时	课中，1 学时	课后，0.5 学时

知识储备

一、认知采购

（一）采购的概念

采购是指企业在一定条件下从供应市场获取产品或服务作为企业资源，以保证企业生产及经营活动正常开展的一项企业经营活动。

采购实践可分为战略采购和日常采购两部分。

战略采购是一种有别于常规采购的思考方法，它与普遍意义上的日常采购的区别是前者注重的要素是“最低总成本”，而后者注重的要素是“单一最低采购价格”。所谓战略采购，是一种系统性的、以数据分析为基础的采购方法。战略采购内容包含与什么样的供应商打交道，建立何种关系，战略采购“是计划、实施、控制，是战略性和操作性采购决策的过程，以实现企业远景计划”。

日常采购是常规采购，是指除首批采购外的其他采购行为。日常采购的注重要素是“单一最低采购价格”。简单地说，日常采购是以最低采购价格获得当前所需资源的简单交易。

（二）采购的分类

1. 按采购范围分类

（1）国内采购。指企业以本币向国内供应商采购所需物资的一种行为。

（2）国外采购。指企业直接向国外厂商采购所需物资的一种行为。

2. 按采购时间分类

（1）长期合同采购。采购商和供应商通过合同，以稳定双方的交易关系，合同期一般在一年以上。

（2）短期合同采购。采购商和供应商通过合同，实现一次交易，以满足生产经营活动需要。

3. 按采购主体分类

（1）个人采购。指消费者为满足自身需要而发生的购买消费品的行为，如买生活必需品、耐用品等。实质上是一种满足生活需求的购买活动，购买对象主要是生活资料，其特点为单次、单一决策、随机发生的，带有极大的主观和随意性，购买过程相对简单。

（2）家庭采购。指在家庭生活中，为了家庭生活的需要所发生的采购活动，购买对象仍是以生活资料为主。

（3）企业采购。企业采购是现今市场经济下最关键、最主流的一种采购。是大批量商品生产的主体，为了实现大批量产品的生产，也就需要大批量商品的采购。

（4）政府采购。指各级国家各级政府、事业单位、军队等，为了满足日常政务活动的目的，使用财政性资金依法制订的集中采购目录以内的或者采购限额标准以上的货物、工程和服务的行为。其采购支出按照国家的相关法律、法规，在规定价格以上采取招标采购。

4. 按采购方法分类

（1）传统采购。企业传统采购的一般模式是每个月的月末，企业各个单位报下个月的采购申请单和下个月需要采购的物资的品种数量，然后采购部门把这些表汇总，制订出统一的采购计划，并于下个月实施采购。采购回来的物资存放于企业的仓库中，以满足下个月对各个单位的物资供应。

（2）科学采购。一般可分为以下5种：

①订货点采购。订货点采购有两种采购方法：第一种是根据库存量的多少来制订采购策略，叫作定量订货点法；第二种是根据预先确定的订货间隔期进行订货补充的采购方法，叫作定期订货点法。其特点是：订货货物量不定、间隔期不变。

②供应链采购。指供应链内部企业之间的采购。供应链中企业与供应商合作，采购时只需把产品需求信息及库存信息向供应商及时传递，供应商及时安排调整自己产品的生产，并按最优方式向企业供货，使供应链成本最小。供应链各个企业之间是一种战略伙伴关系，采购是在一种非常友好合作的环境中进行的，所以采购的观念和采购的操作都发生了很大变化。

③MRP采购。MRP采购主要应用于生产企业。它是生产企业根据生产计划和主产品的结构以及库存情况，逐步推导出生产主产品所需要的零部件、原材料等的生产计划和采购计划的过程。

④JIT采购。JIT采购也叫准时化采购，是一种完全以满足需求为依据的采购方法。它对采购的要求就是，供应商要恰好在用户需要的时候，将合适的品种、合适的数量送到用户需求的地点。

⑤电子商务采购。也就是网上采购，是在电子商务环境下的采购模式。它的基本特点是，在网上寻找供应商、网上寻找品种、网上洽谈贸易、网上订货甚至在网上支付货款，在网下送货进货。

5. 按采购价格方式分类

（1）招标采购。指采购方作为招标方，事先提出条件和要求，邀请多家企业来参加投标，然后由采购方按照规定的程序、标准一次性地从当中选择最优的交易对象，并与提出最有利条件的投标方签订协议的过程。整个过程要求公开、公正和择优。招标采购是政府采购最通用的方法之一。

（2）询价采购。指采购人员选取信用可靠的厂商并讲明采购条件，之后询问价格或寄询价单并促请对方报价。

（3）比价采购。指采购人员请数家厂商提供价格后，通过比较分析再决定厂商进行采购的方式。

（4）议价采购。指采购人员与厂商通过讨价还价，之后按一定价格进行采购的方式。一般来说，询价、比价、议价是结合使用的。

（5）公开市场采购。指采购人员在公开交易或者拍卖时随时的采购。

二、采购管理

（一）采购管理的概念

采购管理是指为保障企业物资供应而对采购进货活动进行的管理活动，是对整个企业采购过程进行计划、组织、指挥、协调和控制等管理活动，保证采购计划的完成。它不但面向全体采购人员，而且面向企业组织其他人员，其任务是执行采购决策，指导所有的采购活动，利用企业所有的资源，满足企业的物资供应，确保企业经营管理战略目标的实现。

（二）采购管理的主要内容

1. 采购计划

（1）确定经济采购量。

（2）编制采购计划。

2. 组织实施

（1）选择供应商。

（2）向供应商订货。

（3）采购合同签订。

（4）购后评价和调整

3. 监控

（1）采购监控的内容。采购人员、采购流程、采购资金的控制，采购信息的收集和使用，采购绩效的考核。

（2）采购监控的方法。建立健全完善的采购规章制度、实施采购标准化作业、建立采购评价制度、及时对采购人员进行奖惩。

4. 协调

采购部门以及采购人员与企业各部门间应围绕企业采购的战略目标进行协调。

（三）采购管理的职能

1. 保障供应

保障供应是采购管理的首要职能，要保障整个企业的物资供应，保障企业生产和生活的正常进行。

2. 供应链管理

在传统的采购管理观念中，一般把保障供应看成采购管理的唯一职能，在供应链的思想出现后，人们即认为供应链管理也是采购管理的重要职能。

3. 资源市场信息管理

在企业中，只有采购部门天天和资源市场打交道，除了是企业和资源市场的物资输入窗口之外，同时也是企业和资源市场的信息接口。

（四）采购管理的目标

采购管理的目标包括以下几点：

1. 保障供应的连续性

采购管理对采购时间有严格的要求。要在最恰当的时候，购回生产所需物料，避免采购延迟或提前，造成供应间断和库存积压。

2. 降低存货费用

在采购中要防止超量采购和少量采购，以适量库存为基本要求，仔细计算生产需求和物资损耗等，制订周密的采购计划。

3. 降低采购成本

在满足数量、品质、交期的前提下，用最合适的价格采购。

4. 保证产品质量

保证企业所生产产品质量，首先应该保证所采购材料的质量，应能满足企业生产标准的要求。

5. 发展合适的供应商

利用“群集效应”和“JIT生产方式”理论，同时从沟通的方便性、处理事务的快捷便利性、降低采购成本等方面考虑，选择最佳供应商和最佳供货地点。

（五）采购管理的重要性

1. 采购的成本

采购成本构成了生产成本的主体部分，采购成本直接影响企业最终产品的定价和企业的利润，良好的采购将直接增加企业的利润和价值，有利于企业在市场竞争中赢得优势。

2. 采购的质量

物资采购的质量好坏直接决定了企业生产的产品质量的好坏。能不能生产出合格的产品，取决于物资采购所提供的原材料及设备工具的质量的好坏。

3. 采购的合理性

合理的采购数量和适当的采购时机，既能避免延期交货，又能降低物料库存成本，减少资金积压。随着经济全球化和信息网络技术的高速发展，采购已经从单个企业的采购发展到了供应链上的采购。在供应链中，采购使供应链各个节点间的联系和依赖性进一步增强，对于降低供应链运作成本、提高供应链竞争力起着越来越重要的作用。

4. 采购在企业战略上的作用

与供应商建立伙伴关系，在自己不用直接投资的前提下，充分利用供应商的能力为自己开发生产专用产品，既节约资金、降低风险，又以最快的速度形成生产能力。

（六）采购管理模式的特点

1. 传统采购管理模式的主要特点

（1）传统采购过程是典型的非信息对称的博弈过程。传统采购过程中存在着两种信息非对称现象。一是采购方与供应商间的信息非对称。这是由于采购一方为了从多个竞争性的供应商中选择一个最佳的供应商，常常会保留私有信息。二是供应商与供应商之间存在着信息非对称。由于各个供应商都想在竞争中获胜，而自己的信息被其他供应商知道得越多自己越可能被击败。所以基于这两方面，供需双方及供方之间都不能进行有效的信息沟通。

（2）质量控制难度大。采购方要考虑的两个重要因素：一个是商品质量，一个是交货期。传统的采购模式中，由于采购方很难参与到供应商的生产组织过程以及有关的质量控制活动，供应商的产品质量的信息在采购之前很难被采购方知道，而采购方只有在采购后的验收过程中才能知道所购商品的质量是否符合预定的标准，如果这时再换货、退货或另外寻找其他供应商，很可能给企业的生产造成巨大损失，所以缺乏合作的质量控制加大了采购方对所采购的商品进行质量控制的难度。

（3）供需关系大多是临时的或短时期的合作关系，二者之间往往竞争多于合作。由于供需双方间缺乏有效的沟通，信息不对称，供需双方缺乏合作气氛，相互抱怨的事情较多，这样在解决日常问题上就需要消耗很多时间，从而在做长期性预测与计划工作上就没有更多的时间。

（4）对用户需求的反应迟钝。由于供应与采购双方缺乏及时的信息反馈，在市场需求发生变化的情况下，采购方也不能改变供应商已有的订货合同，导致在需求减少时库存增加、需求增加时供不应求。供需之间对用户需求的响应没有同步进行，缺乏应对需求变化的能力。

2. 现代采购管理模式的主要特点

（1）从为库存采购变为订单采购。传统采购部门很少根据项目的动态进展调整采购计划。大库存会严重影响企业的经济效益和竞争力。在现代采购管理模式中，JIT采购可以有效降低库存成本。

（2）现代采购模式可以扩大供应商比价范围，提高采购效率，降低采购成本。突破传统采购模式的局限，从货比三家到货比百家、千家、大幅度降低采购费用，降低采购成本，大大提高采购工作效率。

（3）从传统采购变为电子商务采购。电子商务等信息技术的发展，使信息共享度越来越高。电子商务采购系统目前主要包括网上市场信息发布与采购系统、电子银行结算与支付系统、进出口贸易大通关系统，以及现代物流系统等，可以解决传统采购模式中供应商不能及时响应项目进度的问题。

（4）现代采购模式促进采购管理定量化、科学化。实现信息的大容量与快速传送，为决策提供更多、更准确、更及时的信息，决策依据更充分。

传统采购管理与现代采购管理的主要区别见表4-1。

表 4-1 传统采购管理与现代采购管理的比较

比较项目	传统采购管理	现代采购管理
与供应商 / 买方的关系	互为对方	合作伙伴
合作关系	可变的	长期的
合作期限	短	长
采购数量	大批量	小批量
质量问题	检验 / 再检验	无须入库检验
信息沟通频率	离散的	连续的
供应商数量	多，越多越好	少，甚至一个
产量	大量	少量
交货安排	每月	每周或每天

（七）采购的基本流程

采购作业流程会因采购地点、采购方式和采购对象等因素存在差异，但基本都大同小异：

（1）需求确认。在采购之前应首先确定买哪些物料，买多少，何时买，由谁决定等。

（2）需求说明。确认需求之后，对需求的细节如品质、包装、售后服务、运输及检验方式等，均需加以明确说明，以使来源选择及价格谈判等作业能顺利进行。

（3）选择可能的供应来源。即就需求说明，从原有供应商中选择业绩良好的厂商通知其报价，或以登报公告等方式公开征集。

（4）合宜价格的决定。决定可能的供应商后进行价格谈判。

（5）订单安排。价格谈妥后，应办理订货签约手续。订单与合同均属于具有法律效力的书面文件，对买卖双方的要求、权利及义务必须予以说明。

（6）订单追踪与稽查。签约订货后，为使销售厂商如期、保质、保量交货，应依据合约规定，督促厂商按规定交货，并严格验收入库。

（7）核对发票。厂商交货验收合格后，随即开具发票，要求付清货款时，应先经采购部门核对发票内容后，财务部门才能办理付款。

（8）不符与退货处理。凡厂商所交货品与合约规定不符而验收不合格者，应依据合约规定退货，并立即办理重购，予以结案。

补充资料

订货点采购

（9）结案。凡验收合格付款或验收不合格退货，均须办理结案手续，清查各项书面资料有无缺失、绩效好坏等，并签报高级管理层或权责部门核阅批示。

（10）记录与档案维护。凡经结案批示后的采购文件，应列入档案进行登记编号分类予以保管，以备参阅或事后发生问题查考。档案应具有一定保管期限的规定。

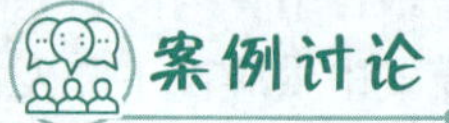

案例讨论

正方公司如何实现增加利润

采购是企业非常重要的战略环节，要在销售环节取得一个百分点的利润率很难，但在采购环节提高利润率则相对容易。如正方公司的销售额为 100 万元，其中，假设采购成本占销售额的比例是 50%，即为 50 万元，其他成本占销售额的比例是 40%，为 40 万元，综合以上可知，正方公司的税前利润为 10 万元。正方公司想通过两种途径来实现增加 10% 的税前利润。实现途径一：增加 10% 的销售额，此时，销售额为 110 万元，但采购成本随之增加 10%，为 55 万元，其他成本也随之增加 10%，为 44 万元，此时利润为 11 万元。实现途径二：通过降低采购成本，如果降低 2% 的采购成本，则采购成本为 49 万元，其他成本不变，此时利润也为 11 万元。

问题思考： 正方公司这两种增加利润的途径，相对来说哪种更容易实现？

扫一扫

参考答案

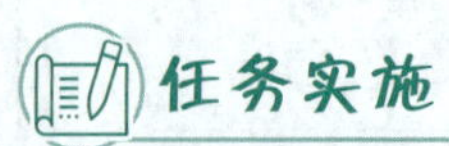

任务实施

实施步骤	实施内容
步骤一	学生按照学号为小组划分原则，四人为一组，形成小组并思考采购管理的重要作用有哪些
步骤二	小组通过查询资料来总结采购与采购管理之间的不同
步骤三	小组为单位讨论采购部门在企业中起到了哪些作用
步骤四	小组各成员所实习的企业中，采购部门的工作职责和日常工作都有哪些
步骤五	小组互评和教师点评并整改，填写考核评价表

任务评价

专业：____________　　班级：____________　　姓名：____________　　组别：____________

<table>
<tr><td>内容</td><td colspan="2">评分标准</td><td>满分</td><td>得分</td></tr>
<tr><td rowspan="5">认知企业采购部门</td><td colspan="2">采购与采购管理的区别总结清晰</td><td>20</td><td></td></tr>
<tr><td colspan="2">采购部门在企业中起到的作用阐述全面</td><td>25</td><td></td></tr>
<tr><td colspan="2">采购部门的工作职责和日常工作总结准确</td><td>25</td><td></td></tr>
<tr><td colspan="2">小组具有团队合作意识和服务意识</td><td>15</td><td></td></tr>
<tr><td colspan="2">具有深入思考问题的能力和节约意识</td><td>15</td><td></td></tr>
<tr><td colspan="3">合计</td><td>100</td><td></td></tr>
<tr><td>小组名称</td><td></td><td>小组成员</td><td colspan="2"></td></tr>
<tr><td>教师评语</td><td colspan="4"></td></tr>
</table>

考核日期：_____年_____月_____日

工作任务二　选择采购方式

任务分析

楠楠经过在企业的短暂实习，已初步了解采购部门的职责和在企业中起到的作用，但是对几种常见的采购方式不是很了解，同时也不是很了解自己实习的企业上次采购所使用的招标采购方式的流程及其优缺点。于是老师建议她用思维导图梳理一下采购方式的内容，以便能快速分辨各采购方式的优缺点和流程，从而有效地选择采购方式。

准备工作

◎了解常见采购的基本流程和注意事项。

◎了解招标采购的特点以及开标规范流程。

◎通过资料汇总分析常见采购方式的优缺点。

建议学时

课前，1 学时　　课中，1 学时　　课后，0.5 学时

知识储备

现代企业面临着需求多样化和个性化的双重挑战，需要物料的采购能够满足生产过程对物料多样化和质量的需求。从物流角度看，最初的采购流程运行的成功与否将直接影响企业生产、销售最终产品的定价情况和整个供应链的最终获利情况。采购方式种类很多，可从中选取最方便、最有利的方法进行采购。下面介绍一下目前比较常用的四种采购方式：招标采购、询价采购、电子采购、政府采购。

一、招标采购

（一）招标采购的概念

招标采购是通过招标方式进行采购，是企业或政府采购时常用的一种采购方式，是通过在一定范围内公开采购信息，说明拟采购物品或项目的交易条件，邀请供应商或承包商在规定的期限内提出报价，经过比较分析后，按既定标准选择条件最好的投标人，并与其签订采购合同的一种采购方式。

（二）招标采购的方式

1. 公开招标

公开招标又称竞争性招标，是由招标者在网络、报刊等宣传工具上发布招标公告，只要对该项目感兴趣和符合条件的法人，均可以在规定时间内向招标单位提交规定的证明文件，然后由招标者从中择优，选择中标单位的招标方式。

（1）公开招标的优点：

①公平。公开招标使对该招标项目感兴趣又符合投标条件的投标者都可以在公平竞争条件下，享有得标的权利与机会。

②改进品质。因为公开投标，各竞争投标的产品规格或施工方法不一，可以使招标者了解技术水平与发展趋势，促进其品质的改进。

③价格合理。基于公开竞争，各投标者凭其实力（规格符合、成本最低）争取合约，而不是由人为或特别限制规定售价，价格比较合理。而且公开招标，各投标者自由竞争，因此招标者可获得最具竞争力的价格。

④减少腐败现象的发生。公开招标采购程序规范、操作透明、监督健全，减少徇私舞弊。

⑤扩大供应来源。通过公开招标方式可获得更多投标者的报价，扩大供应来源。

（2）公开招标的缺点：

①采购费用高。招标文件制作、场所布置等需要花费大量财力与人力。

②手续比较烦琐。从招标文件设计到签约，每一阶段都必须仔细准备，并且要严格遵循有关规定，不允许发生任何差错，否则会造成纠纷。

③可能产生串通投标。凡金额较大的招标项目，投标者之间可能串通投标，做不实报价或任意提高报价，给招标者造成困扰与损失。

④可能造成抢标。报价者因有现货急于变现，或基于销售或业务政策等原因，而报出不合理的低价，可能造成恶性抢标，以致带来偷工减料、交货延误等风险。

⑤衍生其他问题。事先没有了解投标企业或预先没有有效的信用调查，可能会衍生意想不到的问题，如企业倒闭等。

2. 邀请招标

邀请招标也称有限竞争性招标或选择性招标，即由招标单位选择一定数目的合格企业（必须有三家以上），向其发出投标邀请书，应邀单位在规定的时间内向招标单位提交投标意向，购买投标文件进行投标。

（1）邀请招标的几个主要特点：

①邀请招标不使用公开的公告形式。

②接受邀请的单位才有资格参加投标。

③投标人的数量有限。由于被邀请参加的投标竞争者有限，可以节约招标的时间和费用。

然而，由于邀请招标限制了充分竞争，因此招标投标法规一般都规定招标人应尽量采用公开招标。

（2）邀请招标的优点：

①节省时间和费用。因无须登报或公告，时间和费用比较节省。已知供应厂商，又可以节省资料收集及规范设计等的时间和费用，工作量可大幅度降低。

②相对比较公平。因为是基于同一条件邀请单位投标竞价，所以机会均等。虽然不像公开招标那样不限制投标单价数量，但公平竞争的本质相同，只是竞争程度较低而已。

③减少徇私舞弊。邀请招标虽然可以事先了解可能参加报价的单位，但因仍需竞争才能决定，因此可以减少徇私舞弊。

（3）邀请招标的缺点：

①可能串通投标。邀请招标串通投标的机会较大，很可能事先分配或轮流供应，而不能做到真正竞价或合理报价。尤其当投标单位规模不一时，竞争能力必有差异，可能出现弱肉强食、被大企业操纵的局面。

②可能抢标。虽然投标单位报价竞标，也很有可能造成恶性抢标。恶性抢标是指有些单位以超低价格中标，然后以牺牲押金的方式争取时间，在最后时刻毁约，在重购时通过串通投标获得更多的利益。

③规格不统一。由于可能由多家分配或轮流得标，所以供应的规格会有所差异，以致影响生产效率，增加损耗，并使维修更加困难。

3. 议标

议标也称谈判招标或限制性招标，是指邀请三家以上合格的供应商就采购事宜进行谈判的采购方式。它主要包括以下几种方式：

（1）直接邀请招标签订。招标人直接邀请某企业进行单独协商，达成协议后签订采购合同。如与一家协商不成，可以邀请另外一家，直至达成协议为止。

（2）方案竞赛议标。它是选择工程规划设计任务的常用方式。

（3）比价议标。比价议标兼有邀请招标和协商招标的特点，一般用于规模不大、内容简单的工程承包或货物采购。

（三）招标采购的一般程序

一个完整的招标采购过程包括“招标—投标—开标—评标—授标与签订合同”几个阶段组成。

1. 招标

招标是竞争性招标采购的第一阶段，它是竞争性招标采购工作的准备阶段，在这一阶段，需要做大量的基础工作，可委托给社会中介机构。

（1）资格预审。对于大型或复杂的成套设备或土建工程，在正式组织招标以前，需要对供应商的资格和能力进行预先审查，即资格预审。通过资格预审，可以缩小供应商的范围，避免不合格的供应商做无效劳动，减少不必要的支出，也减轻了采购实体的工作量，节省了时间，提高了办事效率。

（2）准备招标文件。招标文件是供应商准备投标文件和参加投标的依据，也是评标的重要依据，因为评标是按照招标文件规定的评标标准和方法进行的。此外，招标文件是签订合同所遵循的依据，招标文件的大部分内容都要列入合同之中。因此，准备招标文件是非常关键的环节，它直接影响采购的质量和进度。

（3）发布招标通告。采购实体在正式招标以前，应在官方指定的媒体上刊登招标通告。如果是国际性招标采购，还应在国际性刊物上刊登招标通告，或将招标通告送给有可能参加投标的国家在当地的大使馆或代表处。从刊登通告到参加投标要留有充足的时间，让投标人有足够的时间准备投标文件。如世界银行规定，国际性招标通告从刊登广告到投标截止之间的时间不得少于45天。工程项目一般为60~90天，大型工程或复杂设备为90天，特殊情况可延长至180天。当然，投标准备期可根据具体的采购内容及时间要求区别合理对待，既不能过短，又不能太长。

（4）发售招标文件。如果经过资格预审程序，招标文件可以直接发售给通过资格预审的供应商。如果没有资格预审程序，招标文件可发售给任何对招标通告作出反应的供应商。招标文件的发售，可以采取邮寄的方式，也可以让供应商或其代理前来购买。如果采取邮寄方式，要求供应商在收到招标文件后告知招标机构。

2. 投标

投标人在收到招标书以后，如果愿意投标，就要进入投标程序。

其中，投标书、投标报价需要经过认真研究、详细论证才能完成。这些内容是要和许多供应商竞争评比的，既要先进，又要合理，还要有利可图。

投标文件要在规定的时间准备好一份正本、若干份副本，并且分别封装签章，信封上分别注明“正本”“副本”字样，寄到招标单位。

3. 开标

投标结束之后就是开标阶段。采购实体应按招标通告中规定的时间、地点公开开标，并邀请投标商或其委派的代表参加。开标前，应以公开的方式检查投标文件的密封情况，当众宣读供应商名称、有无撤标情况、提交投标保证金的方式是否符合要求、投标项目的主要内容、投标价格以及其他有价值的内容。开标时，对于投标文件中含义不明确的地方，允许投标商做简要解释，但所做的解释不能超过投标文件记载的范围，或实质性地改变投标文件的内容。开标要做开标记录，其内容包括：项目名称、招标编号、刊登招标通告的日期、发售招标文件的日期、购买招标文件单位的名称、投标商的名称及报价、截标后收到标书的处理情况等。

在有些情况下，可以暂缓或推迟开标时间，如：招标文件发售后对原招标文件做了变更或补充；开标前，发现有足以影响采购公正性的违法或不正当行为；采购实体接到质疑或诉讼；出现突发事故；变更或取消采购计划；等等。

4. 评标

（1）初步评标。虽然初步评标工作比较简单，但这却是非常重要的一步。初步评标的内容包括：供应商资格是否符合要求，投标文件是否完整，是否按规定方式提交投标保证金，投标文件是否基本上符合招标文件的要求，有无计算上的错误等。如果供应商资格不符合规定，或投标文件未做出实质性的反应，都应作为无效投标处理，不得允许供应商通过修改投标文件或撤销不合要求的部分而使其投标具有响应性。

（2）详细评标。在完成初步评标以后，下一步就进入详细评定和比较阶段。只有在初评中确定为基本合格的投标，才有资格进入详细评定和比较阶段。具体的评标方法取决于招标文件中的规定，并按评标价的高低，由低到高，评定出各投标的排列次序。在评标时，当出现最低评标价远远高于标底或缺乏竞争性等情况时，应废除全部投标。

（3）编写并上报评标报告。评标工作结束后，采购实体要编写评标报告，上报招标委托部门。

（4）资格后审。如果在投标前没有进行资格预审，在评标后则需要对第一候选中标供应商进行资格后审。如果审定结果认为该供应商有资格、有能力承担合同任务，则应授予合同；如果认为该供应商不符合要求，则应对第二候选中标供应商进行类似的审查。

5. 授标与合同签订

采购应将合同授予具备最优惠条件的投标商，并要求在投标有效期内进行。定标后，在向中标投标商发中标通知书时，也要通知其他没有中标的投标商，并及时退还投标保证金。

具体的合同签订方法有两种：一是在发中标通知书的同时，将合同文本寄给中标单位，让其在规定的时间内签字退回；二是中标单位收到中标通知书后，在规定的时间内，派人前来签订合同。如果是采用第二种方法，合同签订前，允许相互澄清一些非实质性的技术性或商务性问题，但不得要求投标商承担招标文件中没有规定的义务，也不得有标后压价的行为。

合同签字并在中标供应商按要求缴纳了履约保证金后，合同就正式生效，采购工作进入了合同实施阶段。

以上是一般情况下的招标采购过程，在特殊的情况下，招标的步骤和方式也可能会有一些变化。

二、询价采购

（一）询价采购的概念

询价采购是指采购人向有关供应商发出询价单让其报价，在报价基础上进行比较并确定最优供应商的一种采购方式。采购的货物规格、标准统一现货货源充足且价格变化幅度小的政府采购项目，可以采用询价方式采购。其基本要求如下：

（1）邀请报价的数量至少为三个。

（2）只允许供应商提供一个报价。每个供应商或承包商只许提出一个报价，而且不许改变其报价。不得同某一供应商或承包商就其报价进行谈判。报价提交可以采用电传或传真的形式。

（3）报价的评审应按照买方公共或私营部门的良好惯例进行。采购合同一般授予符合采购实体需求的最低报价的供应商或承包商。

（二）询价采购的缺点

由于采购比较频繁，工作量比较大。采购供货周期受到报价、评审选择等影响，所以相对来说，采购周期显得较长，采购效率不高，供货和使用要求时常受到影响。

（三）询价采购适用条件

（1）采购现成的并非是按采购实体的特定规格特别制造或提供的货物或服务。

（2）采购合同的估计价值低于采购条例规定的数额。

（四）询价采购的实施步骤

（1）供应商的调查和选择。最关键的就是对资源市场进行充分的调查，掌握供应商的基本情况，这是保证询价采购实施的第一步。

（2）编制并发出询价函。与别的采购方式不同，询价采购为了发挥其特点，需要编制简单明了的询价函。询价函应包括以下内容：项目名称、数量、技术参数要求；履约期限及交货地点；供应商应携带的资质证明材料；递交报价单地点、截止时间；报价单位法人代表或委托人签字盖章。一般情况下，至少向三家供应商发出询价函。

（3）报价单的递交及审评。供应商在报价截止日期前，将报价单密封并在封口处加盖公章，递交到采购部门，采购部门也应在规定时间内组成评审小组，进行详细分析、比较。

（4）合同的签订及验收、付款程序。合同中应包括以下内容：项目名称、数量、金额、交货方式、履约期限、双方权利义务、保修期、验收方法等条款。

（5）履约保证金。为了约束供应商，在签订合同的同时向采购部门缴纳一定数额的履约保证金，在合同履行完毕后，若无问题，予以结清。

（五）询价采购实施中可能存在的问题

（1）询价信息公开面较狭窄，局限在有限少数供应商，一般很少在政府采购信息发布指定媒体上发布询价公告，只满足于三家的最低要求，排外现象较严重。

（2）询价采购出现超范围使用。询价并不是通用的办法，有着确切的适用条件，实际工作中一些代理机构和采购人将询价作为主要采购方式，错误地认为只要招标搞不了的，就采用询价方式，普遍存在滥用、错用、乱用询价方式的问题。

（3）询价过于倾向报价，忽视对供应商的资格性审查和服务质量的考察。目前指定品牌询价现象比较突出。

（4）确定被询价的供应商时主观性和随意性大。被询价对象应由询价小组确定，但是往往被采购人或代理机构“代劳”，在确定询价对象时会凭个人好恶取舍，主观性较大。

（5）询价采购的文件过于简单，往往就是一张报价表，基本的合同条款也会被省略。

（6）询价小组组成存在问题，采购代理机构人员介入小组，专家数量和比例不足法定要求。

（7）采购活动的后续工作比较薄弱。不搞询价采购活动记录，不现场公布询价结果，询价方式随意性大。

三、电子采购

（一）电子采购的概念

电子采购是由采购方发起的一种采购行为，是一种不见面的网上交易，如网上招标、网上竞标、网上谈判等。电子采购是企业与企业间通过互联网采购和销售物品及服务的行为。电子采购是许多B2B网站的一个重要组成部分。电子采购有时也被称作“厂商交易”。一般来说，电子采购网站是允许具备资质并已注册的用户查询买卖双方的商品及服务信息。通过这种途径，买卖双方可以制订价格或进行招标，可以开始或完成交易。正在进行的购买活动可使客户具备大宗货物折扣或特价优惠的资格。

（二）电子采购的优缺点

电子采购作为一种先进的采购方式，其优点主要体现在：

（1）大大减少了采购所需要的书面文档材料，减少了对电话、传真等传统通信工具的依赖，提高了采购效率，降低了采购成本。

（2）利用互联网开发性的特点，使采购项目形成了有效的竞争，较好地保证了采购质量和采购价格。

（3）能够实现电子化评标，为评标工作提供了方便，同时能够从一定程度上避免主观因素的不良影响。

（4）由于需要对各种电子信息进行分析、整理和汇总，可以促进企业采购的信息化建设。

（5）能够更加规范采购程序的操作和监督，大大减少采购过程的人为干扰因素。

当然，电子采购也有其缺点，比如对供应商的审查不严、售后服务难以保证，以及企业机密的安全性等。但是，随着互联网安全技术的日益成熟和更为严格的企业审查机制的建立，这些问题会逐渐解决。

（三）电子采购的主要模式

1. 买方电子采购模式

采购方在互联网上发布所需采购产品的信息，供应商在采购方的网站上登录自己产品的信息，供采购方评估，并通过采购方网站双方进行进一步的信息沟通，完成采购业务的全过程。

2. 卖方电子采购模式

供应商在互联网上发布其产品的在线目录，采购方通过浏览来取得所需的商品信息，以做出采购决策，并下订单。

3. 第三方电子采购模式

独立的门户网站是通过一个单一的整合点，多个买方和卖方能够相遇，并进行各种商业交易的网站站点，它允许任何人参与或登录并进行商业交易，但是要交纳一定的费用。

（四）电子采购的实施

电子采购的实施需要借助电子采购平台和互联网，其主要流程如图4-1所示。

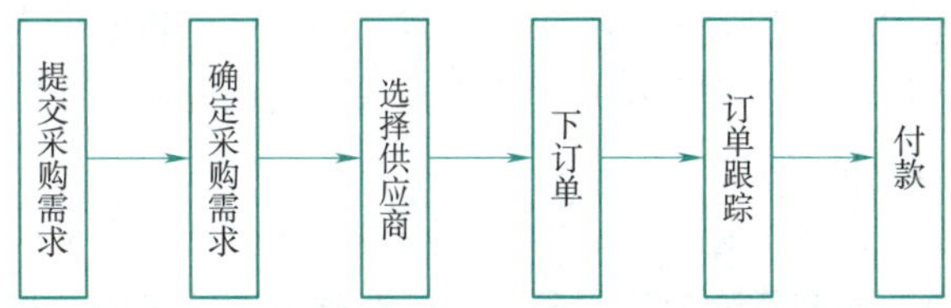

图 4-1　电子采购的主要流程

四、政府采购

（一）政府采购的基本概念和特点

政府采购以政府机构或履行政府职能的部门为主体。政府采购是指各级国家机关和实行预算管理的党政组织、社会团体、事业单位，在财政的监督下，以法定的方式、方法和程序，通过公开招标、公平竞争，由财政部门直接向供应商付款的方式，从国内外市场上为政府部门或所属团体购买货物、工程和劳务的行为。

政府采购不仅是指具体的采购过程，而是采购政策、采购程序及采购管理的总称，是一种对公共采购管理的制度。

政府采购具有以下特点：

（1）财政性资金。财政性资金包括财政预算资金和纳入财政管理的其他资金。

（2）采购主体。政府采购的主体，也称采购主体，是依靠国家财政资金运作的政府机关、事业单位和社会团体等部门。

（3）服务。服务是指除货物和工程以外的其他政府采购对象，包括各类专业服务、信息网络开发服务、金融保险服务、运输服务，以及维修与维护服务等。

（4）货物。货物是指各种形态和种类的物品，包括原材料、燃料、设备、产品等。成品软件也是货物的一种。

（5）工程。工程是指建设工程，包括构筑物和建筑物新建、改建、扩建、装修、拆除、修缮，以及与建设工程相关的勘察、设计、施工、监理等。

（6）非营利性。任何资金的使用都存在着管理者责任的问题。在完善的市场经济条件下，营利性商业组织的资金管理者的责任及资金的使用效率，可以通过其营利性本身，通过优胜劣汰的市场机制来反映出来，也即通过市场检验来体现。而对非营利性政府采购的管理也就成为一种弥补市场不足的必要补充。政府采购的目的不是营利，而是为了实现政府的职能和公共利益。而私人采购是为了生产、销售和营利。政府采购管理者没有私人采购需要营利的动机。

（7）行政性。政府采购作为组织的选择就不能按照个人意志行事。因此，政府采购决策运用的是政府部门办公的决策程序，是一种行政运行过程。

（二）政府采购的方式

政府采购的方式可以分为招标方式的采购和非招标方式的采购。招标方式的采购分为公开招标和邀请招标，非招标方式采购分为询价、单一来源采购、竞争性谈判。

（1）公开招标。公开招标是政府采购的主要采购方式。采购人采购货物或者服务应当采用公开招标方式，其具体数额标准，按照分级管理的原则属于中央预算的政府采购项目，由国务院规定；属于地方预算的政府采购项目，由省、自治区、直辖市人民政府规定；因特殊情况需要采用公开招标以外的采购方式的，应当在采购活动开始前获得设区的市、自治州以上人民政府采购监督管理部门的批准。

（2）邀请招标。采取邀请招标方式采购货物或者服务应当符合下面两种情况之一：一是具有特殊性，换句话说，采购货物或者服务只能向有限范围的供应商采购的；二是采取公开招标方式的费用占政府采购项目总价值的比例过大的。

（3）询价。即采取询问供应商价格的方式进行政府采购，它一般适用采购的货物规格、标准统一、现货货源充足且价格变化幅度小的政府采购项目。

（4）单一来源采购。通俗地说就是向一家供应商采购商品。通常政府采购项目应当招标，但某些商品可能只能从一家供应商处获得，或是发生了不可预见的紧急情况无法从其他供应商处采购，再或者必须满足原有物资采购项目一致性配套要求，需要继续从原供应商处添购的，可以采取单一来源采购方式采购。

（5）竞争性谈判。这种采购方式要求采购人可就有关采购事项，如价格、技术规格、设计方案、服务要求等，与不少于三家供应商进行谈判，最后按照预先规定的成交标准确定成交供应商。

（6）国务院政府采购监督管理部门认定的其他采购方式。

（三）政府采购组织形式

政府采购组织形式，实行集中采购和分散采购相结合。其中，集中采购包括政府集中采购和部门集中采购。

（1）政府集中采购是指由政府设立的集中采购机构（政府采购中心）依据政府制订的集中采购目录，受采购人的委托，按照公开、公平、公正的采购原则，以及必须采取的市场竞争机制和一系列专门操作规程进行的统一采购。它是政府采购的主要形式。

（2）部门集中采购是指主管部门统一组织实施纳入部门集中采购目录以内的货物、工程、服务的采购活动。

（3）前者是政府行为，依据政府采购法和各地区自行制订的政府集中采购细则及规定的政府采购目录范围予以实施；后者是单位自己的管理规定，可以在政府采购的范围内，也可以扩大设备物资的品目范围，按照本部门的工作职责和要求所制订的管理措施，对所属及下属单位进行管理的一种措施。

（四）政府采购的当事人

（1）采购人。采购人是指依法进行政府采购的国家机关、事业单位、团体组织。

（2）供应商。供应商是指向采购人提供货物、工程或者服务的法人、其他组织或者自然人。

（3）政府集中采购机构。政府集中采购机构是指设区的市、自治州以上人民政府根据同级政府采购项目组织集中采购的需要设立的采购机构。政府集中采购机构是非营利事业法人，根据采购人的委托办理采购事宜。

（4）采购代理机构。一种是政府依法按照限制性原则、非强制性原则和独立设置原则设立的集中采购机构。另一种是指具备一定条件的招投标代理中介机构。

（五）政府采购的工作流程

（1）单位提出采购计划，报市财政局分管业务科室进行预算审核。

（2）财政局各业务科室批复采购计划，转采购办。

（3）采购办按政府采购制度审批汇总采购计划，一般货物采购交由政府采购中心采购，特殊物品采购可委托单位自行采购。

（4）政府采购中心制作标书，并送采购单位确认。

（5）政府采购中心发布招标公告或发出招标邀请，发售标书，组织投标，主持开标。

（6）评标委员会进行评标，选出预中标供应商。经采购单位确认后，决定中标供应商。

（7）中标供应商与采购单位签订合同。

（8）中标供应商履约，采购办与采购单位验收（对技术要求高的采购项目要有专家参与验收）后，由采购单位把合同、供货发票原件和“采购单位验收物品意见表”送到采购中心办理付款手续。

（9）政府采购中心把手续办好，送交采购办作为依据，向供应商支付货款。

（10）采购单位入固定资产账。

（11）招标活动结束后采购部门要建立档案，包括各供应商招标的标底资料、评标结果、公布的合法证书、公证资料、招标方案等。

（六）政府采购的目标

（1）实现经济性和有效性目标。这是政府采购最基本和首要的目标。国际上通行的政府采购规则都将提高政府采购的经济性和有效性作为其首要目标。这是指以最有利的价格等条件及时采购到质量符合要求的货物、工程或服务。

（2）调节国民经济运行。政府采购制度的确立，有机地把各级政府部门的消费组织起来，进而有效地执行国家的财政政策、货币政策、产业政策和社会发展计划，政府这个最大的单一消费者才能形成。

补充资料

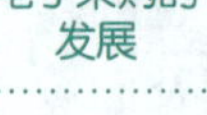

电子采购的发展

（3）贯彻政府在结构调整方面的意图。政府采购客观上对不同产业和行业有一定的选择余地，可以据此体现不同的政府倾向。

（4）保护民族工业，支持国有企业的发展。推行政府采购，支持国有企业，从整体上提高国有企业的市场竞争能力。

案例讨论

沃尔玛全球采购与供应链

沃尔玛（WalMart）公司是全世界零售业销售收入位居第一的企业，素以精确掌握市场、快速传递商品和最好的满足客户需求著称，是著名的“全球500强排行”的冠军。早在20世纪80年代末，就有人质疑沃尔玛是否能够继续增长。但是，接下来的10年，沃尔玛每年都实现两位数的营业额增长，年均增长的绝对数在250亿美元以上。2004年，沃尔玛全球销售达到2 852亿美元。其中在中国的销售额达76.4亿元，中国已成为沃尔玛全球的重要采购基地之一。到2005年，沃尔玛已经连续四次登上《财富》世界500强的冠军宝座，而全球采购正是沃尔玛成功的必要条件之一。在2002年2月1日之前，沃尔玛并没有自己从海外直接采购商品，所有海外商品都由代理商代为采购。沃尔玛要求刚刚加盟的沃尔玛全球副总裁兼全球采购办公室总裁崔仁辅（现加盟阿里巴巴集团）利用半年时间准备好并支撑起2 000亿美元营业额的全球采购业务。崔仁辅在全世界成立20多个负责采购的分公司，使全世界采购小组同步作业。而且使全球采购业务在一年之后增长了20%，超过了整个沃尔玛营业额12%的增长率。崔仁辅深知国际贸易规划的变化对全球采购业务的重大影响，也观察到世界制造业和全球采购的总体变化趋势，于是结合沃尔玛零售业务的特点，在自办全球采购的组织上采用以地理布局为主的形式。他的全球采购网络首先由中国及北亚区、东南亚及印度次大陆区、美洲区、欧洲中东及非洲区等四个区域组成。其次在每个区域内按照不同国家设立国别分公司，其下再设立卫星分公司。国别分公司是具体采购操作的中坚单位，拥有工厂认证、质量检验、商品采集、运输以及人事、行政管理等关系采购业务的全面功能。卫星分公司则根据商品采集量的多少来决定拥有其中哪一项或几项功能。

问题思考： 通过分析案例和查阅资料，分析沃尔玛是如何发展全球采购网络的组织。

扫一扫

参考答案

任务实施

实施步骤	实施内容
步骤一	学生按照学号为小组划分原则，四人为一组，思考采购部门在进行采购前有哪些准备工作
步骤二	小组讨论招标采购的基本流程和注意事项都有哪些
步骤三	小组讨论招标采购的优缺点以及适用的情况
步骤四	小组互评和教师点评并整改，填写考核评价表

任务评价

专业：＿＿＿＿＿＿　班级：＿＿＿＿＿＿　姓名：＿＿＿＿＿＿　组别：＿＿＿＿＿＿

内容	评分标准	满分	得分
分析企业采购流程	采购部门准备工作了解全面	15	
	招标采购流程和注意事项总结到位	30	
	招标采购优缺点及适用情况分析具体、全面	25	
	小组团结协作，具有集体荣誉感	15	
	态度端正，具有严谨细致的工作态度	15	
合计		100	
小组名称		小组成员	
教师评语			

考核日期：＿＿＿年＿＿＿月＿＿＿日

知识回顾

本情境主要介绍了采购管理的基本概念、采购管理的重要作用，采购中几种常见的采购方式以及各自的优缺点和一般的采购流程，选择合适的采购方式将影响最终的采购结果。本情境涉及的知识和技能如下：

（1）采购管理概述：采购和采购管理的基本概念、作用和职能。

（2）采购方式：四种常见采购方式的优缺点及选择何种采购方式。

（3）能够根据相关的任务和内容对采购管理进行恰当的表述。

（4）能够根据具体的任务恰当选择正确合理的采购方式。

（5）能够对一般的采购流程进行简单设计。

实践演练

楠楠在海尔实习期间，了解了采购部门在企业中的职责和采购部门在企业中起到的重要作用，发现在企业的日常经营管理中，节约意识也是必不可少的，是每名员工都应具备的基本素质，请查阅并整理企业该如何节约成本。

情境五
仓储管理

情境描述

小明是现代物流管理专业的一名学生，学校近期安排小明和同学到海尔集团等物流企业实习，主要任务是了解仓储的功能、入库出库等作业内容。

小明了解到，海尔集团是全球领先的整套家电解决方案提供商和虚实融合通路商。创业以来，海尔坚持以用户需求为中心的创新体系驱动企业持续健康发展，从一家濒临倒闭的集体小厂发展成为全球最大的家用电器制造商之一。

随着海尔集团生产向集约化、精益化发展，仓库管理的落后、效率的低下严重制约了集团的发展。物流的瓶颈问题日益突出，仓库和生产线的布局造成大量物流配送作业在楼层间、东西区间、楼上楼下等多作业区进行；新区厂房的构建大幅度增加了物料搬运的作业量；仓库既是物料仓也是配套仓，生产线边没有合理的物料暂存区，回收物流也没有合理的存放区，没有考虑到卸货区，导致厂内、厂外定置管理很难到位。

海尔物流部以仓库内部布局为突破口，整合物流资源。通过对仓库布局的优化，让仓库中心内部的各区域布置合理，有效利用空间、设备、人员。

另外，在青岛海尔信息园里建了一座机械化的立体库，通过优化仓储策略，实现了一定的物流目标。

第一，降低了人工成本。海尔物流用 5 400 ㎡的立体库取代了原来 65 000 ㎡的外租库，而且由于使用了计算机系统，管理人员从原来的 300 多人降为 48 人。减少了外租库的租金，降低外租库到车间的来回费用，节省工人工资，加起来一年降低成本 1 200 万元。

第二，降低了物料的库存。因为海尔在计算机系统里设定了库存时限，比如说只允许放 7 天的物料，超过 7 天的物料不让入库，相对来说使整个库存量下降。一个典型的例子就是空调事业部的库存量大幅度下降，其费用从 9 月到 12 月降了 1.4 亿元。

第三，深化了企业物流系统的规划。①海尔要求所有的供应商按照标准化的模式送货，均采用标准化的托盘、标准的周转箱；②充分利用立体库的灵活性和扩展性特点——刚开始设计时的立体库只存放空调，但是通过计算机系统管理后发现空调只占很少的库容，公司马上把冰箱、洗衣机、计算机都放进去，一下减少了这些厂的外租库，整合效果非常明显。

为了更好地完成仓储的实习任务，小明需要先了解仓储的功能和仓储的布局，也要掌握仓储管理的 ABC 分类方法，还将学习如何运用学到的知识在仓库布局改进的项目组中发挥作用，完成学习仓储作业的合理化等实习任务。

学习目标

知识传递	• 了解仓储的概念和功能 • 掌握仓储保管的作用和仓储作业的方法 • 掌握 ABC 分类的方法和原则、掌握库存控制的计算公式 • 掌握仓储合理化的原则
能力培养	• 能够根据任务完成仓储区域的划分 • 能够完成商品物动量分析 • 能够完成仓库物料编码
素质培养	• 学会团队协作，善于沟通表达 • 有效沟通解决问题，获得最佳分析结果 • 培养爱岗敬业的精神和严谨细致的工作态度

知识结构图

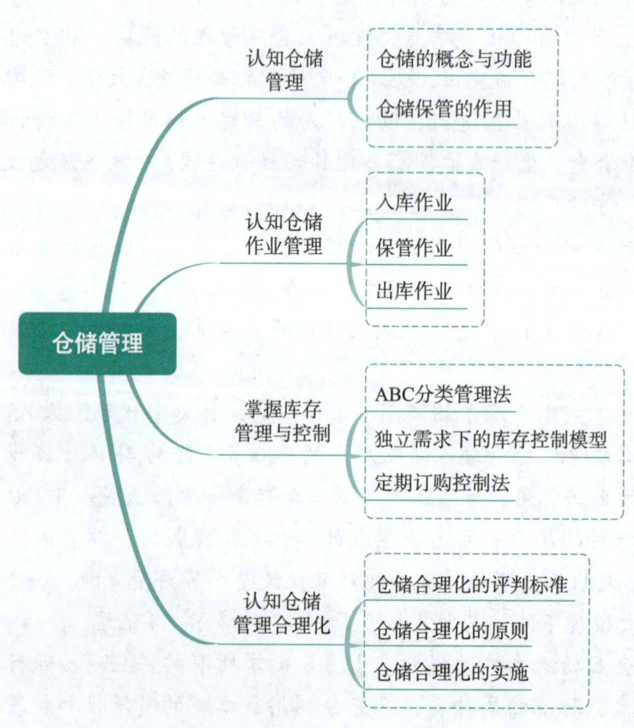

工作任务一　认知仓储管理

任务分析

小明到海尔物流部仓储部实习，仓管员李师傅给他们介绍了仓储的功能和主要的业务，也给他们介绍了目前海尔仓库的整体布局情况和存在的问题——仓库既是物料仓也是配套仓等情况。为了解决存在的问题，公司决定对海尔仓库内部进行重新布局，让同学们也一起出谋划策。小明认真听着李师傅的讲述，思考着如何设计一个海尔冰箱成品仓库的仓储区域图。

准备工作

◎了解仓储管理的作用。

◎实地考察海尔仓库的布局情况。

◎了解仓库布局规划。

建议学时

课前，1 学时	课中，1 学时	课后，0.5 学时

知识储备

仓储管理是物流系统不可或缺的组成部分，在以最低的总成本提供令人满意的客户服务方面具有举足轻重的作用。它是生产者与客户之间一个主要的联系纽带。近几年来，随着供应链管理思想的应用，仓储管理从企业物流系统中一个相对较小的方面，发展成为其重要的职能之一。

一、仓储的概念与功能

（一）仓储的概念

“仓”也称为仓库，是存放物品的场地或建筑物；“储”表示收存以备使用，具有收存、保管、交付使用的意思。所谓仓储是指利用仓库对物资进行的储存和保管。储存是指保护、管理、贮藏物品；保管是对物品进行保存及对其数量、质量进行管理控制的活动。

（二）仓储的功能

（1）调节功能。仓储在物流中起着“蓄水池”的作用：一方面，仓储可以调节生产与消费的关系，使它们在时间和空间上得到协调，保证社会再生产的顺利进行；另一方面，还可以实现对运输的调节。因为产品从生产地向销售地流转，主要依靠运输完成，但不同的运输方式在运向、运程、运量及运输线路和运输时间上存在着差距，这需要由仓储来调节。

（2）保管检验功能。在物流过程中，物资入库后必须对其进行有效的储存保管，保证适当的温度、湿度等条件，防止其理化性质发生变化。同时，为了保障商品的数量和质量准确无误，分清责任事故，维护各方面的经济利益，还要求必须对商品及有关事项进行严格的检验，以满足生产、运输、销售以及用户的要求。仓储为组织检验提供了场地和条件。

（3）集散功能。仓储把生产单位的产品汇集起来，形成规模，然后根据需要分散发送到不同需求的客户。通过一集一散，衔接产需，均衡运输，提高物流速度。

（4）客户服务功能。仓储可以为顾客代储、代运、代加工、代服务，为顾客的生产、供应、销售等提供物资和信息的支持，为客户带来各种方便。

（5）防范风险功能。储备仓库和周转仓库的安全储备都是用于防范灾害、战争、偶发事件以及市场变化、随机状态而设置的保险库存，可以防范各种风险，保障人民生命财产，保证生产和生活正常进行。

（6）物流中心功能。随着生产社会化、专业化程度的提高以及社会分工的发展，仓储除了传统的储存保管以外，还可以根据用户的需要，进行运输、配送、包装、装卸搬运、流通加工以及提供各种物流信息。因此，仓库往往成为储运中心、配送中心和物流中心等。

二、仓储保管的作用

商品的仓储活动是由商品生产和商品消费之间的客观矛盾所决定的。商品在生产领域向消费领域转移过程中，一般都要经过商品的仓储阶段，这主要是由商品生产和商品消费在时间、空间上以及品种和数量等方面的不同步所引起的，也正是在这些不同步中发挥了仓储活动的重要意义。

（一）现代仓储保管在经济建设中的作用

1. 现代仓储是保证社会再生产顺利进行的必要条件

现代仓储活动的意义正是由于生产与消费在空间、时间以及品种、数量等方面存在着矛盾引起的。尤其是在现代化大生产的条件下，专业化程度不断提高，社会分工越来越细，随着生产的发展，这些矛盾又势必进一步扩大。在仓储活动中不能采取简单地把商品生产和消费直接联系起来的办法，而需要对复杂的仓储活动进行精心组织，拓展各部门、各生产单位之间相互交换商品的深度和广度，使社会简单再生产和扩大再生产能在建立一定的商品资源的基础上进行，保证社会再生产的顺利进行。

从空间方面来说，商品生产与消费的矛盾主要表现在生产与消费地理上的分离。在自给自足的自然经济里，生产者同时就是其自身产品的消费者，其产品仅供本人和在家庭的范围内消费。随着商品生产的发展，商品的生产者逐渐与消费者分离。生产的产品不再是为了本人的消费，而且是为了满足其他人的消费需要。随着交换范围的扩大，生产与消费空间上的矛盾也逐渐扩大。在社会化大生产的条件下，随着生产的发展，这种矛盾进一步扩大，这是由社会生产的客观规律所决定的。生产的规模越大、越集中，越需要寻求更大的市场，将商品运送到更远的距离。这样，就必须依靠运输把产品运送到其他市场上去。社会化生产的规律决定了生产与消费的矛盾不是逐渐缩小而是逐渐扩大。随着商品生产的发展，不但需要运输的商品品种、数量在增加，而且平均运输的距离也在不断增加。商品仓储活动的重要意义之一就是通过仓储活动平衡运输的负荷。

商品的生产和消费之间有不定期的时间间隔。在绝大多数情况下，今天生产的商品不可能马上就全部卖掉，这就需要产生商品的仓储活动。有的商品是季节生产、常年消费。无论何种情况，在产品从生产过程进入到消费过程之间，都存在一定的时间间隔。在这段间隔时间内，形成了商品的暂时停滞。商品在流通领域中暂时的停滞过程，形成了商品的仓储。同时，商品仓储又是商品流通的必要条件，为保证商品流通过程得以不断地继续进行，就必须有商品仓储活动。没有商品的仓储活动，就没有商品流通的顺利进行，因此有商品流通也就有商品仓储活动。为了使商品更加适合消费者的需要，许多商品在最终销售以前，要进行挑选、整理、分装、组配等工作。这样便有一定量的商品停留在这段时间内，也形成商品仓储。此外，商品运输过程中，在车、船等运输工具的衔接上，由于在时间上不可能完全一致，也产生了在途商品对车站、码头周转性仓库的仓储要求。

商品的仓储活动不是简单地将生产和消费直接联系起来，而是需要一个复杂的组织过程，在品种和数量上不断进行调整。只有经过一系列的调整之后，才能使遍及全国各地的零售商店能够向消费者提供品种、规格、花色齐全的商品。在流通过程中不断进行商品品种上的组合，在商品数量上不断加以集散，在地域和时间上进行合理安排。通过做活流通，做好仓储活动，发挥仓储活动连接生产与消费的纽带和桥梁作用，借以克服众多的相互分离又相互联系的生产者之间、生产者与消费者之间在商品生产与消费地理上的分离，衔接商品生产与消费时间上的不一致以及调节商品生产与消费在方式上的差异。做好仓储活动是加快资金周转、节约流通费用、降低物流成本、提高经济效益的有效途径。

总之，商品生产和消费在空间、时间、品种、数量等各方面都存在着矛盾。这些矛盾既不可能在生产领域里解决，也不可能在消费领域里得到解决，所以只能在流通领域，通过连接生产与消费的商品仓储活动加以解决。商品仓储活动在推动生产发展、满足市场供应中具有重要意义。一个国家要实现经济的高速增长，必然要进行一些大型或特大型规模的建设项目，如果靠临时生产显然是不行的，只有靠平时一定数量的物资储存才能保证大规模建设的需求。

货物储存的实质是清除由生产与消费而引起时空距离。动态的储存（运输）用于弥补空间距离，静态的储存用于弥补时间距离，静动态的储存用于弥补品种、规格、数量之间的距离，任何一种其他的经济活动都不可能取代这种作用。

2. 现代仓储是国家满足急需特需的保障

国家储备是一种有目的社会储存，主要用于应对自然灾害、战争等人力不可抗拒的突发事变对物资的急需特需，否则就难以保证国家的安全和社会的稳定。

仓储活动是物质产品在社会再生产过程中必然出现的一种形态，这对整个社会再生产，对国民经济各部门、各行业的生产经营活动的顺利进行，都有着巨大的作用。然而，在仓储活动中，为了保证物资的使用价值在时空上的顺利转移，必然要消耗一定的物化劳动和活劳动，尽管这些合理费用的支出是必要的，但由于它不能创造使用价值，因而，在保证物资使用价值得到有效的保护、有利于社会再生产顺利进行的前提下，费用支出越少越好。那么，做好物资的仓储管理，就可以加速物资的流通和资金的周转，从而节省费用支出，降低物流成本，开拓“第三利润源泉”，提高社会及企业的经济效益。

（二）现代仓储保管在流通领域中的作用

1. 仓储是平衡市场供求关系、稳定物价的重要条件

在社会再生产过程中，可能有些部门发展得快些，而有些部门发展得慢些，这种发展的不平衡性会引起市场供求矛盾——价格的波动。流通储存可在供过于求时吸纳商品，增加储存，供不应求时吐放商品，以有效地调节供求关系，缓解矛盾。这样既可保证生产的稳定性，又可防止物价的大起大落，避免生产供应的恶性循环。

2. 仓储是物资供销管理工作的重要组成部分

仓储活动在物资供销管理工作中有特殊的地位和重要的作用。从物资供销管理工作的全过程来看，包括供需预测、计划分配、市场采购、订购衔接、货运组织、仓储保管、维护保养、配送发料、销售发运、货款结算、用户服务等主要环节。各主要环节之间相互衔接、相互影响，关系极为密切，其中许多环节属于仓储活动，它们与属于“商流”活动的其他环节相比，所消耗和占用的人力、物力、财力多，受自然的、社会的各种因素影响大，组织管理工作有很强的经济性，既涉及政治经济学、物理、化学、机械、建筑、气象等方面知识，又涉及物资流通的专业知识和专业技能，它与物资经济管理专业的其他课程，如产品学、物资经济学、物资计划与供销管理、物资统计学、会计学等都有直接的密切联系。因此，仓储活动直接影响到物资管理工作的质量，也直接关系到物资从实物形态一直到确定分配供销的经济关系的实现。

3. 现代仓储是保持原有使用价值的重要手段

任何一种物资，当它生产出来以后至消费之前，由于其本身的性质、所处的条件以及自然的、社会的、经济的、技术的因素，都可能使物资使用价值在数量上减少、质量上降低，如果不创造必要的条件，就不可避免地使物资造成损害。因此，必须进行科学管理，加强对物资的养护，搞好仓储活动，以保护好暂时处于停滞状态的物资的使用价值。同时，在物资仓储过程中，努力做到流向合理，加快物资流转速度，注意物资的合理分配，合理供料，不断提高工作效率，使有限的物资能及时发挥最大的效用。

补充资料

仓储保管业务范围

（三）现代仓储保管在企业经营中的作用

社会再生产过程是连续生产和流通的统一。生产企业中的生产储存是物资作为生产过程的准备条件，只有一定量的生产性储存，才能保证不间断的均衡生产。

高的顾客满意度和低的库存投资似乎是一对相冲突的目标，过去认为这对目标不可能同时实现。现在通过应用创新的现代物流管理技术，同时伴随改进企业内部管理和强化部门协调，企业可同时实现这一目标。

补充资料

仓储在企业中的角色

储存是物资的一种停滞状态，在某种意义上是价值的一种“损失”，但作为一切社会再生产中必然的经济现象和物流业务的主要活动，对于促进国民经济的发展和物流的顺利进行具有重要的作用，这种“付出的代价”不仅是必要的，而且具有重要的意义。

案例讨论

某啤酒集团的仓储管理

某啤酒集团在几年前就借鉴国内外物流公司的先进经验，结合自身的优势，制订了自己的仓储物流改革方案。首先，成立了仓储调度中心，对全国市场区域的仓储活动进行重新规划，对产品的仓储、转库实行统一管理和控制。由提供单一的仓储服务，到对产成品的市场区域分布、流通时间等全面地调整、平衡和控制，仓储调度成为销售过程中降低成本、增加效益的重要一环。其次，以原运输公司为基础，该啤酒集团注册成立具有独立法人资格的物流有限公司，引进现代物流理念和技术，并完全按照市场机制运作。作为提供运输服务的"卖方"，物流公司能够确保按规定要求，以最短的时间、最少的投入和最经济的运送方式，将产品送至目的地。第三，筹建了啤酒集团技术中心。啤酒集团应用建立在Internet信息传输基础上的ERP系统，筹建了啤酒集团技术中心，将物流、信息流、资金流全面统一在计算机网络的智能化管理之下，建立起各分公司与总公司之间的快速信息通道，及时掌握各地最新的市场库存、货物和资金流动情况，为制订市场策略提供准确的依据，并且简化了业务运行程序，提高了销售系统工作效率，增强了企业的应变能力。

通过这一系列的改革，该啤酒集团获得了很大的直接和间接经济效益。首先是集团的仓库面积由7万多平方米下降到不足3万平方米，产成品平均库存量由12 000吨降到6 000吨。其次，这个产品物流体实现了环环相扣，销售部门根据各地销售网络的要货计划和市场预测，制订销售计划，仓储部门根据销售计划和库存及时向生产企业传递要货信息；生产厂有针对性地组织生产，物流公司则及时地调度运力，确保交货质量和交货期。第三，销售代理商在有了稳定的货源供应后，可以从人、财、物等方面进一步降低销售成本，增加效益，经过一年多的运转，该啤酒物流网取得了阶段性成果。实践证明，现代物流管理体系的建立，使该集团的整体营销水平和市场竞争能力大大提高。

问题思考：

（1）结合案例分析仓储成本分析的意义所在。

（2）分析该啤酒集团是如何控制仓储成本的。

（3）分析该集团是怎样通过控制仓储成本获得经济效益的。

任务实施

实施步骤	实施内容
步骤一	根据实习岗位分成学习小组并集体研讨并进行任务分工
步骤二	绘制海尔仓储区域主要业务模块规划图
步骤三	绘制库区和排位
步骤四	绘制海尔冰箱成品仓储区域图
步骤五	小组互评，教师点评，填写考核评价表

任务评价

专业：＿＿＿＿＿＿　班级：＿＿＿＿＿＿　姓名：＿＿＿＿＿＿　组别：＿＿＿＿＿＿

内容	评分标准		满分	得分
认知仓储管理	仓储规划设计内容正确		20	
	仓储的库区划分合理		20	
	仓库的排位安排合理		20	
	海尔冰箱成品仓储区域图绘制正确		30	
	小组团结协作，具有集体荣誉感		5	
	态度端正，具有严谨细致的工作态度		5	
合计			100	
小组名称		小组成员		
教师点评				

考核日期：＿＿＿年＿＿＿月＿＿＿日

工作任务二　认知仓储作业管理

任务分析

小明同学初步了解了海尔仓储的功能和作用，理解了仓储的整体布局情况，接下来仓管员李师傅给他们介绍了目前海尔仓库业务员的工作情况：在仓储入库作业管理过程中，每天都会有大量的物品进入仓库，需要同学们学习如何根据商品入库任务单和储位信息完成上架存储，以体现重点商品重点管理，从而提高效率的精益管理思想。

入库任务单

入库任务单编号：		计划入库时间：到货当日			
货位号	商品名称	包装规格 /mm³	单价 /（元 / 箱）	质量 /kg	入库数量 / 箱
H1-01-02-01	可口可乐	330 × 235 × 180	100	16	40
H1-01-04-03	联想笔记本计算机	395 × 245 × 180	3 000	5	24
H1-01-06-02	康师傅纯净水	595 × 325 × 180	100	4.5	24
备注： 可口可乐　A 类货物 联想笔记本计算机　B 类货物 康师傅纯净水　C 类货物			供应商：某公司		

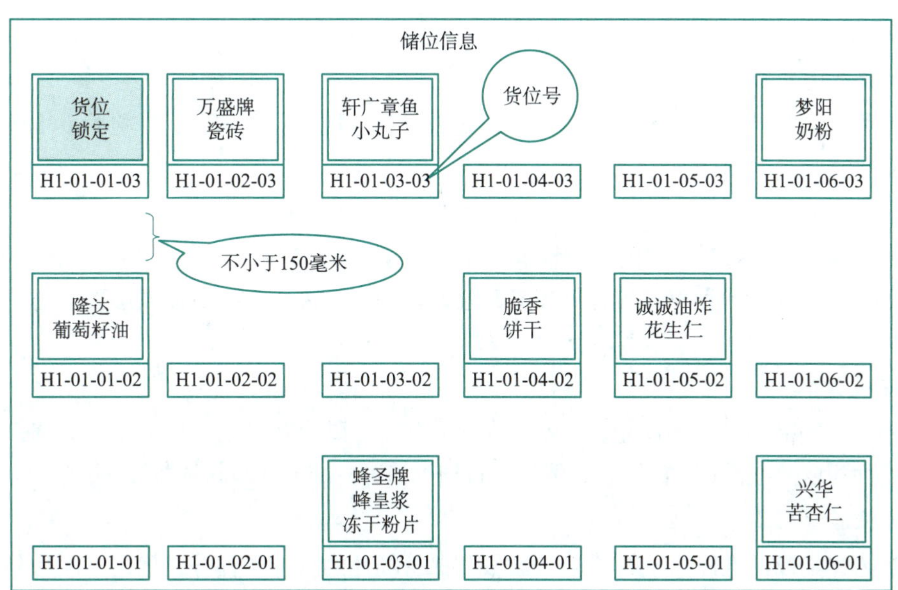

准备工作

◎了解储位规划的分类和类型。

◎完成商品上架储存的流程。

建议学时

课前，1 学时	课中，1 学时	课后，0.5 学时

知识储备

仓储作业流程主要由入库作业、保管作业及出库作业组成。入库作业是根据物品入库计划和供货合同的规定进行的，包括一系列的作业活动，如货物的接运、验收、办理入库手续等；保管作业是物品在整个仓储期间，为保持物品的原有使用价值，仓库需要采取一系列保管、保养措施，如货物的堆码，盖垫物品的维护、保养，物品的检查、盘点等；出库作业是根据货主开的出库凭证，为使物品准确、及时、安全地发放出去所进行的一系列作业活动，如备料、复核、装车等。

一、入库作业

（一）入库前的准备

1. 编制计划

入库前要根据企业物资供应业务部门提供的物资进货计划编制物品入库计划。物资进货计划主要内容包括各类物资的进货时间、品种、规格、数量等。仓储部门应根据物资进货计划，结合仓库本身的储存能力、设备条件、劳动力情况和各种仓库业务操作过程所需要的时间，来确定仓库的入库业务计划。

2. 组织人力

按照物品到达的时间、地点、数量等预先做好到货接运、装卸搬运、检验、堆码等人力的组织安排。

3. 准备物力

根据入库物品的种类、包装、数量等情况以及接运方式，确定搬运、检验、计量等方法，配备好所用车辆、检验器材、度量衡器具和装卸、搬运、堆码的工具以及必要的防护用品用具等。

4. 安排仓库

按照入库物品的品种、性能、数量、存放时间等，结合物品的堆码要求，维修、核算占用仓位的面积以及进行必要的腾仓、清场、打扫、消毒、准备好验收场地等。

5. 备足苫垫用品

根据入库物品的性能、储存要求、数量和保管场地的具体条件等，确定入库物品的堆码形式和苫盖、下垫形式，准备好苫垫物料，做到物品的堆放与苫垫工作同时一次完成，以确保物品的安全和避免以后的重复工作。

（二）商品接运与卸货

到达仓库的商品有一部分是由供应商直接运到仓库交货，其他商品则要经过铁路、公路、航运和空运等运输工具转运。凡经过交通运输部门转运的商品，均需经过仓库接运后才能进行入库验收。商品接运是入库作业的重要环节，也是商品仓库直接与外部发生的经济联系。主要任务是及时而准确地向交通运输部门提取入库商品，要求手续清楚，责任分明，避免将一些在运输过程中或运输前就已经损坏的商品带入仓库，为仓库验收工作创造有利条件。接运方式大致有以下几种：车站、码头提货；专用线接车；仓库自行接货及库内接货。根据到达商品的数量、理化性质及包装单位，合理安排好人力及装卸搬运设备，并安排好卸货站台空间。

（三）分类及标示

为保证仓库的物流作业准确而迅速进行，在入库作业中必须对商品进行清楚有效的分类及编号。可以按商品的性质、存储地点、仓库分区情况对商品进行分类编号。

（四）查核进货信息

到货商品通常具备下列单据或相关信息：采购订单、采购进货通知单，供应商开具的出仓单、发票及发货明细表等。有些商品还随货附有商品质量书、材质证明书、合格证、装箱单等。对由承运企业转运的货物，接运时还需审核运单，核对货物与单据反映的信息是否相符。若有差错应填写记录，由送货人员或承运人签字证明，以便明确责任。

（五）验收

商品验收是按验收业务流程，核对凭证等规定的程序和手续，对入库商品进行数量和质量检验的经济技术活动的总称。既对到库商品进行理货、分类后，根据有关单据和进货信息等凭证清点到货数量，确保入库商品数量准确，同时，又通过目测或借助检验仪器对商品质量和包装情况进行检查，并填写验收单据和其他验收凭证等验收记录。对查出的问题及时进行处理，以保证入库商品在数量及质量方面的准确性，避免给企业造成损失。

（六）办理入库手续

物品验收后，由保管或收货人根据验收结果，在物品入库单上签收。同时，将物品存放的库房、货位编号批注在入库单上，以备记账、查货和发货。经过复核签收的多联入库单，除本单位留存外，要退还货主一联作为存货的凭证。其具体手续包括以下方面：

（1）登账，即建立物品明细账。根据物品入库收单和有关凭证建立物品明细账目，并按照入库物品的类别、品名、规格、批次、单价、金额等，分别立账，并且还要标明物品存放的具体位置。

（2）立卡，即填制物品的保管卡片，也可称为料卡。料卡是由负责该种物品保管的人填制的。这种方法有利于责任的明确。料卡的挂放位置要明显、牢固，便于物品进出时及时核对记录。

（3）建档。将物品入库全过程的有关资料证明进行整理、核对，建立资料档案，为物品保管、出库业务创造良好条件。

二、保管作业

（一）堆码

由于仓库一般实行按区分类的库位管理制度，因而仓库管理员应当按照物品的存储特性和入库单上指定的货区以及库位进行综合的考虑和堆码，做到既能充分利用仓库的库位空间，又能满足物品保管的要求，具体如下：

（1）要尽量利用库位空间，较多采用立体储存的方式。

（2）仓库通道与堆垛之间要保持适当的宽度和距离，以提高物品装卸的效率。

（3）要根据物品的不同收发批量、包装外形、性质和盘点方法的要求，利用不同的堆码工具，采取不同的堆码形式。危险品和非危险品及性质相互抵触的物品应该分开堆码，不得混淆。不要轻易地改变物品存储的位置，一般应按照先进先出的原则存储。

（4）在库位不紧张的情况下，在堆码时应尽量避免造成覆盖和拥挤。

（二）养护

仓库管理员应当经常或定期对仓储物品进行检查和养护，对于易变质或存储环境比较特殊的物品，应当经常进行检查和养护，检查工作的主要目的是尽早发现潜在的问题，养护工作主要是以预防为主。在仓库管理过程中，根据需要保持适当的温度、湿度，采取适当防护措施，预防破损、腐烂或失窃等，确保存储物品的安全。

（三）盘点

对于仓库中贵重的和易变质的物品，盘点的次数越多越好。其余的物品应当定期进行盘点（例如每年盘点一次或两次）。盘点时，应当做好记录与仓库账务核对，如果出现问题应当尽快查出原因，及时处理。

三、出库作业

（一）出库前的准备

物资出库前的准备工作分为两方面：一方面是计划工作，就是根据需货方提出的出库计划或要求，事先做好物资出库的安排，包括货场货位、机械搬运设备、工具和作业人员等的计划、组织；另一方面是要做好出库物资的包装和涂写标志工作。出库商品从办理托运到出库的付运过程中，需要安排一定的仓库或站台等理货场所，需要调配必要的装卸机具。提前集中付运的物品，应按物品运输流向分堆，以便于运输人员提货发运，及时装载物品，加快发货速度。由于出库作业比较细致复杂、工作量也大，所以事先要对出库作业合理加以组织，安排好作业人力，保证各个环节的紧密衔接。

（二）核对出库凭证

仓库接到出库凭证后，由业务部门审核证件上的印鉴是否齐全相符，有无涂改。然后，按照出库单证上所列的物资品名、规格、数量与仓库料账再做全面核对。审核无误后，在料账上填写预拨数后，将出库凭证移交给仓库保管人员。保管员复核料卡无误后，即可做物资出库的准备工作，包括准备随货出库的物资技术证件、合格证、使用说明书、质量检验证书等。

（三）备料出库

仓库接到提货通知时，应及时进行备货工作，以保证提货人可以按时完整提取货物。物资保管人员按照出库凭证上的品名、规格查对实物保管卡，注意规格、批次和数量，规定有发货批次的，按规定批次发货，未规定批次的，按先进先出、推陈出新等原则，确定应发货的垛位。

（四）复核

货物备好后，为了避免和防止备料过程中可能出现的差错，应再做一次全面的复核查对。

（五）出库交接

备料出库物资，经过全面复核查对无误之后，即可办理清点交接手续。如果是用户自提方式，即将物资和证件向提货人当面点清，办理交接手续。如果是代运方式，则应办理内部交接手续，即由物资保管人员向运输人员或包装部门的人员点清交接，由接收人签章，以划清责任。

补充资料

三种仓储形式的比较

（六）销账存档

点交清楚、出库发运之后，该物资的仓库保管业务即告结束，物资仓库保管人员应做好清理工作，及时注销账目、料卡，调整货位上的吊牌，以保持物资的账、卡、物一致，将已空出的货位标注在货位图上，及时、准确地反映物资进出、存取的动态。

案例讨论

日本菱食公司的“配送体系再构筑”

20 世纪 90 年代，连锁商业在日本获得突飞猛进的发展，日本食品批发商——菱食公司抓住了这个机遇，按照“供应链物流”的思想，建立了可供“一揽子采购”，并提供一系列物流服务的食品供配货网络体系。公司的年销售额也由此突破了 330 亿日元。

有一家大型连锁超市公司原先向 23 家食品批发商进货，采用菱食公司的“一揽子物流”后，一下子减少到 5 家，加工食品销售额的 75% 由菱食公司一家承担，成本大幅度下降。由于采用计算机订货，实现无纸化作业，取消了验货环节，缺货率也明显下降。由于多频率、小批量的物流需要较高的物流成本，为了向消费者提供价廉的商品，必须重新构筑新的流通框架，降低从生产直至消费者手中的整个流通的综合成本。为了实现这个共同目标，生产厂、批发商、零售商齐心协力，用“供应链”的思想，构筑新的流通体系。

菱食公司的战略是建立由区域性配送中心（RDC）和前端性配送中心（FDC）结合而成的物流网络体系。FDC是承担整箱商品的配货、配送任务的物流中心。RDC是具备拆零、分包等流通加工功能的区域性集约化配送中心。

客户发来的订单，由计算机按照是否满整一箱进行分档。以箱为单位的配货作业由FDC进行，不满整箱的，由RDC处理，经拆零拣选、拼箱后，按不同的客户进行理货，用大型载货汽车送至各FDC，在那里与FDC配好货的整箱商品一起配送到各门店。目前，该公司在日本境内已经形成了拥有9个RDC和55个FDC的物流网络。

扫一扫

参考答案

问题思考：结合案例谈一下物流网络体系的优势。应该怎样理解物流网络化？简述物流中心的发展趋势。

任务实施

实施步骤	实施内容
步骤一	分析入库商品信息
步骤二	分析商品的储位信息
步骤三	根据商品入库任务单和储位信息，完成上架存储
步骤四	小组互评，教师点评，填写考核评价表

任务评价

专业：__________　班级：__________　姓名：__________　组别：__________

内容	评分标准		满分	得分
仓储作业管理	根据任务背景查询入库商品信息正确		20	
	入库商品储位信息分析正确		20	
	仓库的排位安排合理		20	
	入库商品上架操作正确		30	
	小组团结协作，具有集体荣誉感		5	
	态度端正，具有严谨细致的工作态度		5	
合计			100	
小组名称		小组成员		
教师点评				

考核日期：______年______月______日

工作任务三　掌握库存管理与控制

任务分析

小明同学初步了解了海尔仓储的功能和作用，理解了仓储的整体布局情况，也能够根据商品入库任务单和储位信息完成上架存储。现在的工作任务是根据仓储来的订单，将商品进行ABC分类，这样便于商品的精益管理，同时也真正实现ABC管理的方法和原则。为了更好地完成工作内容，小明需要事先了解ABC分类方法的含义、管理的原则等知识内容。

准备工作

◎了解ABC分类方法的原则。

◎掌握ABC分类方法的操作流程。

◎熟练使用Excel操作软件完成货品的ABC分类。

建议学时

课前，1 学时	课中，1 学时	课后，0.5 学时

知识储备

仓储虽然能够创造时间效用，促进物流效率的提高，但它也会耗费大量人力、物力和财力，尤其仓储中的“库存”是企业的“癌症”，如果不能进行有效的管理和控制，势必冲减物流系统效益、恶化物流系统运行。

库存的成本和费用支出主要表现在四个方面：一是库存会引起仓库建设、仓库管理、仓库工作人员工资和福利等费用，使得开支增加；二是储存物资占用资金所付的利息以及这部分资金如果用于另外项目的机会成本都是很大的；三是陈旧损坏与跌价损失。物资在库存期间可能发生各种物理、化学、生物、机械等损失，严重者会失去全部价值和使用价值。另外，还有可能发生因技术进步而引起的无形折旧和跌价损失；四是产生进货、验收、保管、发货、搬运等工作费用和储存物保险费支出。

库存管理的任务就是通过科学的决策，使库存既满足生产或流通的需要，又使总库存成本最低。其具体功能主要表现在四个方面：一是在保证企业生产、经营需求的前提下，使库存量经常保持在合理的水平上；二是掌握库存量动态，适时、适量提出订货，避免超储或缺货；三是减少库存空间占用，降低库存总费用；四是控制库存资金占用，加速资金周转。

一、ABC 分类管理法

ABC分类管理法又称ABC分析法、ABC库存控制技术，它是以某类库存物品品种数占总的物品品种数的百分比和该类物品金额占库存物品总金额的百分比大小为标准，将库存物品分为A、B、C三类，进行分级管理。ABC分类管理法简单易行，效果显著，在现代库存管理中已被广泛应用。

（一）ABC 分类管理法的原理

仓库保管的货物品种繁多，有些物品的价值较高，对企业的发展影响较大或者对保管的要求较高；而多数被保管的货物价值较低，要求不是很高。如果我们对所有的货物采取相同的管理方法，则可能投入的人力、资金很多，而效果事倍功半。如何在管理中突出重点，做到事半功倍，这是应用ABC分析方法的目的。

20/80原则是ABC分类的指导思想，所谓20/80原则，简单地说，就是20%的因素带来了80%的结果，如20%的客户提供了80%的订单，20%的产品赢得了80%的利润，20%的员工创造了80%的财富。当然，这里的20%和80%并不是绝对的，还可能是25%和75%等，总之，20/80原则作为统计规律是指少量的因素带来了大量的结果。它告诉人们，不同的因素在同一活动中起着不同的作用，在资源有限的情况下，注意力显然应该放在起着关键性作用的因素上。ABC分类法正是在这种原则指导下，企图对库存物品进行分类，以找出占用大量资金的少数库存货物，并加强对它们的控制与管理，对那些占用少量资金的大多数货物，则实行较简单的控制与管理。

一般地，人们将价值比率为65%~80%、数量比率为15%~20%的物品划为A类；将价值比率为15%~20%、数量比率为30%~40%的物品划为B类；将价值比率为5%~15%、数量比率为40%~55%的物品划为C类。

（二）ABC 分类管理法的步骤

采用ABC分类管理法可以按照下列步骤进行：

（1）分析本仓库所存货物的特征，包括货物的价值、重要性以及保管要求上的差异等。

（2）收集有关的货物存储资料，包括各种货物的库存量、出库量和结存量。

（3）资料的整理和排序。

前两项应收集半年到一年的资料，后一项应收集盘点或分析时的最新资料。

将所收集的货物资料按价值或重要性、保管难度等进行排序。当货物品种较少时，以每一种库存货物为单元统计货物的价值，当种类较多时，可将库存货物采用按价值大小逐步递增的方法分类，分别计算出各范围内所包含的库存数量和价值。

（4）上面获得的资料整理成表格形式，求出累计百分数。

（5）根据表中统计数据绘制ABC分析图，再根据价值和数量比率的划分标准，可确定货物对应的种类。

（三）ABC 三类物品的管理

根据ABC分析图，对不同等级的货物进行不同的管理方法，见表5-1。

表 5-1　ABC 分类管理表

项目	级　别		
	A 类库存	B 类库存	C 类库存
控制程度	严格控制	一般控制	简单控制

续表

项目	级　别		
	A 类库存	B 类库存	C 类库存
库存量计算	依库存模型详细计算	一般计算	简单计算或不计算
进出记录	详细记录	一般记录	简单记录
存货检查频度	密集	一般	很低
安全库存量	低	较大	大量

二、独立需求下的库存控制模型

常见的独立需求下的库存控制模型根据其主要的参数，如需求量与提前期是否为确定，分为确定型库存模型和随机型库存模型。

（一）确定型库存模型

经济订货批量（economic order quantity，EOQ）是最常用的，也是最经典的确定型库存模型。

1. 基本假设

第一，产品需求是确定的，且在整个期间保持不变。

第二，所有对产品的需求都能满足，没有缺货。

第三，提前期是固定的。

第四，单位产品的价格是固定的。

第五，存储成本以平均库存为计算依据。

第六，订购或生产准备成本固定。

第七，产品项目是单一品种。

2. 公式的推导

首先，建立年总库存成本的数学模型。经济批量模型就是通过平衡采购进货成本和保管仓储成本，确定一个最佳的订货数量来实现年总库存成本最低的方法。

年总库存成本＝年采购成本＋年订货成本＋年储存成本，即

$$\mathrm{TC}=\mathrm{PC}+\mathrm{HC}$$

$$\mathrm{TC}=DC+\frac{D}{Q}S+\frac{Q}{2}H$$

式中　TC——年总库存成本；

PC——年采购进货成本；

HC——年保管仓储成本；

D——年需求量；

C——单位产品购买价格；

Q——订购批量；

S——每次订货的成本；

H——单位产品的年保管仓储成本。

其次，确定订购批量Q，以使总库存成本最小。

$$Q=\sqrt{\frac{2DS}{H}}$$

$$\mathrm{TC}=DC+\sqrt{2DSH}$$

则每年订货次数N和订货间隔期间T分别如下：

$$N=D/Q$$

$$T=365/N$$

3. 例题分析

甲公司是生产某机械器具的制造企业，依计划每年需采购A零件10 000个。A零件的单位购买价格是16元，每次订货成本是100元，每个A零件每年的保管仓储成本是8元。求A零件的经济批量、每年的总库存成本、每年的订货次数和每次订货的间隔期间。

解：经济批量$Q=\sqrt{\frac{2DS}{H}}=\sqrt{2\times 10\ 000\times 100/8}=500$(个)

每年的总库存成本$\mathrm{TC}=DC+\sqrt{2DSH}=10\ 000\times 16+\sqrt{2\times 10\ 000\times 100\times 8}=164\ 000$(元/年)

每年的订货次数$N=D/Q=10\ 000/500=20$（次/年）

每次订货之间的间隔时间$T=365/N=365/20=18.25$（天）

（二）随机型库存模型

随机型库存模型要解决的问题是：确定经济订货批量或经济订货期；确定安全库存量；确定订货点和订货后最大库存量。随机需求下的库存控制有连续检查和定期检查两种基本控制策略，这两种控制策略通常称为定量订货技术和定期订货技术，统称为订货点技术。

1. 定量订货技术

所谓定量订货技术，就是预先确定一个订货点和订货批量，随时监控货物库存，当库存下降到订货点时，就发出订货单进行订货的控制技术。

（1）订货点的确定：在定量订货技术中，订货点以库存水平作为参考点，当库存下降到某个库存水平时就发出订货。因此，将发出订货时的库存量水平叫订货点。

显然订货点不能取得太高，如果太高，库存量过大，占用资金，导致库存费用上升，成本过高；同样，订货点也不能取得过低，如果过低，则可能导致缺货损失。就一般而言，影响适度订货点的因素具体如下：

①销售速率对供应者来说是供应速率，即销售的快慢，用单位时间内的平均销售量R_p来描述。销售速率越高，订货点越高。

②订货提前期是指从发出订货到所订货物运回入库所需要的时间，大小取决于路径的远近和运输工具速度的快慢。

（2）订货批量的确定：所谓订货批量，是指一次订货的数量。订货批量的高低，不仅直接影响库存量的高低，而且直接影响货物供应的满足程度。订货批量过大，虽然可以充分满足用户需要，但将使库存量升高，成本增加；订货批量太小，虽然可以降低库存量，但难以确保满足用户需要。所以订货批量要适度。

订货批量大小的主要影响因素如下：

①需求速度。需求速度越高，说明用户的需要量大，因此订货批量越大。

②经营费用。费用的高低，对订货批量有影响；经营费用低，订货量就可能大；经营费用高，订货量就可能小。

在确定订货批量时，需要综合考虑发生的各种费用，根据使总费用最省的原则来确定经济订货批量Q^*（EOQ）。

如前所述，不同的模型中，考虑的库存费用种类不一样，所以订货批量的大小也不一样，如在不允许缺货、瞬时到货的模型中的经济订货批量可以表示为：

$$Q^*=\sqrt{\frac{2RC_0}{C_1}}$$

这里Q^*取决于单次订货费用C_0，单位货物单位时间的保管费用C_1，以及单位时间内的需求量R。在随机型的模型中，订货批量也可以采用这个公式计算。

（3）订货的实施。定量订货的实施步骤如下：

①确定订货点和订货批量。

②库存管理人员或销售人员每天检查库存。

③当库存量下降到订货点时，发出订货单。订货量取一个经济订货批量。

运用定量订货技术的前提条件如下：

①只适用订货不受限制的情况，即什么时候想订货就能订到货，想到哪里订货就到哪里订货。

②只适用于单一品种的情况。如果要实行几个品种联合订货，则要进行灵活处理。

③不但适用于确定型需求，也可适用于随机型需求。对于不同需求的类型，可以导出具体的运用形式，但原理相同。

④它一般多用于C类物质，品种多而价值低廉，实行固定批量订货。

2. 定期订货技术

定期订货技术是从时间上控制订货周期，从而达到控制库存量的目的。只要订货周期控制得当，既可以不造成缺货，又可以控制最高库存量，达到节省库存费用的目的。

定期订货的优点在于可以不必每天检查库存，只是到了订货周期规定要订货的时间才检查库存量，发出订货，其余时间不必检查库存。这就大大减轻了人员的工作量，又不影响工作效果和经济效益。

三、定期订购控制法

所谓定期订购控制法，是指按预先确定的订货间隔期按期订购商品，以补充库存的一种库存控制方法。

一般仓库可以根据库存管理目标或历年的库存管理经验，预先确定一个订货间隔周期，每经过一个订货间隔周期就进行订货。每次订货的数量应视实际情况而定，可以不相同。

（一）定期订购控制方法中订货量的确定方法

订货量＝最高库存量－现有库存量－订货未到量＋顾客延迟购买量

定期订购控制法适用于品种数量少，平均占用资金额大，A类库存商品。定期订购控制法的优点是：首先，订货间隔期确定后，多种货物可以同时采购，这样既可以降低订单处理成本，而且还可以降低运输成本。其次，这种库存控制方式需要经常检查库存和盘点，这样便能及时了解库存的情况。

（二）定量与定期库存控制法的区别

1. 提出订购请求时点的标准不同

定量订购库存控制法提出订购请求的时点标准，是当库存量下降到预定的订货点时，即提出订购请求；而定期订购库存控制法提出订购请求的时点标准则是，按预先规定的订货间隔周期，到了该订货的时点即提出请求订购。

2. 请求订购的货物批量不同

定量订购库存控制法每次请购货物的批量相同，都是事先确定的经济批量；而定期订购库存控制法每到规定的请求订购期，订购的货物批量都不相同，可根据库存的实际情况计算后确定。

3. 库存货物管理控制的程度不同

定期订购库存控制法要求仓库作业人员对库存货物进行严格控制、精心管理、经常检查、详细记录、认真盘点；而用定量订购库存控制法时，对库存货物只要求进行一般的管理，简单地记录，不需要经常检查和盘点。

补充资料

如何从退货处理中获取利润

4. 适用的货物范围不同

定期订购库存控制法适用于品种数量少、平均占用资金大、需重点管理的A类货物；而定量订购库存控制法适用于品种数量大、平均占用资金少、只需一般管理的B类货物和C类货物。

任务实施

实施步骤	实施内容
步骤一	根据学生实习所在实习岗位形成学习小组
步骤二	利用Excel把入库商品的基本信息粘在表格中，并进行数据处理
步骤三	根据货品名称进行降序排列并分类处理，根据每种商品的百分占比进行ABC分类
步骤四	根据货物的储存情况反映在相关的储存示意图上
步骤五	学生自评，小组互评，教师点评，填写考核评价表

任务评价

专业：________ 班级：________ 姓名：________ 组别：________

内容	评分标准	满分	得分
库存管理与控制	入库商品数据处理正确，Excel 使用熟练	20	
	商品的分类占比符合 ABC 分类方法的占比原则	30	
	货物的储存在相关的储存示意图上方位合理	30	
	具有团队合作意识和服务意识	10	
	具有深入思考问题的能力和利用信息技术解决实际问题的能力	10	
合计		100	
小组名称		小组成员	
教师评语			

考核日期：______年______月______日

工作任务四　认知仓储管理合理化

任务分析

小明在实习过程中，理解了仓储库存控制与管理的方法和原则，也能够利用商品信息完成ABC分类，仓管员李师傅告诉他，要想实现仓储管理的合理化，就必须能够根据仓储中的商品、货架等进行仓储策略的选择。为了更好地实现仓储策略的合理化，需要同学们理解仓储合理化的标准，也要理解仓储策略的类型。

准备工作

◎查看海尔仓储相关的设施和设备。

◎搜集整理仓储策略的类型。

◎与物流企业的老员工交流，获取相关信息。

建议学时

课前，1 学时　　课中，1 学时　　课后，0.5 学时

知识储备

仓储管理合理化，即以最小的投入获取最大的仓储收益，保证各项仓储功能的实现。

一、仓储合理化的评判标准

（一）仓储质量

保证被仓储物的质量是完成储存功能的根本要求，只有这样，商品的使用价值才能通过物流之后得以最终实现。在仓储中增加了多少时间价值或得到了多少利润，都是以保证质量为前提的。所以，评判仓储合理化的主要标准中，首先应该是反映使用价值的被仓储物质量的保证。

（二）仓储数量

因为考虑到能源消耗、人力成本以及物流过程对仓储的要求，仓储系统的仓储数量应有一个合理的控制范围。仓储数量过大虽有利于增强保证供应、保证生产和保证消费的能力，但随着仓储数量的进一步增加，其边际效用逐步递减，同时各种仓储成本和费用支出却大幅度增加。仓储数量减少虽有利于降低仓储成本，但必须有一个最低限度，否则，会影响仓储各种功能的有效发挥。

（三）仓储时间

物品在仓储系统中的储存时间反映了物品的周转速度，不但是衡量仓储合理化与否的重要标准，而且对于评估整个物流系统也有重要意义。仓储时间延长虽有利于获得时间效用，但也会导致有形和无形的耗损、贬值、跌价等。对于绝大多数物品而言，仓储时间不宜过长。在具体衡量时往往用周转速度指标来反映时间标志，如周转天数、周转次数等。在总时间一定的前提下，个别被仓储物的储存时间也能反映合理程度。如果少量被储存物长期储存或成了不流动物，虽反映不到宏观周转指标中去，也标志仓储存在不合理。

（四）仓储结构

仓储结构是评判仓储系统在整个物流过程中的调整、缓冲能力的重要标准。它是从被仓储物不同品种、不同规格、不同花色的仓储数量的比例关系对仓储合理性进行判断。被仓储物在品种、规格、花色等方面若存在此长彼短或此多彼少的失调现象，则会严重影响仓储的合理化。尤其是相关性很强的各种物资之间的比例关系更能反映仓储合理与否。由于这些物资之间相关性很强，只要有一种物资出现耗尽，即使其他种物资仍有一定数量，也会无法投入使用。

（五）仓储费用

仓储合理化与否的评判，从经济的角度最终都要归结到仓储的成本和费用上来。通过对仓储投入产出比的分析，特别是对仓租费、维护费、保管费、损失费、资金占用利息支出等投入的分析，能从经济效益上判断仓储的合理与否。

二、仓储合理化的原则

在仓储合理化过程中，一般应遵循以下原则：

（1）快进。货物到达指定地点（车站、港口等）时，要以最快的速度完成货物的接运、验收和入库作业活动。

（2）快出。货物出库时，要及时迅速地完成备料、复核和出库等作业活动。

（3）储存多。根据货物储存的实际需要，合理规划库存设施，最有效地利用储存面积和空间，提高单位面（容）积的储存量。

（4）保管好。根据货物的性质和储存要求，合理安排储存场所，采取科学的保管方法，保证货物的质量和数量。

（5）损耗小。尽量避免和减少储存物品的自然损耗和因工作失误造成的人为损耗。

（6）费用省。在不影响仓储管理水平的前提下，减少投入，以最低的成本取得最好的经济效益。

（7）保安全。全力保证仓储设施设备、人员和货物的安全。

三、仓储合理化的实施

（一）对仓储进行合理规划设计

1. 合理抉择各种仓储方式

企业仓储功能的实现，可以选择通过自建仓库仓储、租赁公共仓库仓储或合同制仓储来完成。企业必须根据自身实际、商品特征和市场需求等，以经济、高效为原则，进行合理抉择。

2. 正确选择仓库地址

仓库的选址对商品流转速度和物流成本产生直接的影响，并关系到企业的物流客户服务水平和质量，最终影响到企业销售量及利润。一般而言，客户密集分布、交通与装运条件方便、适宜的自然地理条件等得到满足的地方，就是合适的仓库选址。此外，选择库址时还应该考虑建筑成本和仓库的发展需要，尽可能节省投资，并留有仓库扩展所需的空间。

3. 合理建设库区

根据库区场地条件、库区的业务性质和规模、储存物品的特征以及仓储技术条件等因素，对仓库的主要建筑物、辅助建筑物、构筑物、货场、站台等固定设施和库内运输路线等进行合理配置和建设，从而最大限度地提高仓库储存能力和作业能力，降低各项仓储费用，最有效地发挥仓库在物流过程中的作用。库区建设要符合仓库作业的需要，有利于组织仓储作业活动，方便物品的入库、保管和出库；要便于安装和使用仓库设施和机械设备，防止重复搬运、迂回运输；要有利于充分利用仓库空间，减少用地，并结合考虑仓库当前需要和长远规划；要保证仓库安全，安全设施应符合安全保卫和消防工作的要求。

补充资料

存储策略类型和货位指派原则

（二）对被仓储物品进行 ABC 分析，实施重点管理

ABC分析是实施仓储合理化的基础分析，在此基础上可以进一步解决各类的结构关系、仓储量、重点管理、技术措施等合理化问题。有观点认为库存管理就是ABC管理，ABC管理如能充分发挥其效果，库存管理的问题就已解决一半。在ABC分析基础上实施重点管理，分别决定各种物资的合理库存储备数量及经济地保有合理储备的办法。

（三）适度集中储存，实现规模经济

所谓适度集中库存，是利用仓储规模优势，以适度集中仓储代替分散的小规模储存来实现合理化。集中仓储是面对两个制约因素在一定范围内取得优势的办法：一是仓储费，二是

运输费。过分分散，每一处的储存保证的对象有限，互相难以调度调剂，则需分别按其保证对象要求确定库存量。而集中储存易于调度调剂，集中储存总量可大大低于分散储存总量。过分集中仓储，仓储点与用户之间距离拉长，仓储总量虽降低，但运输距离拉长，运费支出加大，在途时间长，又迫使周转储备增加。所以，适度集中的含义是主要在这两方面取得最优集中程度。

（四）加速周转，实现仓储时间合理化

仓储合理化的一个重要方面是将静态储存变为动态仓储，周转速度一快，会带来一系列的合理化好处：资金周转快、资本效益高、货损小、仓库吞吐能力增加、成本下降等。具体做法诸如采用单元集装存储、建立快速分拣系统等，都有利于实现快进快出，大进大出，加快周转速度。

采用有效的“先进先出”方式，也有利于保证每个被储存物的储存期不至过长，从而减少总周转时间。

1. 贯通式货架系统

利用货架的每层，形成贯通的通道，从一端存入物品，从另一端取出物品，物品在通道中自行按先后顺序排队，不会出现越位等现象。贯通式货架系统能非常有效地保证先进先出。

2.“双仓法”储存

给每种被仓储物都准备两个仓位或货位，轮换进行存取，再配以必须在一个货位中取光才可补充的规定，则可以保证实现“先进先出”。

3. 计算机存取系统

采用计算机管理，在存货时向计算机输入时间记录，编入一个简单的按时间顺序输出的程序，取货时计算机就能按时间给予指示，以保证“先进先出”。这种计算机存取系统还能将“先进先出”保证不做超长时间的储存和快进快出结合起来，即在保证一定先进先出前提下，将周转快的物资随机存放在便于存储之处，以加快周转，提高仓储效率。

（五）提高仓储密度，有效利用仓容

提高仓储密度的主要目的是减少仓储设施的投资，提高单位存储面（容）积的利用率，以降低成本、减少土地占用，其实施方法主要如下：

（1）采取高垛的方法，增加仓储的高度。例如，采用高层货架仓库、采用集装箱等都比一般堆存方法大大增加仓储高度。

（2）缩小库内通道宽度以增加仓储有效面积，可以采用窄巷道式通道，配以轨道式装卸车辆，以减少车辆运行宽度要求，采用侧叉车、推拉式叉车，也能够减少叉车转弯所需的宽度。

（3）减少库内通道数量以增加仓储有效面积。具体方法有：采用密集型货架；采用可进车的可卸式货架；采用各种贯通式货架；采用不依靠通道的桥式吊车装卸技术等。

（六）采用有效的仓储定位系统

仓储定位的含义是被仓储物位置的确定。如果定位系统有效，则能大大节约寻找、存放、取出的时间，节约不少物化劳动及活劳动，而且能防止差错，便于清点及实行订货点等管理方式。仓储定位系统可采取先进的计算机管理方式，也可采取一般人工管理方式，行之有效

的方式主要如下：

1.“四号定位”方式

用一组四位数来确定存取位置的定位方法，是我国手工管理中采用的科学方法。这四个号码是：库房号、货架号、层次号和货位号。提货时按四位数字的指示，很容易将货物拣选出来。这种定位方式可对仓库存货区事先做出规划，并能很快地存取货物，有利于提高速度，减少差错。

2. 电子计算机定位系统

利用计算机仓储容量大、检索迅速的优势，在入库时，将存放货位输入计算机，出库时向计算机发出指令，并按计算机的指示人工或自动寻址，找到存放货位，拣选取货的方式。它一般采取自由货位方式，即计算机指示入库货物存放在就近易于存取之处或根据入库货物的存放时间和特点，指示合适的货位，取货时可就近就便。这种方式可以充分利用每一个货位，而不需专位待货，有利于提高仓库的仓储能力。

（七）采用有效的监测清点方式

对仓储物资数量和质量的监测不但是掌握基本情况之必须，也是科学库存控制之必须。在实际工作中稍有差错，就会使账物不符，所以必须及时且准确地掌握实际仓储情况，经常与账卡核对，这无论是人工管理或计算机管理都是必不可少的。监测清点的有效方式主要如下：

1.“五五化”堆码

这是我国手工管理中采用的一种科学方法。仓储物资堆垛时，以“五”为基本计数单位，堆成总量为“五”的倍数的垛形，如梅花五、重叠五等，堆码后，有经验者可过目成数，大大加快了人工点数的速度，且能减少差错。

2. 光电识别系统

在货位上设置光电识别装置，该装置对被仓储物扫描，并将准确数目自动显示出来。这种方式不需人工清点就能准确掌握库存的实有数量。

3. 电子计算机监控系统

用计算机指示存取，可以防止人工存取易于出现的差错。如果在被仓储物上采用条码认寻技术，使识别计数和计算机联结，每存、取一件物品时，识别装置自动将条码识别并将其输入计算机，计算机会自动做出存取记录。这样只需通过计算机查询，就可了解所存物品的准确情况。

（八）采用现代储存保养技术

1. 气幕隔潮

在潮湿地区或雨季，一般库门、门帘等设施隔绝潮湿空气效果不理想。采用气幕隔潮技术，在库门上方安装鼓风设施，使之在门口处形成一道气流，由于这道气流有较高压力和流速，在门口便形成了一道气墙，可有效阻止库内外空气交换，防止湿气侵入。

2. 气调储存

调节和改变仓储环境的空气成分，抑制被仓储物品的化学变化和生物变化，抑制害虫生存及微生物活动，从而达到保持被仓储物质量的目的。气调方法对于有新陈代谢作用的水果、蔬菜、粮食等物品的长期保质、保鲜仓储很有效。

3. 塑胶薄膜封闭

塑胶薄膜虽不能完全隔绝气体，但能隔水隔潮，用塑胶薄膜封垛、封袋、封箱，可阻缓内外空气交换，完全隔绝水分，从而有效地造就封闭、稳定的小环境。

（九）采用集装箱、集装袋、托盘等储运装备一体化的方式

集装箱等集装设施的出现，也给仓储带来了新观念，采用集装箱后，本身便是一栋仓库，不再需要有传统意义的库房，在物流过程中，也就省去了入库、验收、清点、堆垛、保管、出库等一系列作业，因而对改变传统仓储作业有很重要意义，是仓储合理化的一种有效方式。

（十）采用虚拟仓库和虚拟库存

在网络经济时代，利用信息技术和网络技术实现虚拟库存，可以防止实际库存带来的一切弊端，以更经济、有效的方式实现仓储的各项功能，优化整个物流系统。

案例讨论

QR 应用

塔捷特商店（Target Stores）十分热心于在零售业推行快速反应（quick response，QR）。塔捷特在美国有 500 多家大型商店，每年还保持大约 15% 的数量增长。塔捷特商店经营服装、家庭用品、电器、卫生、美容品以及日常消费品。塔捷特是一个折扣商，与凯马特、奥尔玛和西尔斯等商店竞争。

塔捷特经营的全部商品都有条码，并且所有交易中的 POS 数据被采集。每日数据于当晚经由卫星通信传输到总部，某种商品的每日销售与库存数据和参与快速反应的重要供应商共享，塔捷特不允许完全地自动补货，但向供应商保证每周订货。因为供应商了解整个企业的库存目标、现有存货和实际销售数据，所以很容易把握订货数量，并利用这些信息制订自己的生产与分销计划。

每周一次的订货确定后，供应商在一周内将产品送至塔捷特的六个配送中心。一旦货到配送中心，塔捷特的管理部门在考虑到下一周的销售情况后，向每个商店配送。所以，商店每周接受每个品类的补充送货，相对于供应商而言，是两周为一个周期。

在这个系统，塔捷特首要的目的不是减少商店总的库存，相反，塔捷特的营销理念是消费者喜欢，也希望商店是“丰富”的，即顾客想要的每个品类均能在商店找到且随手可得。因此，商店的所有存货应该陈列出来，而不是放在顾客看不见的库房里。货架设计要使顾客能轻易看到所供商品的丰富。现货可获得性的标准定得相当高，塔捷特希望达到 95% 的现有率。在这里，“现有”意味着“设计最大库存量的至少 40% 是在货架上”。利用这个标准，传统的缺货百分比实际上为零。为支持此标准，塔捷特依靠快速反应方法，提高补充送货的“合适度”。补充供应体系的目标是补充每个品类可能 100% 地接近货架设计容量，而不产生多余的存货，否则，需要额外的存储场地。这部分后备库存是不愿出现的，因为它们没有陈列，所以不直接创造效益，且由于频繁搬运货物进出储存场所，既增加费用，又极易丢失、损坏或被盗。

塔捷特发现其快速反应系统取得了显著成效，成为企业取得成功的一个重要因素。在体系中的重要供应商也从订货的稳定性以及销售与库存数据共享带来的那些订货的可预见性增加上获益。塔捷特的利益从供应商、配送中心、商店的较高商品可获得性中得到。由于频繁地补货，配送中心的周期订货量较低，因为预测期缩短，安全库存较低。当然，这些会带来较高的运输成本，增加数据系统费用。通过在配送中心的库存成本节约和系统带来的补充订货的"合适度"提高，大大节省了商店的货物处理费用，这可以补偿那些增加的成本。此外，系统运转所需的销售数据对有效的商品经营极为有用，与供应商的密切联系使得价格下降并节约其他采购费用。总之，塔捷特致力于其快速反应系统，并积极扩展系统至更多更重要的供应商，以实现在所有大销量的品类上100%的快速反应目标。

扫一扫

问题思考：企业合作关系的发展经历了哪些阶段？

参考答案

任务实施

实施步骤	实施内容
步骤一	学生以所在企业的实习岗位相同为小组划分原则，形成小组并集体研讨仓储合理化标准的基本内容
步骤二	小组搜集整理仓储存储策略的类型
步骤三	分析海尔物流企业货架的类型及主要用于哪些领域
步骤四	根据海尔的商品信息完成仓储策略的选择
步骤五	小组互评和教师点评并整改，填写考核评价表

任务评价

专业：________ 班级：________ 姓名：________ 组别：________

内容	评分标准	满分	得分
仓储管理合理化	仓储合理化标准内容的总结清晰、具体	20	
	仓储策略的类型查询的准确	20	
	海尔物流企业具有的货架类型和主要应用领域完整	20	
	根据商品信息能够有效完成仓储策略选择	30	
	小组团结协作，具有集体荣誉感	5	
	态度端正，具有严谨细致的工作态度	5	
合计		100	
小组名称		小组成员	
教师评语			

考核日期：______年______月______日

知识回顾

本情境主要介绍了仓储的概念、意义、作用、库存管理与控制，以及仓储管理的合理化等内容。本情境涉及的知识和技能如下：

（1）仓储的概念、功能及作用。

（2）仓储合理化的评判标准。

（3）ABC分类方法的原则及应用。

实践演练

小明在海尔物流企业实习期间，了解了仓储管理的功能、ABC分类方法在库存管理中的具体应用和如何实现仓储合理化，为了进一步巩固所学知识，请同学们搜集整理物料编码的方法，并设计一个海尔冰箱原材料仓库的物料编码原则。

情境六 运输管理

情境描述

小红是现代物流管理专业学生，学校组织小红和同学们到沃尔玛等物流企业进行实训，主要任务是学习运输任务的合理化。

小红了解到，沃尔玛公司是世界上最大的商业零售企业。在物流运营过程中，尽可能地降低成本是其经营的哲学。沃尔玛有时采用空运，有时采用船运，还有一些货物采用卡车公路运输。在中国，沃尔玛采用的是公路运输，所以如何降低卡车运输成本是沃尔玛物流管理面临的一个重要问题，为此它们主要采取了以下措施：

（1）沃尔玛使用一种尽可能大的卡车，大约有 16 m 长的货柜，比集装箱运输卡车更长或更高。沃尔玛把卡车装得非常满，产品从车厢的底部一直装到最高，这样非常有助于节约成本。

（2）沃尔玛的车辆都是自有的，司机也是自己的员工。沃尔玛的车队大约有 5 000 名非司机员工，有 3 700 多名司机，车队每周一次运输 7 000~8 000 km。沃尔玛知道，卡车运输是比较危险的，有可能会出交通事故。因此，对于运输车队来说，保证安全是节约成本最重要的环节。沃尔玛的口号是“安全第一，礼貌第一”，而不是“速度第一”。在运输过程中，卡车司机们都非常遵守交通规则。沃尔玛定期在公路上对运输车队进行调查，卡车上面都带有公司的号码，如果看到司机违法驾驶，调查人员就可以根据车上的号码报告，以便进行惩处。沃尔玛认为，卡车不出事故，就是节省公司的费用，就是最大限度地降低物流成本。由于狠抓了安全驾驶，运输车队已经创造了 300 万 km 无事故的纪录。

（3）沃尔玛采用全球定位系统对车辆进行定位，因此在任何时候，调度中心都可以知道这些车辆在什么地方，离商店有多远，还需要多长时间才能运到商店，这种估算可以精确到小时。沃尔玛知道卡车在哪里，产品在哪里，就可以提高整个物流系统的效率，有助于降低成本。

（4）沃尔玛的连锁商场的物流部门 24 h 进行工作，无论白天或晚上，都能为卡车及时卸货。另外，沃尔玛的运输车队还在夜间进行运输，从而做到了当日下午进行集货，夜间进行异地运输，翌日上午即可送货上门，保证在 15~18 h 内完成整个运输过程，这是沃尔玛在速度上取得优势的重要措施。

（5）沃尔玛的卡车把产品运到商场后，商场可以把它整个卸下来，而不用对每个产品逐个检查，这样就可以节省很多时间和精力，加快了沃尔玛物流的循环过程，从而降低成本。

这里有一个非常重要的先决条件，就是沃尔玛的物流系统能够确保商场所得到的产品是与发货单完全一致的产品。

（6）沃尔玛的运输成本比供货厂商自己运输产品要低，所以厂商也使用沃尔玛的卡车来运输货物，从而做到了把产品从工厂直接运送到商场，大大节省了产品流通过程中的仓储成本和转运成本。

沃尔玛的集中配送中心把上述措施有机地组合在一起，做出了一个最经济合理的安排，使沃尔玛的运输车队能以最低的成本高效率地运行。

运输合理化的影响因素很多。综合来说。第一，企业应尽可能就近运输，避免舍近求远。第二，物流部门应尽量减少装卸、搬运、转运等中间环节，尽可能组织直达、直接运输，使货物不进入中转仓库，而由产地直达运销地或客户，减少运输环节。第三，要根据不同货物的特点，分别利用铁路、水运或汽车运输，选择最佳的运输路线，并积极改进车船的装载方法、提高技术装载量、使用最少的运力来运输更多的货物，提高运输生产效率。第四，尽量减少客户等待时间，使物流工作满足客户需要，成为赢得客户满意的一个重要因素。所以要想方设法加快货物运输，尽量压缩待运期，避免大批货物长期徘徊、停留在运输过程中。第五，积极节约运输成本，提高运输效益。在日常工作决策中，运输的成本、速度和一致性是最有可能影响运输合理化的三个因素。因为最低的运输费用并不意味着最低的运输成本，最低的运输成本也并不意味着最合理的运输。运输的合理化关系着其他物流环节设计的合理化。因此，应首先站在整个物流系统一体化的高度，综观全局，再对运输的各个具体环节进行优化，最终达到合理化。

沃尔玛货物运输解决方案中的第（1）、（4）、（5），采用大尺寸、大容量的装载运输工具，24 h 全天候卸货，目的是提高运输效率，缩短运送时间，降低运输成本，使运送时间最短，运送成本最经济。

沃尔玛不仅在运输时间和成本的节约上下功夫，同时也辅助以安全保障措施，先进的物流信息技术的应用，以及与配送中心的工作密切结合，从而通过货物运输的合理化经营，减少了运输环节，降低了运输费用，缩短了运输时间，实现了运输成本在整个物流系统中的有效降低。

了解了以上情况，要想更好完成实训任务，小红还需要进一步理解运输的功能、五种运输方式的优缺点、运输方式选择的依据和合理化运输的基本含义及不合理运输的表现，最后根据任务能够完成合理化运输。

学习目标

知识传递	• 了解运输的概念、特点、功能 • 掌握五种运输方式各自的优缺点 • 掌握合理化运输的基本含义和影响因素
能力培养	• 能够根据任务完成运输方式的选择 • 能够根据任务完成合理化运输方案的制订 • 能够分析不合理运输的表现
素质培养	• 学会团队协作，善于沟通表达 • 有效沟通解决问题，具有节约成本意识和方案优化意识 • 培养爱岗敬业的精神和严谨细致的工作态度

知识结构图

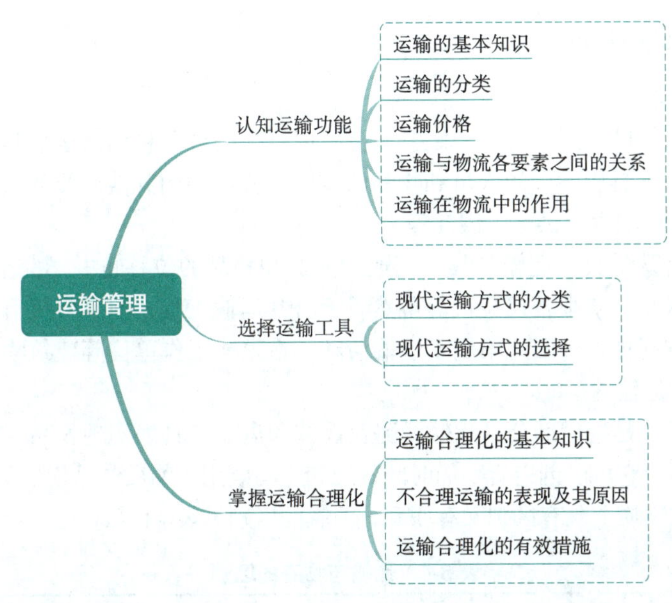

工作任务一　认知运输功能

任务分析

小红同学为了更好地完成合理化运输的任务，首先要了解运输的功能和分类，以及运输价格等基本知识，运输调度员小陈给同学们展示了沃尔玛每天的运输单据，让同学们总结分析“今天，无论在什么季节，黑龙江的哈尔滨、新疆的乌鲁木齐都可以吃到海南的新鲜蔬菜”说明了什么，同时，运输单据的展示带给同学们的思考有哪些。

准备工作

◎了解运输的基本含义及功能。

◎掌握运输价格的含义及影响因素。

◎了解运输的分类。

建议学时

课前，1 学时	课中，1 学时	课后，0.5 学时

一、运输的基本知识

（一）运输的概念

运输是指物品借助动力系统在一定空间范围内产生的位置移动。运输是在一定范围内利用人们公认的运输工具所发生的人员和物品的空间位移。利用其他介质的载运及输送并不是运输活动，如输电、输水、供暖、供气等。

即使是人们公认的公共运输工具所完成的人员和物品的位移也并不完全属于运输活动。例如消防车、洒水车、空中救援飞机等虽然属于公共运输工具，但其直接目的并不是为了完成人员和物品的空间位移，因此不属于运输活动；在家或工作单位等建筑物内人员和物品的空间位移也不属于运输的范畴。

由此可见，运输是指借助公共运输线路及设施和运输工具来实现物品空间位移的一种经济活动和社会活动，它可以创造货物的时间效用和空间效用（物质产品增值）。

运输和物流在本质上既有区别又有联系，两者的区别见表6-1。

表 6-1　运输与物流的区别

比较项目	运　输	物　流
劳动对象	人员、物品	物品
工作范围	流通领域	流通领域、生产领域

运输作为物流系统的一项功能，包括生产领域的运输和流通领域的运输。生产领域的运输活动一般是在生产企业内部进行，因此称之为厂内运输。流通领域的运输活动则是作为流通领域里的一个环节，其主要内容是对物质产品的运输，是以社会服务为目的，是完成物品从生产领域向消费领域在空间位置上的物理性的转移过程。而运输与物流运输在一些领域中存在交叉的联系，均涉及流通领域运输。

运输与交通经常被人们作为同义词一起使用或者替代使用，但其内涵是有区别的，见表6-2。

表 6-2　运输与交通的区别

比较项目	运　输	交　通
性质	人或物空间位置的移动	连接、通达的方式和设施
强调重点	运输工具上载运的人员及物资的多少及位移的距离	运输工具在运输网络上流动的情况，而与交通工具上的人员及物资的有无和多少无关
方式	扩展到信息的传送，不仅仅是五种交通方式	公路、铁路、水路、空路、管道五种交通方式
涉及要点	选择一种或多种交通方式，利用现有的交通基础设施并通过组织管理完成运输任务，主要是如何实现需求问题	交通基础设施建设、交通方式选择，主要涉及规划、投资和政策等供给问题

运输是通过工具在交通设施上进行的活动、过程，因此交通是运输的基础和前提，而运输又是交通实际意义的保障。运输需求的增加推动了交通设施规模的扩大和改善，交通设施

规模的扩大和改善又刺激了运输需求的增加。

（二）运输的特点

1. 运输具有生产的本质属性——产品是货物或人的空间位移

运输是借助运输者的劳动和运输工具设备与燃料的消耗的结合来实现的，是在不改变劳动对象原有属性或形态的要求下实现劳动对象的空间位移。

2. 运输服务的公共性——社会共同需求

（1）运输服务的公共性保证为社会物质在生产和流通过程中提供运输服务。

（2）运输服务的公共性保证为人们在生产和生活过程中的出行需要提供运输服务。

3. 运输产品是无形产品——服务需求

运输生产是为社会提供效用而不生产实物形态的产品，属于服务性生产。其产品可称为无形产品，具体表现为货物或人在空间位置上的变化，而其本身没有产生实质性变化。

4. 运输生产和运输消费同时进行——生产的同时即时消费

运输产品的生产过程与消费过程是不可分割的，在时间和空间上是结合在一起的。如果运输需求不足则运输供给就应相应减少，否则就会造成浪费。

5. 运输产品具有非储存性——不能被储存，用来满足其他时间和空间发生的运输需求

运输产品不可能被储存用来满足其他时间和空间发生的运输需求。运输业没有产品过剩问题，只存在运输能力不足或过剩的问题。因此运输产品既不能储存也不能调拨，只能在运输能力上做一些储备。

6. 运输产品的同一性——运输对象的位移

各种运输方式生产同一产品即运输对象的位移。因此各种运输方式之间可以相互补充、协调与替代形成一个有效的综合运输体系。

（三）运输方式选择的影响因素和方法

1. 运输方式选择的影响因素

（1）货物的价值、性质、形状等。如货运量大、价格低，可以选择铁路运输；如货物轻、价值大、体积小，可以采用航空运输。

（2）运输时间；是指从货源地发货到目的地接收货物的时间。

运输时间的度量是货物如何快速地实现发货人到收货人之间“门到门”的时间，而不是运输工具的快速移动，货物从运输起点到终点的时间。如生鲜、果蔬类货物对时间的要求较高。

（3）运输成本：指完成两个地理位置间的运输所支付的费用，以及运输管理和维持运输中存货有关的费用。运输成本因货物、运输工具不同而不同。考虑运输成本时必须注意运费与其他物流子系统之间的关系。

（4）运输的安全性：是指运输中所运货物和运输人的安全性，也包括公共安全。在货物运输过程中货物可能被损坏，有些危险品由于安全措施不健全可能会影响公共安全。

（5）运输批量：15~20 t 汽车运输；20 t以上铁路运输；百吨以上船舶运输。

（6）其他条件：运输受经济环境和社会环境变化影响，制约托运人对运输方式的选择。

如对公路运输超载货物、超速运行的限制，对航空和铁路、水路和公路运输中特种货物

运输有着不同的规定，因此选择运输方式时通常是在保证运输安全的条件下再衡量运输时间和运输费用，在运输时间满足需要的情况下选择运输费用低的运输方式。例如，根据表6-3所示的客户运输情况表分析如下：

表 6-3 客户运输情况表

客户名称	运输货物和数量	运输位置信息	运输要求
包头市东升食品有限责任公司	白糖 1 000 t	南宁—呼和浩特	以最经济的办法希望尽快送达

①南宁—呼和浩特的铁路里程为3 234 km，公路里程为3 019 km，为长途运输。

②白糖1 000 t为小综批量货物。

③从运距和批量来看，安排铁路和公路都可以，而客户希望尽快到达，所以选择铁路货物运输。

2. 运输方式选择的方法

运输方式选择的方法需要考虑运输的环境和运输服务目标要求，去选择定性分析与定量分析的方法进行考虑。定性分析方法主要依据各种运输方式的运营特点、主要功能和运输货物的特性、货主的要求等因素对运输方式进行直观选择的方法。

（1）定性分析方法只能在单一的运输方式和多式联运运输方式选择，单一运输方式选择主要根据运输方式的特征进行选择，多式联运是两种以上的运输方式联合起来提供运输服务。在不同运输方式自由变换运输工具。以最合理最有效的方式实现货物的运输。在实际操作中常用的组合方式有公铁联运（驼背运输）；航空与公路联运；公路或铁路与水路联运。

（2）定量分析方法。定量分析方法包括综合评价法和成本比较法。

①综合评价法。首先考虑运输方式评价的因素：经济性（F_1）：体现费用的节省；迅速性（F_2）：体现货物在途时间；安全性（F_3）：货物的完整程度，以破损率表示；便利性（F_4）：利用货物所在地至装车地之间的距离来表示。先分别计算出经济性、迅速性、安全性、便利性在各种运输方式中的平均值，再将某种运输方式的数值与平均值比较得到其相对值。

经济性：各种运输方式的平均费用。

$$C=[C(G)+C(T)+C(S)+C(H)]/4$$

式中 C——4种运输方式费用支出的平均值；

$C(G)$——公路运输费用的支出；

$C(T)$——铁路运输费用的支出；

$C(S)$——水路运输费用的支出；

$C(H)$——航空运输费用的支出。

各种运输方式的经济性可用运输费用相对值计算（如公路）：

$$F_1(G)=C(G)/C$$

其次，确定运输方式选择的综合指标：可以通过权重获得，权重是该项指标的重要程度，通过经验法获得。

经济性（F_1）：明确其重要程度即权重系数为b_1。

迅速性（F_2）：权重系数为b_2。

安全性（F_3）：权重系数为b_3。

便利性（F_4）：权重系数为b_4。

计算各种候选运输方式的综合重要度，用G、T、S、H表示公路、铁路、水路、航空运输的综合重要程度。

$$G=b_1 \cdot F_1(G)+b_2 \cdot F_2(G)+b_3 \cdot F_3(G)+b_4 \cdot F_4(G)$$
$$T=b_1 \cdot F_1(T)+b_2 \cdot F_2(T)+b_3 \cdot F_3(T)+b_4 \cdot F_4(T)$$
$$S=b_1 \cdot F_1(S)+b_2 \cdot F_2(S)+b_3 \cdot F_3(S)+b_4 \cdot F_4(S)$$
$$H=b_1 \cdot F_1(H)+b_2 \cdot F_2(H)+b_3 \cdot F_3(H)+b_4 \cdot F_4(H)$$

比较综合重要程度，$G/T/S/H$综合重要程度数值大的为最终选择。

②成本比较法。

运输的速度和可靠性会影响托运人或买方的库存水平。如果选择速度慢、可靠性差的运输服务，运输过程中就会需要更多的库存，这样就会抵消选择低水平运输服务降低的成本。因此，在选择运输方式的时候需要综合考虑，既要能满足客户输出需求，又要能使总成本最低。

（四）运输的功能

1. 物品移动

无论是原材料、零部件、装配件、在制品、半成品还是产成品，不管是在制造过程中被移到下一阶段，还是移动到终端顾客，运输都是必不可少的。运输的主要目的就是以最短的时间、最低的成本将物品转移到指定地点。

2. 短时储存

运输的短时储存就是将运输工具（车辆、船舶、飞机、管道等）作为临时的储存设施。使用该功能时需要综合其适用条件和成本因素。

（五）运输的原则

运输应遵循经济、安全、及时、准确的原则。

（六）运输的原理

运输的两个基本原理是批量（规模）经济和距离经济，其存在原因和举例说明见表6-4。

表 6-4　运输的两大原理

经济形式	存在原因	举　例
批量经济	（1）固定费用可以按整票货物量分摊 （2）享受运价折扣	（1）整车运输的每单位成本低于零担运输 （2）能力较大的运输工具的每单位运输成本要低于能力较小的运输工具
距离经济	（1）分摊到每单位距离的装卸费用随距离的增加而减少 （2）费率随距离的增加而减少	在完成相同吨公里运输情况下一次运输 800 km 的成本要低于两次运输 400 km 的成本

二、运输的分类

运输可以按以下几种方式进行分类。

（一）按运输工具的不同分类

按运输工具的不同分类，运输方式可划分为五种类型，见表6-5。

表 6-5　运输方式分类表（按运输工具分）

运输分类	特　点
公路运输	具有很强的灵活性，主要承担近距离、小批量的货运
铁路运输	主要适用于长距离、大数量的货运和没有水运条件地区的货运
水路运输	承担大数量、长距离的运输，并在内河及沿海进行大批量干线运输
航空运输	主要适用于对时效性要求高的高价值货物运输
管道运输	主要适用于大宗流体货物如石油、天然气、煤浆、矿石浆体等

五种运输方式相关营运特征的比较见表6-6。

表 6-6　五种运输方式相关营运特征的比较

运输方式	铁路运输	公路运输	水路运输	航空运输	管道运输
运价	3	2	5	1	4
速度	3	2	4	1	5
可得性	2	1	4	3	5
可靠性	2	3	4	5	1
能力	2	3	1	4	5

注：排名数字由小到大表示营运特征由高到低。

（二）按运营主体的不同分类

按运营主体的不同分类，运输方式可划分为三种类型，见表6-7。

表 6-7　运输方式分类表（按运营主体分）

运输分类	特　点
自营运输	多见于公路运输，以汽车为主要运输工具，且多以近距离、小批量货物运输为主
经营性运输	常见于公路、铁路、水路、航空等运输业中，是运输业的发展方向。最常见的汽车营业运输系统一般可分为专线运输及包车运输
公共运输	体系的构筑投资相当大，回收期长，风险大，与国民经济的发展息息相关，是一种基础性系统

（三）按运输范围的不同分类

按运输范围的不同分类，运输方式可划分为四种类型，见表6-8。

表 6-8　运输方式分类表（按运输范围分）

运输分类	特　点
干线运输	速度较同种工具的其他运输要快，成本也较低，是运输的主体
支线运输	为收、发货地点之间的补充性运输形式，路程较短，运输量相对较小
二次运输	经过干线与支线运输，到站的货物按需要再从车站运至仓库、工厂或集贸市场等指定交货地点
场内运输	一般在车间与车间、车间与仓库之间进行

（四）按运输作用的不同分类

按运输作用的不同分类，运输方式可划分为三种类型，见表6-9。

表 6-9　运输方式分类表（按运输作用分）

运输分类	特　点
一般运输	运输工具及运输方式单一，运输服务的适应性不强
联合运输	可缩短货物在途运输时间，加快运输速度，节省运费，提高运输工具的利用率，同时还可以简化托运手续，方便用户
多式联运	比一般的联合运输规模大，并且反复使用多种运输手段以实现最优化运输服务

（五）按运输中途是否换装分类

按运输中途是否换装分类，运输方式可划分为两种类型，见表6-10。

表 6-10　运输方式分类表（按运输中途是否换装分）

运输分类	特　点
直达运输	可以避免中途换装所出现的运输速度缓慢、货损增加、费用增加等一系列弊病，从而能缩短运输时间、加快车船周转、降低运输费用
中转运输	可以将干线、支线运输有效地衔接起来，化整为零或集零为整，从而方便用户提高运输效率

三、运输价格

（一）运输价格的概念

运输价格是指运输企业对特定货物或旅客所提供的运输劳务的价格。运输价格能在一定程度上有效地调节各种运输方式的运输需求，即在总体运输能力基本不变的情况下运输需求会因运输价格的变动而改变。

（二）运输价格形成的主要因素

形成运输价格的因素主要有运输成本、运输供求关系、运输市场结构模式等。

1. 运输成本

运输成本主要由以下内容构成：

（1）变动成本。它指与每一次运输配送直接相关的费用，与运输里程和运输量成正比，包括与承运人运输每一票货物有关的直接费用如劳动成本、燃料费用和维修保养费用等。

（2）固定成本。它指在短期内不发生变化，与运输里程和运输量没有直接关系的费用，包括端点站、运输设施、运输工具、信息系统的设立和购置成本等。

（3）综合成本。它指决定提供某种特定的运输配送服务所发生的费用。如货物从A地运往B地时卡车从B地返回A地的费用是不可避免的，这部分费用就称为综合成本。综合成本对运价有很大影响，承运人索要的运价中必须包括隐含的综合成本。运价的确定要考虑托运人有无适当的回程货物。

（4）公共成本。它指承运人代表所有的托运人或某个分市场的托运人支付的费用，包括诸如端点站或管理部门之类的费用。

2. 运输供求关系

运输供给和需求对运输市场价格的调节通常是由于供求数量不同程度的增长或减少引起的。

（1）运输需求不变时，运输供给和运输价格成反比。

（2）运输供给不变时，运输需求和运输价格成正比。

3. 运输市场结构模式

（1）完全竞争运输市场。它指运输企业和货主对运输市场价格不能产生任何影响的市场，运输企业和货主都只能是运输价格的接受者。

（2）完全垄断运输市场。它指某一运输市场完全被一个或少数几个运输企业所垄断和控制的市场。

（3）垄断竞争运输市场。它指既有独占倾向又有竞争成分的市场。

（4）寡头垄断运输市场。它指某种运输产品的绝大部分由少数几家运输企业垄断的市场，运输价格不是由市场供求关系决定的，而是由几家大企业通过协议或某种默契规定的。

（三）运输价格的结构形式

1. 距离运价

距离运价是指按货物运输距离的远近而制订的价格。

（1）均衡里程运价。它指对同一货种而言每吨货物运价不论其运输距离的长短均为一不变值。

（2）递远递减运价。它指对同一货种而言每吨货物运价虽然随运输距离的增加而相应增加，但不成正比增加，致使每吨公里货物运价随运输距离的增加而逐渐降低。铁路行李运输常采用这种运价形式。

2. 线路运价

线路运价是指按运输线路或航线不同而制订的价格。线路运价广泛使用于国际海运和航空货物运输中。

四、运输与物流各要素之间的关系

运输与物流各要素之间的关系如图6-1所示。

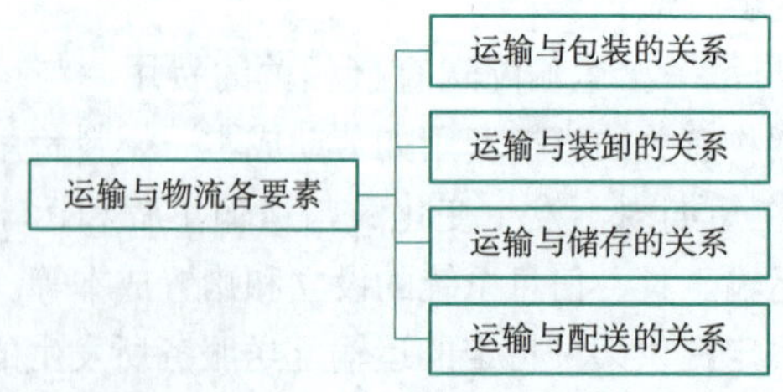

图 6-1　运输与物流各要素之间的关系

（一）运输与包装的关系

货物的包装材料、包装规格、包装方法等都不同程度地影响着物流运输。

（二）运输与装卸的关系

物流运输活动必然伴随有装卸活动。装卸还是各种运输方式的衔接手段。

（三）运输与储存的关系

储存保管是指货物暂时处于停滞的状态，这是货物投入消费前的准备。货物的储存量虽然直接取决于需要量，但货物的运输也会给储存带来重大影响。

（四）运输与配送的关系

运输和配送虽然都是线路活动，但它们也有区别。运输与配送的区别主要表现在以下三个方面：

（1）活动范围不同。运输是在大范围内进行的，如国家之间、地区之间、城市之间等；配送一般仅局限在一个地区或一个城市范围之内。配送中所包含的那一部分运输活动在整个输送过程中是处于“末端输送”的位置，其起止点是物流据点至用户。

（2）功能上存在差异。运输是以大批量、远距离的货物位置转移为主，运输途中客观上存在着一定的存储功能。配送几乎包括所有的物流功能要素，是全部物流活动在小范围中的体现。特殊的配送还要以加工活动为支撑，所以包括的面更广。

（3）运输方式和运输工具不同。运输可采用各种运输工具，只需根据货物特点、时间要求、到货地点以及经济合理性进行选择即可。配送则由于功能多样化、运输批量小、频率高等特点，只适合于采用装载量不大的短途运输工具，主要是汽车。

五、运输在物流中的作用

物流合理化在很大程度上取决于运输合理化。搞好运输工作对企业物流具有十分重要的意义。运输在物流中的作用如图6-2所示。

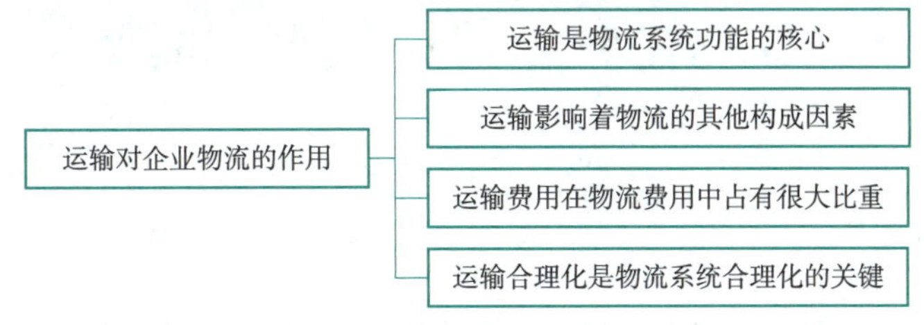

图 6-2　运输在物流中的作用

任务实施

实施步骤	实施内容
步骤一	学生以所在企业的实习岗位为小组划分原则，形成小组并集体研讨运输的功能和作用
步骤二	上网搜集整理运输的分类和运输价格的影响因素
步骤三	小组讨论后形成集体答案，并记录下来并进行展示
步骤四	小组互评和教师点评并整改，填写考核评价表

任务评价

专业：__________ 班级：__________ 姓名：__________ 组别：__________

内容	评分标准		满分	得分
运输功能认知	运输的功能和作用总结清晰、具体		30	
	运输的分类和价格影响因素查询总结恰当合理		30	
	语言表达能力强，汇报内容清晰		20	
	小组团结协作，具有集体荣誉感		10	
	态度端正，具有严谨细致的工作态度		10	
合计			100	
小组名称		小组成员		
教师评语				

考核日期：______年______月______日

工作任务二　选择运输工具

任务分析

小红同学在沃尔玛实习，初步了解了运输的功能和作用，运输调度员告诉同学们，沃尔玛有几单货物需要运输，需要同学们根据订单完成运输方式的选择：①1 t活鱼从港口运到农贸市场；②鲜花从广州运到北京；③1 000 t海盐从天津的长芦盐场运往上海。

准备工作

◎了解五种运输方式的优缺点。

◎使用高德地图完成线路距离的搜索。

◎与实习物流企业的老员工交流，获取相关信息。

建议学时

课前，1 学时　　课中，1 学时　　课后，0.5 学时

知识储备

运输是物流一个必不可少的基本功能，是物流过程中最主要的增值活动。运输过程是生产过程的前导与后续，是沟通产销部门的重要桥梁。运输包含从生产地到消费地的运输，也包含消费地向消费者配送时的运输，包括供应及销售物流中的车、船、飞机等方式的运输，以及生产物流中的管道、传送带等方式的运输。

一、现代运输方式的分类

（一）公路运输

公路运输是主要使用汽车或其他车辆（如人、畜力车）在公路上进行货客运输的一种方式。公路运输主要承担近距离、小批量的货运，以及水运、铁路运输难以到达地区的长途、大批量货运及铁路、水运优势难以发挥的短途运输。由于公路运输具有灵活性，近年来，在有铁路、水运的地区，长途大批量运输也开始用公路运输。

公路运输的主要优点是灵活性强，公路建设期短，投资较低，易于因地制宜，对收到站设施要求不高，可采取“门到门”运输形式，即从发货者门口直到收货者门口，而不需转运或反复装卸搬运。公路运输也可作为其他运输方式的衔接手段。公路运输的经济半径，一般在200 km以内。

汽车货物运输与其他运输方式相比，具有以下优点：一是汽车运输途中不需中转，因此汽车运输的运送速度比较快；二是汽车运输可以实现“门到门”的直达运输，因而货损货差少；三是机动灵活，运输方便；四是原始投资少，经济效益高；五是驾驶技术容易掌握。但是，汽车运输也存在一些问题，主要是装载量小、运输成本高、燃料消耗大、环境污染严重等。

基于上述特点，汽车运输的主要功能：一是独立担负经济运距内的运输，主要是中短途运输（我国规定50 km以内为短途运输，200 km以内为中途运输）。由于高速公路的新建，汽车运输从中、短途运输逐渐形成短、中、远程运输并举的局面，这将是一个不可逆转的趋势。二是补充和衔接其他运输方式。所谓补充和衔接，即当其他运输方式担负主要运输时，由汽车担负起点和终点处的短途集散运输，完成其他运输方式到达不了的地区的运输任务。

1. 公路运输的技术装备与设施

公路运输的技术装备与设施主要由公路货运车辆、公路和货运站组成。

（1）公路货运车辆。公路货运车辆按其载运功能可以分为载货汽车、牵引车和挂车。

①载货汽车。载货汽车是指专门用于运送货物的汽车，又称载重汽车。载货汽车按其载重量的不同可分为微型（最大载重量0.75 t）、轻型（载重量0.75~3 t）、中型（载重量3~8 t）、重型（载重量在8 t以上）四种。目前，在我国，中型载货汽车是主要车型，数量较多。

载货汽车的车身具有多种形式。敞车车身是载货汽车车身的主要形式，它适用于运送各种货物。厢式车身可以提高货物安全性，多用于运送贵重物品。自卸汽车可以自动卸货，适用于运送散装货物，如煤炭、矿石、沙子等。专用车辆仅适于装运某种特定的用普通货车或厢式车装运效率较低的货物。它的通用性较差，往往只能单程装运，因此运输成本高，如汽车搬运车、水泥车、油罐车、混凝土搅拌车、冷藏车等。

②牵引车和挂车。牵引车也称拖车，是专门用以拖挂或牵引挂车的汽车。牵引车可分为

全挂式和半挂式两种。挂车本身没有发动机驱动，它是通过杆式或架式拖挂装置由牵引车或其他的汽车牵引行驶。而只有与牵引车或其他汽车一起组成汽车列车方能构成一个完整的运输工具。

挂车有全挂车、半挂车、轴式挂车（无车厢）以及重载挂车等类型。半挂车与半挂式牵引车一起使用，它的部分重量是由牵引车的底盘承受的；全挂车则由全挂式牵引车或一般汽车牵引；轴式挂车是一种单轴车辆，专用于运送长、大货物；重载挂车是大载重量的挂车，它可以是全挂车，也可以是半挂车，专用于运送笨重特大货物，其载重量可达100 t。由于挂车结构简单，保养方便，而且自重小，在运输过程中使用挂车可以提高运送效率。因此，在汽车运输中应用较广。

牵引车与挂车组合在一起便形成了汽车列车。

（2）公路。为行驶汽车而按照一定技术规范修建的道路（包括城市道路），称为公路。公路是一种线形构造物，是汽车运输的基础设施，由路基、路面、桥梁、涵洞、隧道、防护工程、排水设施与设备以及山区特殊构造物等基本部分组成，此外，还需设置交通标志、安全设施、服务设施及绿化栽植等。

桥隧是桥梁、涵洞和隧道的统称，都是为车辆通过自然障碍（河流、山岭）或跨越其他立体交叉的交通线而修建的构造物。桥梁和涵洞的共同点在于车辆在其上运行，主要用来跨越河流。一般桥梁的单跨径较涵洞大，总长较涵洞长。隧道主要用于穿越山丘，车辆是在隧道内运行。根据公路的有关规范，凡单孔标准跨径小于5 m的或多孔跨径总长小于8 m的是涵洞，大于上述规定的为桥梁。

（3）货运站。公路运输货运站的主要功能包括货物的组织与承运、中转货物的保管、货物的交付、货物的装卸以及运输车辆的停放、维修等内容。简易的货运站点，则仅有供运输车辆停靠与货物装卸的场地。

2. 公路运输的种类

（1）按托运批量大小可分为整车运输与零担运输。凡托运方一次托运货物在3 t及3 t以上的，为整车运输。整车运输的货物通常有煤炭、粮食、木材、钢材、矿石、建筑材料等。这些一般都是大宗货物，货源的构成、流量、流向、装卸地点都比较稳定。整车运输一般多是单边运输，故应大力组织空程货源，充分利用全车行程，提高经济效益。

凡托运方一次托运货物不足3 t者为零担运输。零担运输非常适合商品流通中品种繁杂、量小批多、价高贵重、时间紧迫、到达站点分散等特殊情况下的运输，弥补了整车运输和其他运输方式在运输零星货物方面的不足，并便利了乘客旅行。

（2）按运送距离可分为长途运输与短途运输。长途运输是在各种类型和不同等级的公路上进行的运输，也称公路运输。与铁路运输相比较，长途运输具有迅速、简便、直达的特点；与短途运输相比，长途运输具有运输距离长、周转时间长、行驶线路较固定等特点。

短途运输具有运输距离短、装卸次数多、车辆利用效率低、点多面广、时间要求紧迫、货物零星、种类复杂、数量忽多忽少等特点。

（3）按货物的性质及对运输条件的要求可分为普通货物运输与特种货物运输。被运输的货物本身的性质普通，在装卸、运送、保管过程中没有特殊要求的，称为普通货物运输。相反，被运输的货物本身的性质特殊，在装卸、运送、保管过程中需要特定条件、特殊设备来保证其完整无损的，称为特种货物运输。特种货物运输又可分为长大或笨重货物运输、危险货物运输、贵重货物运输和鲜活易腐货物运输。各类运输都有不同的要求和不同的运输方法。

（4）按运输的组织特征可分为集装化运输与联合运输。集装化运输也称成组运输或规格化运输。它是以集装单元作为运输的单位，保证货物在整个运输过程中不致损失，而且便于使用机械装卸、搬运的一种货运形式。集装化运输最主要的形式是托盘运输和集装箱运输。集装化运输促进了各种运输方式之间的联合运输，构成了直达运输集装化的运输体系，它是一种有效的、快速的运送形式。

联合运输就是两个或两个以上的运输企业，根据同一运输计划，遵守共同的联运规章或签订的协议，使用共同的运输票据或通过代办业务，组织两种或两种以上的运输工具，相互接力、联合，实现货物的全程运输。联合运输是按照社会化大生产客观要求组织运输的一种方法，用以谋求最佳经济效益，它对于充分发挥各种运输方式的优势，组织全程运输中各环节的协调配合，充分利用运输设备、加快车船周转，提高运输效率，加速港口、车站、库场周转，提高吞吐能力，缩短货物运输期限，加速资金周转，方便货主，简化托运手续，活跃城乡经济，促进国民经济发展，提高社会经济效益，都具有明显的实效。

（二）铁路运输

1. 铁路运输的概念及特点

铁路运输是指利用机车、车辆等技术设备沿铺设轨道运行的运输方式。

铁路运输具有的优点：一是运输能力大，这使它适合于大批低值商品的长距离运输；二是单车装载量大，加上有多种类型的车辆，使它几乎能承运任何商品，几乎可以不受重量和容积的限制；三是车速较高，平均车速在五种基本运输方式中排在第二位，仅次于航空运输；四是铁路运输受气候和自然条件影响较小，在运输的经常性方面占优势；五是铁路运输可以方便地实现集装箱运输及多式联运。但铁路运输也有其缺点：一是由于铁路线路是专用的，其固定成本很高，原始投资较大，建设周期较长；二是铁路按列车组织运行，在运输过程中需要有列车的编组、解体和中转改编等作业，占用时间较长，因而增加了货物的在途时间；三是不能实现“门到门”运输，通常要依靠其他运输方式配合才能完成运输任务，除非托运人和收货人均有铁路专线。

根据上述铁路运输的特点，铁路运输担负的主要功能是：大宗低值货物的中、长距离（经济里程一般在200 km以上）运输，也较适合运输散装货物（如煤炭、金属、矿石、谷物等）、罐装货物（如化工产品、石油产品等）。

2. 铁路运输的技术装备和设施

铁路运输的技术装备和设施主要包括铁路机车、铁路车辆及铁路线路。

（1）铁路机车是铁路运输的动力装置，包括蒸汽机车、内燃机车和电力机车。

（2）铁路货车车辆有：①棚车（通用型），即标准化的有顶货车，侧面有拉门，用于装运普通商品；②棚车（专用型），即专门改装的棚车，用于装运特种商品，如汽车配件；③漏斗车，货车地板斜向有一个或几个可开关的底门，便于卸出散装物料；④有盖漏斗车，用于装运需要防风雨的散粒货物；⑤平板车，即没有侧墙、端墙和车顶的货车，主要用于驮背运输；⑥冷藏车，即加装有冷冻设备以控制温度的货车；⑦敞车，即没有车顶，有平整地板和固定侧墙的货车，主要用于装运长大货物；⑧罐车，即专门用于运送液体和气态货物的车辆。

通常将若干铁路车辆编排在一起，配以列车标志，并由铁路机车牵引组成铁路列车完成运输任务。其中，由大功率机车或多部机车牵引载重量大的货车，编成5 000 t以上的普通列车合并运行，这种列车称为组合（合并）列车。

（3）铁路线路是支撑列车重量、引导列车前进的基础，主要由路基和轨道两部分组成。

3. 铁路运输的种类

铁路运输可分为车皮运输和集装箱运输。

（1）车皮运输是指租用适合货物数量和形状的车皮所进行的铁路运输方式。这种方式适合运送大宗货物，主要用来运送煤炭、水泥、石灰等无须承担高额运费的大宗货物。但车皮难以往返利用，运输效率较低，而且通常是经专用铁路通往收发货地点，需要有专用搬运机械。

（2）铁路集装箱运输是铁路和公路联运的一种复合型直达运输，其特征是送货到门，可以由托运人的工厂或仓库直达收货人的工厂或仓库，适合于化工产品、食品、农产品等多种货物的运输。

（三）水上运输

1. 水上运输的概念及特点

水上运输是指利用船舶、排筏和其他浮运工具，在江、河、湖泊、人工水道以及海洋上运送旅客和货物的一种运输方式。

水上运输具有的优点：一是可以利用天然水道、线路，投资少，且节省土地资源；二是船舶沿水道浮动运行，可实现大吨位运输，降低运输成本。对于非液体商品的运输而言，水运一般是运输成本最低的运输方式；三是江、河、湖、海相互贯通，沿水道可以实现长距离运输。但水运也存在着缺点：一是船舶平均航速较低；二是船舶航行受气候条件影响较大，如在冬季存在断航之虞，断航将使水运客户的存货成本上升，这决定了水运主要承运低值商品；三是可达性较差，如果托运人或收货人不在航道上，就要依靠汽车或铁路运输进行转运；四是同其他运输方式相比，水运（尤其海洋运输）对货物的载运和搬运有更高的要求。

水上运输的主要功能是：一是承担大批量货物，特别是散装货物运输；二是承担原料、半成品等低价货物运输，如建材、石油、煤炭、矿石、粮食等；三是承担国际贸易运输，系国际商品贸易的主要运输工具之一。

2. 水上运输的技术装备与设施

水上运输的技术装备和设施主要包括船舶和港口。

（1）船舶是水上运输的载运工具。船舶大致可分为集装箱船、散装船、油船、液化气船、冷藏船、运木船、滚装船、载驳船、客货两用船、双体船、水翼船、气垫船等。船舶的主要性能包括重量性能和容积性能。前者又包括排水量和载重量，其中排水量的大小是载重能力大小的基础；后者又包括货舱容积和船舶登记吨位，其中货舱容积可用散装舱容（能够装散装货的货舱容积）、包装舱容（能够装载包装货物的货舱容积）及舱容系数（货舱容积与其载重量之比）度量，而登记吨位是指按吨位丈量规范检定吨位，由总吨位和净吨位组成。

（2）港口是水上运输的主要设施。港口是指具有一定面积的水域和陆域，供船舶出入和停泊、货物集散的场所。它主要由公共部门提供或建造，当然水运货主也常投资建设港口设施，这些自用设施是专门为满足自己的特定需要而设定的。

港口水域指港界之内的水上面积，它是供船舶进出港以及在港内运转、锚泊和装卸作业使用的。一般将港池以外的部分称为港外水域，包括进出港航道和港外锚地；而将港池内的水面部分称为港内水域，包括港内航道、港内锚地、码头前沿水域和船舶调头区等。

港口陆域指港口范围内的陆地面积，包括码头、泊位、仓库、堆场、铁路、道路、装卸机械等。其中，码头是供船舶停靠、货物装卸的水中建筑物。码头前沿线即为港口的生产线，也是港口水域和陆域的交接线。泊位是指供船舶停泊的位置，一个泊位即可供一艘船只停泊。通常一个码头往往要同时停泊几艘船只，即应具备多个泊位。

此外，船舶在航线上航行还离不开海图、航标、灯塔等设施，供船舶增补燃料、淡水和生活物资的设施以及发生事故后的救助打捞设施等。

3. 水上运输的种类

水上运输包括内河运输、海上运输。

（1）内河运输是一种古老的运输方式，是水运的重要组成部分。中国分布有长江、珠江、黄河、淮河、辽河、黑龙江等七大主要水系，还有可贯通海河、黄河、淮河、长江、钱塘江等五大水系的南北向大运河。全国河流总长43万 km，内河通航里程10.4万km。长江水系是内河运输的主体。中国长江航运（集团）总公司是长江航运的骨干力量，是国内最大的内河航运企业。

（2）海上运输包括远洋运输和沿海运输。远洋运输一般是伴随国际贸易而进行的国际货物运输，因此成为国际贸易的重要组成部分。沿海运输是利用沿海航道在港口之间进行的货物运输。

（四）航空运输

1. 航空运输的概念及特点

航空运输简称空运，是使用飞机运送客货的运输方式。航空货物运输的运价要远远高于其他运输方式。因此，在过去，除了紧急或特殊场合外，一般不使用飞机运送货物。但是，如今航空货物运输已经在商业上普遍使用。

航空运输的优点是：航线直、速度快，可以飞越各种天然障碍、进行长距离不着陆运输，对货物的包装要求较低。缺点是：载运能力小，受气候条件限制比较大，可达性差，运输成本高。

航空运输的上述特点使得它主要担负贵重、急需或时间性要求很强的小批量货物运输和邮政运输。

2. 航空运输的技术装备与设施

航空运输的技术装备与设施主要包括飞机及航空港（机场）。飞机是航空货物运输的运输工具，为了确保飞行安全、起飞和着陆安全，飞机的重量是其主要的技术指标。每次飞行前，应严格根据当地的条件控制飞机装载重量。同时，飞机重量也是确定跑道长度、道面结构及厚度的重要设计参数。

航空港是航空运输的重要设施，是指民用航空运输交通网络中使用的机场及其附属设施。与一般飞机场比较，航空港的规模更大，设施更为完善。航空港体系主要包括飞机活动区和地面工作区两部分，而航站楼则是两个区域的分界线。

3. 航空运输业务类型

（1）航空运输业是适应他人需要，使用飞机有偿地进行物品运输的事业。

补充资料

石油产品管道运输

补充资料

"一带一路"重塑全球物流模式

（2）航空运送代理业是为航空运送商缔结运送契约代理的事业，即作为航空从业者的代理人，承担航空物品运送经营，并与委托者签订航空运送契约的事业。

（3）航空运送作业是以自己的名义进行飞机物品运送作业的事业。

（五）管道运输

管道运输是利用运输管道，通过一定的压力差而完成气体、液体和粉状固体运输的一种现代运输方式。管道运输运量大、运输快捷、效率高、占地少、不受气候影响、运行稳定性强、便于运行控制、耗能低、成本低、有利于环境保护，但灵活性差，承运的货物种类比较单一。管道运输主要担负单向、定点、量大的流体状货物运输。

管道运输按照运输对象分为原油管道运输、成品油管道运输、天然气管道运输以及煤浆管道运输等。

二、现代运输方式的选择

（一）运输决策

委托运输减轻了企业的压力，可以使企业集中精力于新产品的开发和产品的生产。但是，委托运输需要处理与企业外部的承运商之间的关系，增加了交易成本，也增加了对运输控制的难度。关于委托运输还是自行运输的决策不仅是运输决策，更是财务决策。在分销商品时，企业往往面临着一个重要的运输决策：委托运输还是自行运输企业内部的自行运输体现了组织的总体采购战略，便于控制。但是，实施低成本、高效率的自行运输需要企业内部各部门之间的广泛的合作和沟通。企业之所以会自行运输，最主要的原因是考虑到承运人不一定能达到自己所需要的服务水平。通常而言，企业有自己的车队的原因有以下几点：一是服务的可靠性；二是订货提前期较短；三是意外事件反应能力强；四是与客户的合作关系紧密。

（二）服务的选择

客户服务是物流管理的重要目标，物流管理的每一个活动对客户服务水平都有影响。服务水平主要包括的服务特性：一是可靠性；二是运送时间；三是市场覆盖程度；四是柔性——处理多种产品及满足托运人的特殊需求；五是运输货物的损耗。

各种服务特性的重要程度是不尽相同的，其成本、速度和可靠性是最重要的因素。因此，服务成本、平均运送时间（速度）、运送时间的变化幅度（可靠性）是运输服务水平决策的基础，决策时必须在服务质量和服务成本之间进行权衡。

（三）运输方式及承运人选择决策

经济和资源的限制、竞争压力、客户需求都要求企业做出最有效的运输方式和承运人选择。因为运输影响到客户服务水平、进货时间、服务的连续性、库存、包装、能源消耗、环境污染及其他因素，运输部门必须开发最佳的运输方式及承运人选择策略。

运输方式及承运人选择决策可以分为以下四步：

第一步，问题识别。问题识别要考虑的因素有：客户要求、现有模式的不足之处以及企业的分销模式的改变。通常最重要的是与服务相关的一些因素。

第二步，承运人分析。分析中要考虑的信息有：过去的经验、企业的运输记录、客户意见等。

第三步，选择决策。选择过程中要做的工作是在可行的运输方式和承运人中做出选择。

第四步，选择后评价。一旦企业做出选择之后，还必须制定评估机制来评价运输方式及承运人的表现。评估技术有成本研究、审计、适时运输和服务性能的记录等。

（四）承运人 – 托运人合同

1. 合同对托运人的重要性

有效的物流网络要求托运人和承运人在战略和操作方面都保持良好的关系。托运人一般喜欢与可靠的、高质量的承运人之间订立长期合作合同。合同对托运人和承运人都有好处，可以使运输活动便于管理，增强了可预测性并可去除费率波动对托运人的影响。另外，合同还可保证达到托运人所要求的运输服务水平，从而使运输成为托运人的竞争优势领域。

2. 合同对承运人的重要性

合同这种合作方式也有利于承运人自觉改善运输服务，使得承运人的服务适合托运人的物流需求，并使运费和服务之间的关系更直接，而且改善了托运人和承运人之间的关系。此外，长期合同减少了承运人为了满足特殊的托运人的服务要求而购买机器设备的投资、风险，并保证托运人得到所需的特殊的服务。一般情况下，既提供随叫随到服务，又提供合同服务的承运人会给合同托运人以最高的优先级，因为合同的普遍特征使服务不善的惩罚费用很高。因此，托运人对承运人有较强的影响力，并能得到较好的服务。

（五）运输协议的协商

承运人的价格策略越来越灵活，这使得托运人有比较大的余地通过与承运人的协商来降低成本。协商程序的目的是考虑到协议各方的利益，开发出一种对于承运人和托运人双方都有利的协议，并且促使双方密切合作。因为大多数协商都以服务成本定价为基础，所以承运人应该精确核算其成本。只有所有的成本都经全面考虑，承运人和托运人才能协作，以便共同降低承运人的服务成本。

（六）车辆路线计划

运输设备需要巨大的资金投入，运作中成本也很高。因此，在企业可接受的利润率和客户服务水平限制下开发最合理车辆路线计划非常重要。

一般而言，承运人从合理的车辆路线计划中得到的好处有：更高的车辆利用率、更高的服务水平、更低的运输成本、减少设备资金投入、更好的决策管理。对托运人而言，路线计划可以降低他们的成本并提高其所接受的服务水平。

尽管有各种各样的路线计划问题，我们可以把它们分为几种不同的类型：单一出发地和单一目的地，而且出发地和目的地不同；多出发地和多目的地；出发地和目的地为同一地点。

下面分别讨论以上三种情况：

1. 单一出发地和单一目的地

单一的出发地和目的地的车辆路线计划问题可以看作网络规划问题，可以用运筹学的方法解决，其最简单直接的解法是最短路线方法。

2. 多出发地和多目的地

实际运输中常碰到有多个供应商并供应给多个工厂的问题，或者把不同工厂生产的同一产品分配到不同客户处的问题，在这些问题中，起点和终点都不是单一的。在这类问题中，各供应点的供应量往往也有限制。

3. 出发地和目的地为同一地点

自有车辆运输时，车辆往往要回到起点。比较常见的情况是，车辆从一座仓库出发到不同的零售点送货并回到仓库，这一问题实际是出发地和目的地不同的问题的延伸，但相对而言更为复杂一些。它的目标是找到一个可以走遍所有地点的最佳顺序，使得总运输时间最少或距离最短。这一类问题没有固定的解题思路，在实践中通常是根据实际情况的不同，结合经验寻找适用的方法。

补充资料 公路等级划分

在实际运输中，一些具体的限制使得问题变得更为复杂。例如：每一地点既有货物要送又有货物要取；有多辆运输工具可以使用，每一运输工具都有自己的容量和承载量限制；部分或全部地点的开放时间都有限制；因车辆容量的限制或其他因素，要求先送货再取货；司机的就餐和休息时间也在考虑的范围内。

有了这些限制，运输路线计划和进度计划就很难找到最佳方案。实际操作中，通常是求助于简单易行的方法以得到解决问题的可行方案。

任务实施

实施步骤	实施内容
步骤一	学生以所在企业的实习岗位为小组划分原则，形成小组并集体研讨五种运输方式的优缺点和适用条件
步骤二	小组讨论运输调度员给出的三个任务，分析每个任务应该采取哪种运输方式
步骤三	利用高德地图测算出运输距离和可行的运输线路
步骤四	形成集体答案并记录下来。由小组推荐代表进行展示汇报
步骤五	小组互评和教师点评并整改，填写考核评价表

任务评价

专业：________ 班级：________ 姓名：________ 组别：________

内容	评分标准		满分	得分
运输工具的选择	五种运输方式的优缺点和适用条件总结的内容具体、翔实合理		20	
	分析选择的运输工具合理恰当		20	
	利用高德地图计算的运输距离和运输线路合理，高德地图使用熟练		20	
	语言表达流畅、思路清晰		30	
	小组团结协作，具有集体荣誉感		5	
	态度端正，具有严谨细致的工作态度		5	
合计			100	
小组名称		小组成员		
教师评语				

考核日期：____年____月____日

工作任务三　掌握运输合理化

任务分析

小红同学通过在物流企业的实训，初步了解了运输的功能、特点和五种运输方式的优缺点及适用条件，今天运输调度小陈根据订单任务，领着同学们进行了分析并对同学们疑惑的地方给予了解答，同时也让同学们根据实际情况可以选择不同的运输方式，根据企业实际订单“沈阳沃尔玛需要从哈尔滨沃尔玛调运物资哈尔滨红肠1 t”，以组为单位完成合理化运输设计。

准备工作

◎了解合理化运输的基本含义和影响合理化运输的五要素。
◎了解合理化运输设计的分析步骤。
◎与实习物流企业的老员工交流，获取相关信息。
◎设计合理化运输方案。

建议学时

课前，1 学时　　课中，1 学时　　课后，0.5 学时

知识储备

一、运输合理化的基本知识

（一）运输合理化的概念

运输合理化是指在一定的条件下以最少的物流运作成本获得最大的效率和效益。

（二）运输合理化的影响因素

运输合理化的影响因素很多，起决定性作用的有六个方面的因素，即运输距离、运输环节、运输工具、运输时间、运输费用和运输一致性，称为合理运输的“六要素”。其中，运输时间短和运输费用少，是考虑合理运输的两个主要因素，它们集中体现了运输的经济效益。运输合理化要素的解释及举例，见表6-11。

表 6-11　运输合理化要素的解释及举例

影响因素	具体解释	举例说明
运输距离	在运输过程中，运输时间、运输货损、运输费用、车辆或船舶周转等运输的若干技术经济指标，都与运距有一定比例关系，运距长短是运输是否合理的一个最基本因素	如迂回运输与过远运输都会拉长距离、浪费运力、占用运力时间长、运输工具周转慢、占压资金时间长，又易出现货损，增加费用支出

续表

影响因素	具体解释	举例说明
运输环节	每增加一次运输，不但会增加起运的运费和总运费，而且必须要增加运输的附属活动。所以，减少运输环节，尤其是同类运输工具的环节，对合理运输有促进作用	如增加装卸、搬运、包装等环节时，各项技术经济指标也会因此下降
运输工具	各种运输工具都有其使用的优势领域，对运输工具进行优化选择，按运输工具的特点进行装卸运输作业，最大限度发挥所用运输工具的作用，是运输合理化的重要一环	如集装箱将货物集合组装成集装单元，在现代流通领域内运用大型装卸机械和大型载运车辆进行装卸、搬运作业和完成运输任务，能高效率和高效益地实现货物“门到门”运输
运输时间	运输是物流过程中需要花费较多时间的环节，尤其是远程运输，在全部物流时间中，运输时间占绝大部分，运输时间的缩短对整个流通时间的缩短有决定性的作用	如青岛啤酒的新鲜度管理，像送鲜花一样送啤酒，让消费者品尝到最新鲜的啤酒
运输费用	运费高低在很大程度上决定整个物流系统的竞争能力。运输费用的降低，无论对货主企业来讲还是对物流经营企业来讲，都是运输合理化的一个重要目标	如货运代理节省货物运输费用的措施主要有巧妙设计包装、熟悉运输路线，并能精打细算和善于与船公司配合，这样物流运费就会大大降低
运输一致性	运输一致性是指若干次装运中履行某一特定的运次所需的时间与原定时间或与前几次运输所需时间的一致性，它也是运输合理化的反映	如给定的一项运输服务第一次用时两天，而第二次用时十天，这无疑需要设置安全储备存货，以防预料不到的服务故障，必会增加供需双方承担的存货义务和有关风险

对于运输是否合理，除了考虑上述六要素外，还要考虑六要素之间的平衡关系。例如，运输时间和运输费用的关系，主要表现在能够提供更快速服务的运输商实际要收取更高的运费；运输服务越快，运输中的存货越少，无法利用的运输间隔时间就越短。

总之，综合考虑六要素及其相互关系，就能取得运输合理化预想的结果。

二、不合理运输的表现及其原因

（一）不合理运输的概念

不合理运输是指在组织货物运输过程中，违反货物流通规律，不按经济区域和货物自然流向组织货物调运，忽视运输工具的充分利用和合理分工，装载量低，流转环节多，从而出现浪费运力、货物流通不畅和加大运输费用的现象。

货物运输不合理就会导致货物迂回、倒流、过远、重复等现象出现，势必造成货物在途时间长、环节多、流转慢、损耗大、费用高，浪费运力和社会劳动力，影响企业生产和市场供应。

（二）不合理运输的主要形式

经过长期的生产实践，总结的不合理运输主要有以下几种形式：

1. 与运输方向有关的不合理运输

（1）对流运输。对流运输也称为相向运输，是指同一种货物或彼此间可相互代用而又不影响管理、技术及效益的货物，在同一线路上或不同运输方式的平行线路上做相对方向的运送，而与对方运程的全部或一部分发生重叠的运输。已经制订了合理流向图的产品，一般必须按合理流向的方向运输，如果与合理流向图指定的流向相反，也属对流运输。

对流运输有两种类型。一种是明显的对流运输，即在同一路线上的对流运输，如图6-3所示。从图6-3中可以看出，某货物从甲地经过乙地运到丙地；同时又从丁地经过丙地运到乙地。这样，在乙地与丙地之间产生了对流运输。

另一种是隐蔽的对流运输，即同一种货物在违反近产近销的情况下，沿着两条平行的路线朝相对的方向运输。它不易被发现，故称为隐蔽的对流运输，见图6-4。

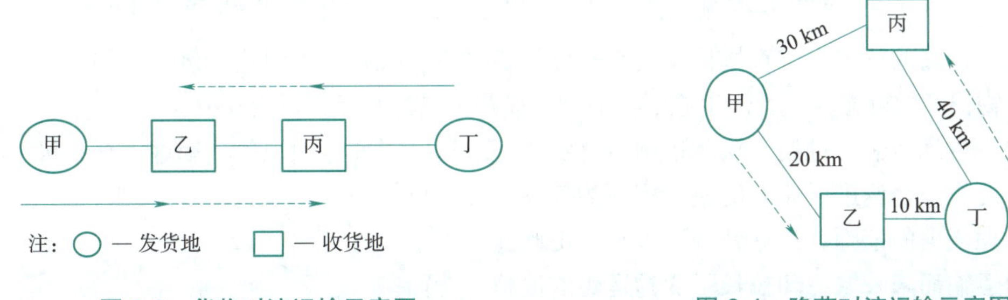

图 6-3　货物对流运输示意图

图 6-4　隐蔽对流运输示意图

从图6-4中可以看出，甲、丁为两个发货地，乙、丙为两个收货地，各地之间的距离分别为40 km、30 km、20 km、10 km。从丁地发运货物2 t给丙地；从甲地发运同种货物2 t给乙地。这种运输路线是不合理的，其中浪费40 t·km的运力。正确的运输路线应该是丁地发给乙地，甲地发给丙地。

对流运输产生的原因主要是计划不周、组织不善、调运差错。其主要危害是浪费运力、加大成本。

（2）倒流运输。倒流运输是指货物从销地或中转地向产地或起运地回运（流）的一种运输现象。其不合理程度要甚于对流运输，因为倒流运输的往返两程的运输都是不必要的，形成了双程浪费。

在实际工作中，倒流有两种情况：一种是指同一种货物从产地（供应地）甲运达销地乙后，又从销地乙运回原产地（供应地）或相对方向的中途另一个销地丁；另一种是从产地丙运往自己本身能够生产同一种货物的产地甲。这两种均属于倒流运输，如图6-5所示。

倒流运输会造成浪费运力、增加运费开支、加大成本。其产生的主要原因往往是因为计划不周、组织不善或者调运差错。

2. 与运输距离有关的不合理运输

（1）迂回运输。迂回运输是指货物绕道而行的运输现象，是一种本可以选取短距离进行运输，却选择路程较长路线进行运输的不合理形式，如图6-6所示。迂回运输有一定的复杂性，不能简单处之，只有因为计划不周、地理不熟、组织不当而发生的迂回运输，才属于不合理运输。如果最短距离有交通堵塞、路况不好或对噪声、排气等有特殊限制时所发生的迂回运输不能称为不合理运输。

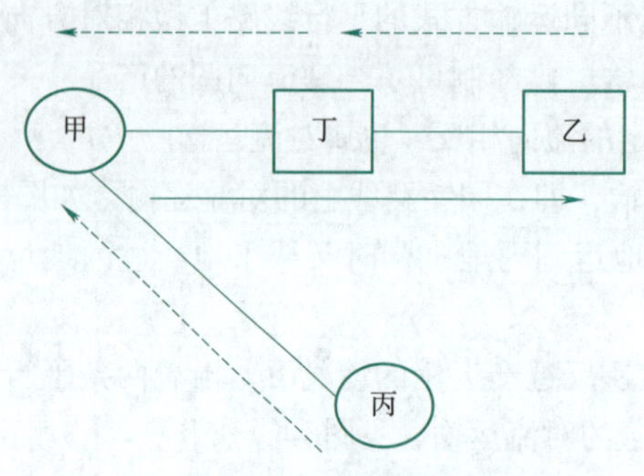

图 6-5　货物倒流运输示意图

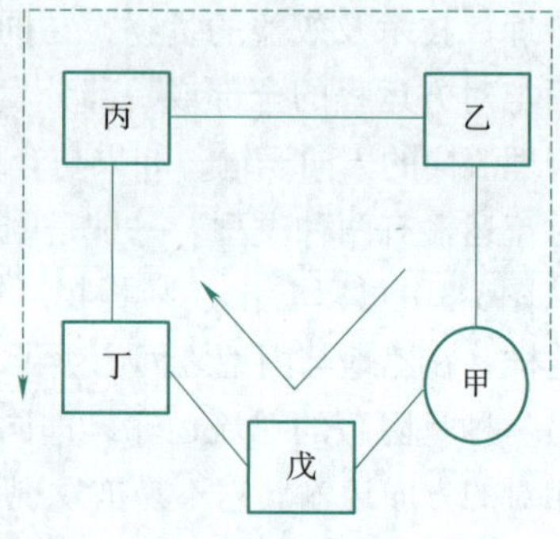

图 6-6　货物迂回运输示意图

迂回运输的危害在于直接拉长运距、延长货物在途时间，不但浪费运力、加大成本，也增加货物损坏的可能性。其产生原因与地理、线路不熟悉及组织不当有关。

（2）过远运输。过远运输是指调运物资舍近求远的货物运输现象。销地完全有可能由距离较近的供应地调进所需要的质量相同的货物，却超出货物合理流向的范围，从远处调运进来。由此造成可采取近程运输而未采取，却拉长了货物运距的浪费。例如图6-7中，甲、丙是两个产地，乙、丁是两个销地，它们的货物供应量和需要量都是各5 t。图6-7和表6-12说明，由甲地供应丁地、丙地供应乙地是不合理的，其与甲地供应乙地、丙地供应丁地相比较，要多走里程400 km，浪费2 000 t·km的运力和运费。所以，合理的运输路线应该是甲地供应乙地、丙地供应丁地。

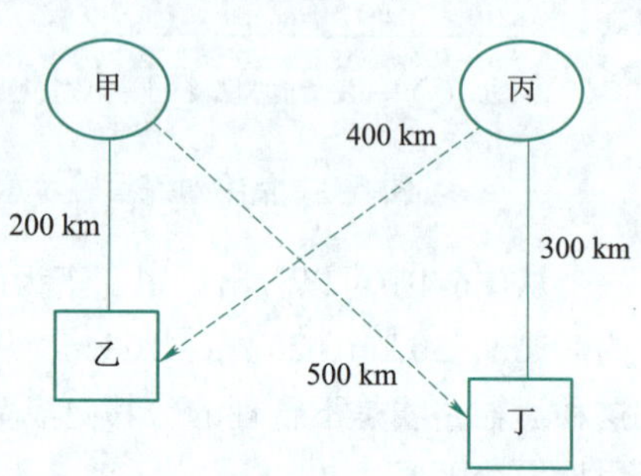

图 6-7　货物过远运输示意图

表 6-12　过远运输与合理运输比较表

过远运输					合理运输				
产地	销地	运量/t	运距/km	周转量/（t·km）	产地	销地	运量/t	运距/km	周转量/（t·km）
甲	丁	5	500	2 500	甲	乙	5	200	1 000
丙	乙	5	400	2 000	丙	丁	5	300	1 500
合计			900	4 500	合计			500	2 500

过远运输的危害是拉长运距、浪费运力、延长货物在途时间、导致资金积压，增加运输费用。其可能原因是信息错误而导致计划不周、组织不当。

3. 与货物运量有关的不合理运输

（1）返程或起程空驶。空车或无货载行驶，可以说是不合理运输最严重的形式。在货物运输组织中，有时必须调运空车，从管理上不能将其看成不合理运输。但是，因调运不当、货源计划不周、不采用运输社会化而形成的空驶，则是不合理运输的表现。造成空驶的主要原因有以下几种：

① 能利用社会化的运输体系不利用，却依靠自备车送货，这往往出现单程实车、单程空

驶的不合理运输。

② 由于工作失误或计划不周，造成货源不实，车辆空去空回，形成双程空驶。

③ 由于车辆过分专用，无法搭运回程货，只能单程实车、单程空驶周转。

空驶直接浪费运力，加大成本，危害是很大的。

（2）重复运输。重复运输是指一种货物本可以直达目的地，但由于某种原因如仓库设置不当或计划不周、调运差错、组织不善等而在中途停车，卸下后重新装运至目的地，或者同品种货物在同一地点一面运进，同时又一面向外运出的不合理运输现象，如图6-8所示。重复运输的最大问题是增加了非必要的中间环节，延长了货物在途时间，增加了装卸搬运费用，增大了货损，而且降低车、船使用效率，影响其他货物运输。

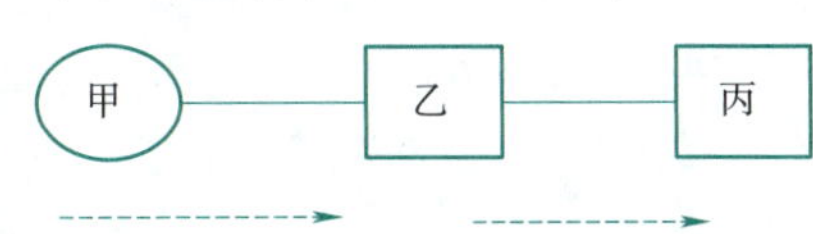

图 6-8　货物重复运输示意图

（3）无效运输。无效运输是指被运输的货物杂质（如煤炭运输中的矿石、圆木材使用时出现的边角余料等）过多，使运输能力浪费于不必要物资运输的现象。无效运输既浪费运力，又加大成本。其产生多数是因为货物检查不细致、不到位，或者是条件所限、组织不善等。

4. 与运力有关的不合理运输

（1）运力选择不当。运力选择不当是指未考虑各种运输方式的特点和优势而不正确地利用运输工具造成的不合理现象，常见的有以下几种形式：

① 弃水走陆。在同时可以利用水运和陆运时，不利用成本较低的水运或水陆联运，而选择成本较高的铁路运输或公路运输，使水运优势不能发挥，直接增加运费，浪费运力。其产生的可能原因是信息不灵或错误，或者计划不周、组织不善、调运差错等。

② 铁路、大型船舶的过近运输。不是铁路及大型船舶的经济运行里程，却利用这些运力进行运输。其主要不合理之处在于火车及大型船舶起运及到达目的地的准备、装卸时间长，且机动灵活性不足，在过近距离中利用，发挥不了其运速快的优势，相反，由于装卸时间长，反而会延长运输时间，增加装卸搬运费用及货损，降低车、船使用效率。另外，与小型运输设备比较，火车及大型船舶的装卸难度大、费用也较高。其产生的多数原因是调运差错、计划不周、组织不善。

③ 运输工具承载能力选择不当。不根据承运货物数量及重量进行选择，而盲目决定运输工具，造成过分超载、损坏车辆及车辆不满载、浪费运力的现象。尤其是“大马拉小车”的现象发生较多，由于装载货量小，单位货物运输成本必然增加。

（2）托运方式选择不当。有些货主本可以选择最好的托运方式而未选择，造成运力浪费及费用支出加大。例如：本应选择整车运输而未选择，反而采取零担托运；应当直达运输而选择了中转运输；应当中转运输而选择了直达运输；等等。这些都属于这一类型的不合理现象。

5. 与线路设计有关的不合理运输

与线路设计有关的不合理运输主要是指线路交叉，即在同一区域进行配送运输时，设计的线路之间相互交叉，增加了车辆行驶距离。

三、运输合理化的有效措施

不合理的运输造成了运距过长、运力浪费、运输时间增加、运费超支等问题，给供方和需方带来了一定的损失，长期以来，人们在生产实践中探索和创立了许多运输合理化的途径，在一定时期内、一定条件下取得了效果。运输合理化的有效措施如图6-9所示。

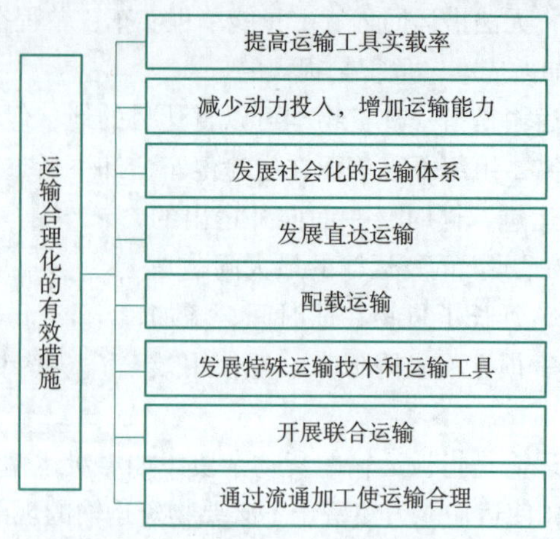

图 6-9　运输合理化的有效措施

（一）提高运输工具的实载率

提高实载率的意义在于充分利用运输工具的额定能力，减少车船空驶和不满载行驶的时间，减少浪费，从而求得运输的合理化。实载率有两个含义：一是单车实际载重与运距的乘积和标定载重与行驶里程的乘积的比率，这在安排单车、单船运输时，是作为判断装载合理与否的重要指标；二是车船的统计指标，即一定时期内车船实际完成的货物周转量（以吨公里计）占车船载重吨位与行驶公里的乘积的百分比。

我国曾在铁路运输上提倡"满载超轴"，其中，满载的含义就是充分利用货车的容积和载重量，多载货，不空驶，从而达到合理化的目的。这个做法对推动当时运输事业发展起到了积极作用。当前，国内外开展的"配送"形式的优势之一就是将多家需要的货和一家需要的多种货实行配装，以达到容积和载重的充分、合理运用，比起以往自家提货或一家送货车辆大部分空驶的状况，是运输合理化的一个进展。在铁路运输中，采用整车运输、合装整车、整车分卸及整车零卸等具体措施，都能提高实载率。

（二）减少动力投入，增加运输能力

这种合理化的要点是少投入、多产出，走高效益之路。运输的投入主要是能耗和基础设施的建设，在设施建设已定型和完成的情况下，尽量减少能源投入，是少投入的核心。做到了这一点就能大大地节约运费，降低单位货物的运输成本，达到合理化的目的。国内外在这方面的有效措施如下：

（1）在机动车允许的情况下加挂车皮。在机车动力能力允许的基础上，采取加长列车、多挂车皮的办法，在不增加机车的情况下增加运输量。

（2）水运托排和拖带法。竹、木等物资的运输，利用竹、木本身浮力，不用运输工具载运，采取拖带法运输，可省去运输工具本身的动力消耗；将无动力驳船编成一定队形（一般是纵列），用拖轮拖带行驶，具有比船舶载乘运输运量大的优点。

（3）顶推法。顶推法是我国内河货运采取的一种有效方法，即将内河驳船编成一定队形，由机动船顶推前进。其优点是航行阻力小、顶推量大、速度较快、运输成本较低。

（4）汽车列车。汽车列车的原理和船舶拖带、火车加挂基本相同，都是在充分利用动力能力的基础上，增加运输能力。汽车列车和单车相比，可以采用甩挂的办法，提高效率，降低油耗。根据测定，在汽车列车中，半挂汽车列车又比全挂汽车列车更为优越。

（5）选择大吨位汽车。在运量比较大的路线上，采用大吨位汽车进行运输，比采用小吨位汽车运输更加节约。

（三）发展社会化的运输体系

运输社会化的含义是发展运输的大生产优势，实行专业分工，打破一家一户自成运输体系的状况。

一家一户的运输小生产，车辆自有，自我服务，不能形成规模，且一家一户运量需求有限，难以自我调剂，因而经常容易出现空驶、运力选择不当（因为运输工具有限，选择范围太窄）、不能满载等浪费现象，且配套的接发货设施、装卸搬运设施也很难有效运行，所以浪费颇大。实行运输社会化，可以统一安排运输工具，避免对流、倒流、空驶、运力不当等多种不合理形式，不但可以追求组织效益，而且可以追求规模效益，所以发展社会化的运输体系是实现运输合理化的重要措施。

我国在利用联运这种社会化运输体系时，创造了“一条龙”货运方式。对产、销地及产、销量都较稳定的产品，事先通过与铁路、交通等社会运输部门签订协议，规定专门收、到站，专门航线及运输路线，专门船舶和泊位等，有效地保证了许多工业产品的稳定运输，取得了很大成绩。

（四）发展直达运输

直达运输是追求运输合理化的重要形式，其对合理化的追求要点是通过减少中转过载换载，从而提高运输速度，省却装卸费用，降低中转货损。直达的优势，尤其是在一次运输批量和用户一次需求量达到了一整车时表现最为突出。此外，在生产资料、生活资料运输中，通过直达，建立稳定的产销关系和运输系统，也有利于提高运输的计划水平，考虑用最有效的技术来实现这种稳定运输，便可大大提高运输效率。特别注意，如同其他合理化措施一样，直达运输的合理性也是在一定条件下才会有所表现，不能绝对认为直达一定优于中转。这要根据用户的要求，从物流总体出发做综合判断。从用户需要量看，若批量大到一定程度，直达是合理的；若批量较小，中转是合理的。

（五）配载运输

配载运输往往是指轻重商品的混合配载，在以重质货物运输为主的情况下，同时搭载一些轻泡货物，如：海运矿石、黄沙等重质货物时，在舱面捎运木材、毛竹等；铁路运矿石、钢材等重物时，在上面搭运轻泡农、副产品等。配载运输在基本不增加运力投入及不减少重质货物运输的情况下，解决了轻泡货物的搭运，因而效果显著。

（六）发展特殊运输技术和工具

依靠科技进步是运输合理化的重要途径。例如，专用散装车及罐车，解决了粉状、液状物运输损耗大、安全性差等问题；袋鼠式车皮、大型半挂车解决了大型设备整体运输问题；“滚装船”解决了车载货的运输问题，集装箱船比一般船能容纳更多的箱体，集装箱高速直达车船加快了运输速度等，都是通过采用先进的科学技术实现合理化的。

（七）开展联合运输

联合运输简称联运，是指使用两种或两种以上的运输方式，完成一项进出口货物运输任务的综合运输方式，即各种运输方式在运输过程中遵照统一的规章或协议，使用同一运输凭证或通过代办中转业务，将各种运输方式紧密协调与衔接起来，共同完成两程以上的运输工具的联运，即一次起票托运到底的一种经济的运输管理方法，如铁公水联运、铁公联运、铁水联运、公水联运和公航联运。联运的特点如下：

补充资料

铁路运输常用车辆

（1）组织运输的全程性。

（2）运程凭证的通用性。

（3）托运手续的简易性。

（八）通过流通加工使运输合理化

有不少产品可通过流通加工使运输合理化。由于产品本身形态及特性问题，很难实现运输的合理化，如果进行适当加工，就能够有效解决合理运输问题。

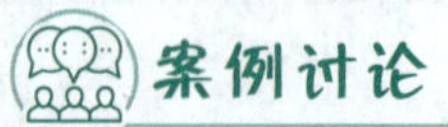

案例讨论

韩国三星公司合理化运输

企业物流管理的根本目标就是通过在采购、销售过程中有效地掌握物流、信息流去满足客户的需求，也就是在最合适的时间、最合适的地点提供给客户需要的产品。

三星公司将运输、销售、配送、生产和采购有机结合起来，实现公司的目标，即将客户的满意程度提高到100%，同时将库存量再减少50%。三星公司将进一步扩展和强化物流网络，同时建立了一个全球性的物流链使产品的供应路线最优化，并设立全球物流网络上的集成订货交货系统，从原材料采购到交货给最终客户的整个路径上实现物流和信息流一体化，这样客户就能以最低的价格得到高质量的服务，从而对企业更加满意。基于这种思想，三星公司物流工作合理化革新小组在配送选址、实物运输、现场作业和信息系统四个方面去进行物流革新。

（1）配送选址革新措施。为了提高配送中心的效率和质量，三星公司将其划分为产地配送中心和销地配送中心。前者用于原材料的补充，后者用于存货的调整。对每个职能部门都确定了最优工序，配送中心的数量被减少、规模得以最优化，便于向客户提供最佳的服务。

（2）实物运输革新措施。为了及时地交货给零售商，配送中心在考虑货物数量和运输所需时间的基础上确定出合理的运输路线。同时，一个高效的调拨系统也被开发出来，这方面的革新加强了支持销售的能力。

（3）现场作业革新措施。为使进出工厂的货物更方便快捷地流动，公司建立了一个交货点查询管理系统，可以查询货物的进出库频率，以实现高效地配置资源。

（4）信息系统革新措施。三星公司在局域网环境下建立了一个通信网络，并开发了一个客户服务器系统，客户服务器系统的三分之一功能投入物流中使用。由于将生产配送和销售一体化，整个系统中不同的职能部门将能达到信息共享。客户如有涉及物流的问题，都可以通过实时订单跟踪系统得到解答。

另外，随着客户环保意识的增强，物流工作对环境保护负有更多的责任，三星公司不仅对客户许下了保护环境的承诺，还建立了一个全天开放的由回收车组成的回收系统，并由回收中心来重新利用那些废品，以此来提升自己企业在客户心目中的形象，从而更加有利于企业的经营。

公司还实现了合理运输的主要形式：分区产销平衡合理运输；直达运输；"四载"直拨运输；合装整车运输；提高技术装载量。

扫一扫

参考答案

问题思考：分区产销平衡合理化运输的优点有哪些？适用范围是什么？

任务实施

实施步骤	实施内容
步骤一	根据学生实习所在岗位形成学习小组并集体讨论
步骤二	上网搜索合理化运输的基本含义和合理化运输的影响因素
步骤三	小组讨论调度员小陈下发的任务，形成集体讨论答案并记录下来
步骤四	小组选一个成员进行汇报
步骤五	学生自评，小组互评，教师点评，填写考核评价表

任务评价

专业：______________　班级：______________　姓名：______________　组别：______________

内容	评分标准		满分	得分
运输合理化	合理化运输的相关资料搜集全面具体		20	
	合理化方案设计合理		30	
	语言表达流畅，方案选择理论支撑依据充分合理		30	
	具有团队合作意识和服务意识		10	
	具有深入思考问题的能力和科技创新意识		10	
合计			100	
小组名称		小组成员		
教师评语				

考核日期：______年______月______日

知识回顾

本情境主要介绍了运输管理的基本概念、运输的功能和特点，几种常见的运输方式和各运输方式的优缺点、进行运输方式选择的影响因素，如何进行合理化运输。本情境涉及的知识和技能如下：

（1）运输概述：运输的基本概念、运输的特点和功能。

（2）运输方式：五种运输方式各自的优缺点及运输方式选择的影响因素。

（3）合理化运输：合理化运输的基本概念，不合理运输的表现形式。

实践演练

小红在沃尔玛物流企业实习期间，了解了五种运输方式的优缺点和适用条件，并能够根据任务分析完成合理化运输方案的制订，为了进一步巩固所学内容，同学们以组为单位完成800 t煤炭从贵阳运到昆明的合理化运输方案，并给出具体的运输线路。

情境七
配送与配送中心

情境描述

学校组织晓文等现代物流管理专业的大一学生到京东物流实习，学习物流配送的相关工作内容。

京东物流拥有覆盖全国的配送网络、综合运输网络、最后一公里配送网络、大件网络、冷链物流网络和跨境物流网络等六大网络，具备数字化、广泛和灵活的特点，服务范围覆盖全球。京东物流的业务模式主要包括以下两个方面：

（1）自营物流配送模式：京东商城在自营配送到达不了的区域内，选择与当地的快递公司合作，来完成货物的配送任务。此外，京东物流也会在某些地区建立自己的物流中心或者仓库，以提高物流效率和客户满意度。

（2）第三方物流配送模式：如果成本过高，或者业务扩展到二级甚至三级城市，京东商城会选择与第三方物流公司合作完成配送任务。此外，在配送物流配送成本较高的大家电时，京东还会选择与厂商进行合作，以降低自身的成本。这种模式可以节省物流成本，并且可以根据自身的需要来选择合适的第三方物流，企业灵活性较大。

京东物流在不断发展壮大后，逐渐探索出企业自营物流+开放接单模式。在自营物流方面，京东商城建立了覆盖全国的配送网络和仓储体系，并利用先进的技术手段和管理方法提高物流效率和客户满意度。在开放接单方面，京东商城积极拓展第三方平台商家，将自身的物流资源与外部资源进行整合，为客户提供更加全面的物流服务。

晓文和同学们在实习中，对配送的类型、配送的流程、提高配送中心业务管理水平、配备先进的物流配送设备，以及如何提升配送的工作效率和降低物流成本等问题，逐步进行了线上与实地调研，为更好地从事配送服务工作提供理论与技能基础。

学习目标

知识传递	• 理解配送的概念、特点及意义；了解配送的模式和相关概念 • 理解配送中心的概念、功能及作用 • 了解智慧储配信息技术的操作要求 • 了解物流信息系统在配送中的应用
能力培养	• 掌握不同类型的配送活动；掌握配送的基本流程 • 掌握不同类型配送中心的作业流程 • 掌握配送中心选址规划的原则与流程 • 掌握配送中心常用储配设备操作要求
素质培养	• 善于收集整理资料，具备信息归纳与整合的能力 • 培养物流作业的优化意识 • 树立爱岗敬业的精神和严谨细致的工作意识

知识结构图

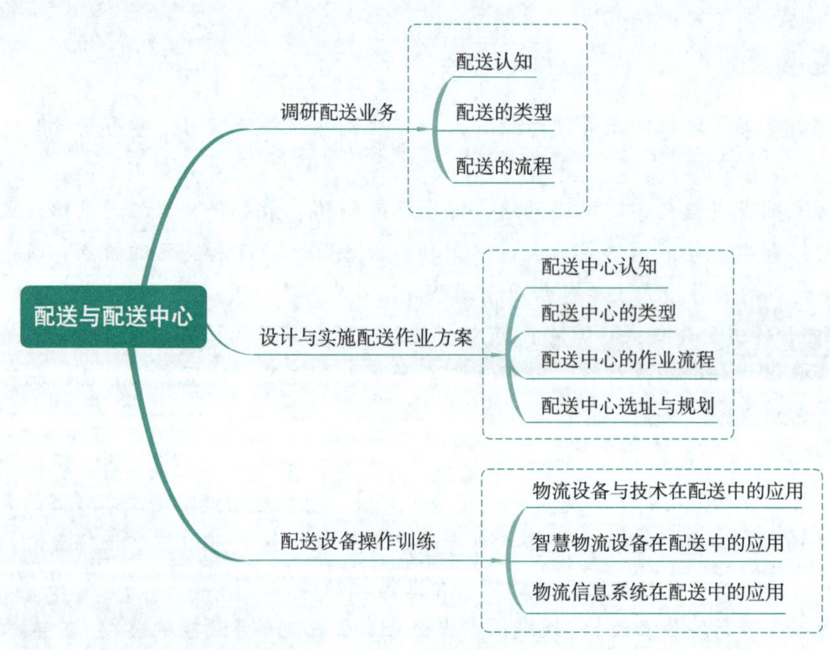

工作任务一　调研配送业务

任务分析

晓文了解到配送作为一种特殊的物流活动方式，几乎涵盖了物流的所有功能要素，是在某一范围内物流全部活动的体现。他对配送企业是如何将一件商品从生产商那里经过一系列的物流活动，最终配送到消费者手中这一问题产生了兴趣。为了更深入地了解配送与配送中心，在老师的带领下，晓文和同学们将进行大量的线上和实地调研，完成对配送的认知活动。

准备工作

◎查找物流配送企业的基本情况资料与视频。

◎与实习物流企业的老员工交流，获取相关信息。

建议学时

课前，1 学时　　课中，1 学时　　课后，0.5 学时

知识储备

一、配送认知

（一）配送的概念

国家标准《物流术语》（GB/T 18354—2021）中，配送是指根据客户要求，对物品进行分类、拣选、集货、包装、组配等作业，并按时送达指定地点的物流活动。

配送是物流中一种特殊的、综合的活动形式，是商流与物流紧密结合，包含了商流活动和物流活动，也包含了物流中若干功能要素的一种形式。一般的配送集储存、装卸、包装、保管、运输于一身，通过这一系列活动将货物送达的目的。特殊的配送则还要以加工活动为支撑，所以包括的方面更广。

（二）配送的特点

1. 配送是一种特殊的送货形式

配送的主要经济活动是送货。现代送货与传统送货方式的区别，即配送的主要经济活动是以现代生产力、新式劳动手段作支撑，依靠科技，是“配”与“送”有机结合的一种方式。

配送业务中，除了送货，在活动内容中还有“拣选”“分货”“包装”“分割”“组配”“配货”等项工作。因此，配送是从物流据点到用户之间一种特殊的送货形式。其特殊性表现为配送的主体是专门经营物流的企业，而不是生产企业；配送形式是中转送货，而不是直接送货；配送是用户需要什么送什么，而不是有什么送什么、生产什么送什么。

2. 配送是一种综合服务

配送是许多业务活动有机结合的整体，为客户提供一种综合服务，集送货、分货、配货等功能于一体，同时还需要强大的信息系统支持，使其成为一种现代的作业系统，从而适应发达的商品经济和现代化管理水平，这也是以往的送货形式无法比拟的。

配送由于实现了定时、定量、准时性、计划性、即时性、低费用甚至可以实现客户的零

库存，以至可以完全取代客户原有的供应系统，用更高的供应质量和更低的供应成本对用户实现供应，实现企业销售和客户供应的一体化综合服务。

3. 配送的全过程要有现代化技术和装备的保证

在配送过程中，由于大量采用先进的信息技术和各种传输设备及识码、拣选等机器设备，使得整个配送作业像工业生产中广泛应用的流水线，实现了流通工作的工厂化，从而大大提高了商品流转的速度。可以说，配送不仅是市场经济的产物，而且也是科学技术进步的产物。

4. 配送是一种专业化的流通分工方式

以往的送货形式只是作为推销的一种手段，目的仅仅在于多销售一些商品。而配送则是一种专业化的流通分工方式，是大生产、专业化分工在流通领域的体现。因此，如果说一般的送货是一种服务方式的话，配送则是一种物流体制形式。它根据客户的订货要求准确及时地为其提供物资保证，在提高服务质量的同时，可以通过专业化的规模经营获得较低的成本。

（三）配送的意义

1. 配送能够促进物流资源的合理配置

现代物流正朝着科学化、合理化、全球化、信息化、网络化和智能化等方向发展。而就现代物流的本质而言，配送保障了物品移动低成本运作和面向客户的高效率服务的实现，在这一过程中发挥着重要作用。

2. 配送是降低物流成本的有效途径

现代配送是以专业化为基础的综合性的流通活动。配送对于降低物流成本的意义体现在供应链物流和整体社会物流上，具体说来就是集中社会库存和分散的运力，以配送企业的库存取代分散于各家各户的库存，进而以社会供应系统取代企业内部的供应系统。同时，由于现代化、智能化的配送设备和技术手段的采用，配送活动进一步灵活化和高效化，这使得“用时间消灭空间”成为可能，从而使一些企业的“零库存”生产成为可能。

3. 配送能够有效促进流通的组织化和系列化

物流属于流通的范畴。因此，物流的变革和现代化必然会推动流通的现代化。配送作为现代物流的重要内容，其发展体现着社会分工的专业化和物流资源配置的整合化，从而也促进了流通的组织化和系列化。

二、配送的类型

（一）按配送商品种类及数量不同来分类

1. 单（少）品种大批量

一般来说，对于工业企业需要量较大的商品，由于单独一个品种或几个品种就可以达到较大输送量，可以实行整车运输，这种情况下就可以由专业性很强的配送中心实行配送，往往不需要再与其他商品进行搭配，如粮食、煤炭等。

2. 多品种、少批量配送

多品种、少批量配送是根据用户的要求，将所需的各种物品（每种物品的需要量不大）配备齐全，凑整装车后由配送据点送达用户。这种方式也与现代社会中的“消费多样化”“需求多样化”等新观念刚好相符。

3. 配套配送

这种配送方式是指根据企业的生产需要，配送企业承担了生产企业大部分的供应工作，使生产企业可以专注于生产，与多品种、少批量的配送效果相同。生产企业配套设备的配送如图7-1所示。

图 7-1　生产企业配套设备的配送

（二）按配送组织者不同来分类

（1）商店配送。这种配送形式的组织者是商业或物资的门市网点，这些网点主要承担商品的零售，一般来说规模不大，但经营品种却比较齐全，如连锁门店等。

（2）配送中心配送。这种配送的组织者是专职配送中心，规模比较大。其中：有的配送中心由于需要储存各种商品，储存量也比较大；也有的配送中心专职组织配送，因此储存量较小，主要靠附近的仓库来补充货源。

（3）仓库配送。这种配送形式是以一般仓库为据点来进行配送。它可以把仓库完全改造成配送中心，也可以在保持仓库原功能前提下，以仓库原功能为主，再增加一部分配送职能。

（4）生产企业配送。这种配送的组织者是生产企业，尤其是进行多品种生产的生产企业，如医药生产企业配送。

（三）按配送时间及数量不同来分类

（1）定时配送。定时配送是指按规定时间间隔进行配送。

（2）定量配送。定量配送是指按照规定的批量，在一个指定的时间范围内进行配送。

（3）定时定量配送。定时定量配送是指按照所规定的配送时间和配送数量进行配送。这种方式兼有定时、定量两种方式的优点。

（4）定时、定线路配送。定时、定线路配送是指在规定的运行路线上，制订到达时间表，按运行时间表进行配送，用户则可以按规定的路线及规定的时间接货以及提出配送要求。

补充资料

我国即时配送市场分析及发展

（5）即时配送。即时配送是指完全按照用户突然提出的时间、数量方面的配送要求，随即进行配送的方式，这是有很高灵活性的一种应急的方式。

（四）按经营形式不同来分类

（1）销售配送。销售配送是指配送企业是销售性企业，或者是指销售企业将其作为销售战略一环所进行的促销型配送。一般来讲，这种配送的配送对象是不固定的，用户也往往是不固定的，配送对象和用户往往是根据对市场的占有情况而定，其配送的经营状况也取决于市场状况，因此，这种形式的配送随机性较强，而计划性较差。各种类型的商店配送一般多属于销售配送。

（2）供应配送。供应配送是指用户为了自己的供应需要所采取的配送形式。在这种配送形式下，一般来讲是由用户或用户集团组建配送据点，集中组织大批量进货（以便取得批量折扣），然后向本企业配送或向本企业集团若干企业配送。在大型企业或企业集团或联合公司中，常常采用这种配送形式组织对本企业的供应，例如商业中广泛采用的连锁商店就常常采用这种方式。

（3）销售-供应一体化配送。销售-供应一体化配送是指对于基本固定的用户和基本确定的配送产品，销售企业可以在自己销售的同时，承担用户有计划供应者的职能，既是销售者，同时又成为用户的供应代理人，起到用户供应代理人的作用。

销售-供应一体化的配送是配送经营中的重要形式，这种形式有利于形成稳定的供需关系，有利于采取先进的计划手段和技术手段，有利于保持流通渠道的畅通稳定。

（4）代存代供配送。代存代供配送是指用户将属于自己的货物委托给配送企业代存、代供，有时还委托代订。这种配送在实施时不发生商品所有权的转移，配送企业只是用户的委托代理人。商品所有权在配送前后都属于用户所有，所发生的仅是商品物理位置的转移。配送企业仅从代存、代送中获取收益，但不能获得商品销售的经营性收益。在这种配送方式下，商、物是分流的。

三、配送的流程

配送作业是按照用户的要求，把货物分拣出来，按时按量发送到指定地点的过程。从总体上讲，配送是由备货、理货和送货三个基本环节组成的。其中每个环节又包含若干项具体的、枝节性的活动。配送作业是配送企业或部门运作的核心内容，因而配送作业流程的合理性以及配送作业效率的高低都会直接影响整个物流系统的正常运行。

当收到用户订单后，首先将订单按其性质进行“订单处理”，之后根据处理后的订单信息，进行从仓库中取出用户所需货品的“拣货”作业。拣货完成，一旦发现拣货区所剩余的存货量过低时，则必须由储存区进行“补货”作业。如果储存区的存货量低于规定标准时，便向供应商采购订货。从仓库拣选出的货品经过整理之后即可准备“发货”，等到一切发货准备就绪，司机便可将货品装在配送车上，向用户进行“送货”作业。另外，在所有作业进行中，可发现只要涉及物的流动作业，其间的过程就一定有“搬运”作业。

配送作业的流程涉及很多作业环节，根据物品在配送作业中的流转，主要工序化分工为进货作业、订单处理、拣货作业、补货作业、配货作业、送货作业等环节。

（一）进货作业

1. 进货作业

进货作业包括接货、卸货、验收入库，然后是将有关信息书面化等一系列工作。进货作业的基本流程如图7- 2所示。

在其流程安排中，应注意以下事项：

（1）应多利用配送车司机卸货，以减少公司作业人员和避免卸货作业的拖延。

（2）尽可能将多样活动集中在同一工作站，以节省必要的空间。

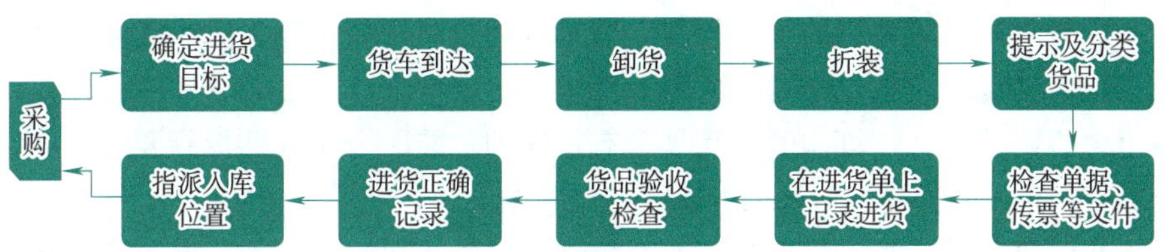

图 7-2　进货作业流程

（3）尽量避开进货高峰期，并依据相关性安排活动，以达到距离最小化。

（4）详细记录进货资料，以备后续存取核查。

2. 验收工作内容

验收工作内容如图7-3所示。到达配送中心的商品，经验收确认后，必须填写“验收单”，并将有关入库信息及时准确地登入库存商品信息管理系统，以便及时更新库存商品的有关数据。货物信息登录的目的在于为后续作业环节提供管理和控制的依据。此外，对于作业辅助信息也要进行搜集与处理。

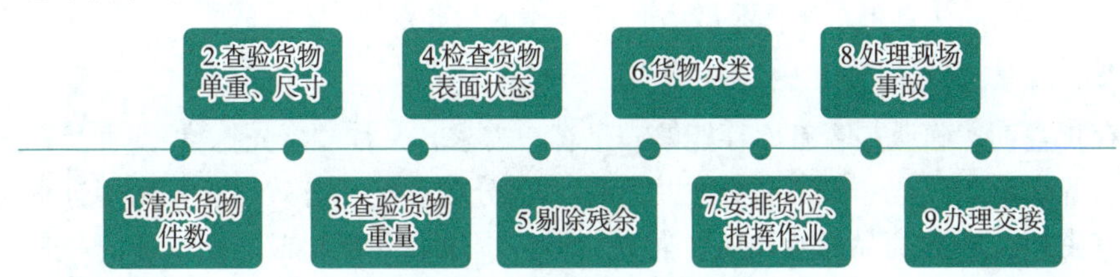

图 7-3　验收工作内容

（二）订单处理

1. 订单处理的含义

从接到客户订单开始到着手准备拣货之间的作业阶段，称为订单处理。

2. 订单处理的基本内容

（1）接受订货。接受订货是订单处理的第一步。随着流通环境的变化和现代科技的发展，接受客户订单的方式也渐渐由传统的人工下单、接单，演变为计算直接发送、接收订货资料的电子订货方式。

（2）订单确认。接单之后，必须对相关事项进行确认。主要包括以下几方面：

①货物数量及日期的确认。即检查品名、数量、送货日期等是否有遗漏、笔误或不符合公司要求的情形。尤其当送货时间有问题或出货时间已延迟时，更需与客户再次确认订单内容或更正运送时间。

②客户信用的确认。不论订单是由何种方式传至公司，配送系统都要核查客户的财务状况，以确定其是否有能力支付该订单的账款。通常的做法是检查客户的应收账款是否已超过其信用额度。

③订单形态确认。面对较多的交易对象时，不同客户会有不同交易要求，因此，在接受订货业务上，会有多种订单的交易形态，如现销式交易订单、间接交易订单、合约式交易订单等。一般交易订单通常接单后按正常的作业程序拣货、出货、发送、收款。其处理方法即接单后按正常作业流程处理。

④订单价格确认。对于不同的客户（批发商、零售商）、不同的订购批量，可能对应不同

的售价，因而输入价格时系统应加以检核。若输入的价格不符（输入错误或业务员降价接受订单等），系统应加以锁定，以便主管审核。

⑤加工包装确认。客户订购的商品是否有特殊的包装、分装或贴标等要求，或是有关赠品的包装等资料系统，都需加以专门的确认记录。

（3）设定订单号码。每一订单都要有个单独的订单号码，号码由控制单位或成本单位指定，除了便于计算成本外，还可用于制造、配送等一切有关工作，且所有说明单及进度报告均应附此号码。

（4）建立客户档案。任何一个企业要实现利润的最大化，必定要在提高客户满意度、提高市场占有率和提高销售额方面采取合理的措施，这一切必将涉及客户信息的收集与分析，物流配送企业也是如此。而要实现对客户信息准确、有效的管理与分析，建立一套实用、完整的客户档案资料不失为一条有效的途径。良好而完整的客户档案数据的建立，可以为企业对市场预测做出正确的分析，提高工作效率，同时也能使企业和客户的经营思路有连续性，对于出现的问题也能够及时对症下药。另外，这个档案还可以增加下线客户对经销商的信任，会把经销商对他们的认真负责当作是双方长远合作的重要保障。

3. 存货分配

（1）存货查询。确认是否有库存能够满足客户需求，又称“事先拣货”。存货档案的资料一般包括货品名称、代码、产品描述、库存量、已分配存货、有效存货及期望进货时间。查询存货档案资料，看此商品是否缺货，若缺货则应提供商品资料或是此缺货商品是否已经采购但未入库等信息，便于接单人员与客户协调是否改订其他替代品或是允许延后出货等权宜办法，以提高接单人员的接单率及接单处理效率。

（2）分配存货。订单资料输入系统确认无误后，最主要的处理作业在于如何将大量的订货资料做最有效的汇总分类、调拨库存，以便后续的物流作业能有效地进行。一般来说，存货分配有单一订单分配和批次分配两种模式。

接单后，订单处理的步骤如图7-4所示。

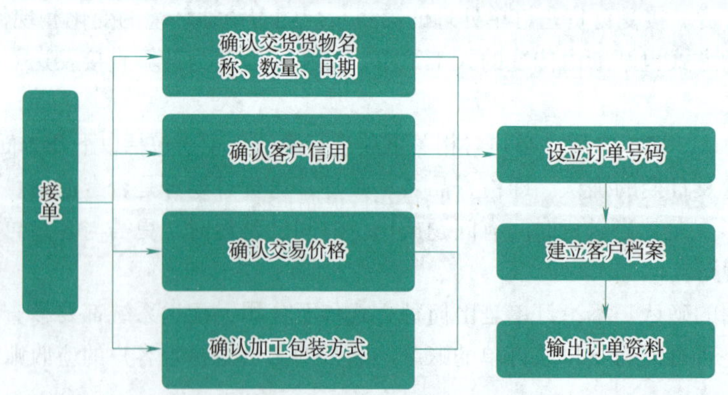

图 7-4　订单处理的步骤

（三）拣货作业

拣货作业是配送作业的中心环节。所谓拣货，是依据顾客的订货要求或配送中心的作业计划，尽可能迅速、准确地将商品从其储位或其他区域拣取出来的作业过程。拣货作业系统的重要组成元素包括拣货单位、拣货方式、拣货策略、拣货信息、拣货设备等。

1. 拣货作业流程

拣货作业被称为配送中心的“心脏”，在配送作业环节中不仅工作量大、工艺复杂，而且要求作业时间短、准确度高、服务质量好。拣货作业流程如下：生成拣货作业资料、安排拣货路径、分派拣货人员、拣货。整个拣货作业所消耗的时间主要包括以下四大部分：

（1）订单或送货单经过信息处理，形成拣货指示的时间。

（2）行走或搬运货物的时间。

（3）准确找到货物的储位并确认所拣货物及数量的时间。

（4）拣取完毕，将货物分类集中的时间。

2. 拣货方式

拣货作业最简单的划分方式，是将其分为按订单拣取、批量拣取与复合拣取三种方式。按订单拣取是分别按每份订单拣货；批量拣取是多张订单累积成一批，汇总后形成拣货单，然后根据拣货单的指示一次拣取商品，再根据订单进行分类；复合拣取是将以上两种方式组合起来的拣货方式，即根据订单的品种、数量及出库频率，确定哪些订单适合按订单拣取，哪些适合批量拣取，然后分别采取不同的拣货方式。

（四）补货作业

补货作业是将货物从仓库保管区域搬运到拣货区的工作，其目的是确保商品能保质保量按时送到指定的拣货区。

补货的方式可以根据仓库的布局和货物存储的情况进行选择。以下是常见的补货方式：

（1）整箱补货：这种补货方式是由货架保管区补货到流动货架的拣货区。它适合于体积小、数量少、品种多的货物。

（2）托盘补货：这种补货方式是以托盘为单位进行补货。它适合于体积大或出货量大的货物。

（3）货位补货：这种补货方式主要是用于保管区与拣选区处于同一货位的操作。

补货时机通常与库存水平有关。当库存水平下降到一定程度，或者库存满足率不能满足需求时，就需要进行补货。补货时机有以下三种：

①批次补货。每天由计算机计算所需货物的总拣取量和查询动管区存货量后得出补货数量，从而在拣货之前一次性补足，以满足全天拣货量。这种一次补足的补货原则，较适合一日内作业量变化不大、紧急插单不多或是每批次拣取量大的情况。

②定时补货。把每天划分为几个时点，补货人员在时段内检查动管拣货区货架上的货品存量，若不足则及时补货。这种方式适合分批拣货时间固定且紧急处理较多的配送中心。

③随机补货。指定专门的补货人员，随时巡视动管拣货区的货品存量，发现不足则随时补货。这种方式较适合每批次拣取量不大、紧急插单多以至于一日内作业量不易事先掌握的情况。

（五）配货作业

配货作业是指把拣取分类完成的货品经过配货检查过程后，装入容器和做好标示，再运到配货准备区，待装车后发送。配货作业既可采用人工作业方式，也可采用人机作业方式，还可采用自动化作业方式，但组织方式有一定区别。

（六）送货作业

送货作业是利用配送车辆把用户订购的物品从制造厂、生产基地、批发商、经销商或配送中心送到用户手中的过程。送货通常是一种短距离、小批量、高频率的运输形式，它以服务为目标，以尽可能满足客户需求为宗旨。

在各阶段的操作过程中，需要注意的要点有：明确订单内容、掌握货物的性质、明确具体配送地点、适当选择配送车辆、选择最优的配送线路及充分考虑各作业点装卸货时间。送货作业的一般业务流程如图7-5所示。

图 7-5　送货作业的一般业务流程

补充资料

配送的模式

补充资料

生鲜物流配送的四种模式

任务实施

实施步骤	实施内容
步骤一	随着新零售业务的飞快发展，人们越来越离不开配送这一物流要素，一件商品是如何从工厂到消费者手中的，这件商品经历了哪些环节？以自己的实习经历归纳描述配送业务的特点、存在的问题及未来配送活动的发展趋势，并对配送业务特点进行归纳分析
步骤二	配送业务信息收集整理：通过调研考察或查询资料，分析配送企业的各种功能要素
步骤三	配送业务流程研讨：通过研讨案例，分析配送企业的基本工作流程，且能准确说明商品从工厂到消费者手中的配送过程
步骤四	小组互评、教师点评，填写考核评价表

任务评价

专业：＿＿＿＿＿　班级：＿＿＿＿＿　姓名：＿＿＿＿＿　组别：＿＿＿＿＿

<table>
<tr><td>内容</td><td colspan="2">评分标准</td><td>满分</td><td>得分</td></tr>
<tr><td rowspan="5">配送业务调研</td><td colspan="2">详细收集整理配送业务信息资料</td><td>20</td><td></td></tr>
<tr><td colspan="2">能归纳出至少三个配送业务特点</td><td>20</td><td></td></tr>
<tr><td colspan="2">能归纳出配送的功能要素</td><td>20</td><td></td></tr>
<tr><td colspan="2">较熟练绘制配送企业基本工作流程图</td><td>20</td><td></td></tr>
<tr><td colspan="2">基于生活体验，创新性分析现代配送业务流程</td><td>20</td><td></td></tr>
<tr><td colspan="3">合计</td><td>100</td><td></td></tr>
<tr><td>小组名称</td><td></td><td>小组成员</td><td colspan="2"></td></tr>
<tr><td>教师评语</td><td colspan="4"></td></tr>
</table>

考核日期：＿＿年＿＿月＿＿日

工作任务二　设计与实施配送作业方案

任务分析

配送综合作业是针对配送中心内对订单处理、补货作业、拣选作业、信息处理、经营管理等多方面的数据进行分析，以完成配送中心组织管理和作业流程实施。现场问题分析与处理，使得配送中心作业活动更加顺畅。晓文今天的实训任务是对某配送中心进行综合作业流程的方案设计，并创新性地对业务流程进行优化。

准备工作

◎查找配送中心的宣传资料或视频。

◎查询某配送中心的基本情况、类型、作业流程。

◎分析配送中心规划与选址的影响因素。

建议学时

课前，1学时　　课中，1学时　　课后，0.5学时

知识储备

一、配送中心认知

（一）配送中心的概念

《物流术语》（GB/T 18354—2021），对配送中心的定义是：具有完善的配送基础设施和信息网络，可便捷地连接对外交通运输网络，并向末端客户提供短距离、小批量、多批次配送服务的专业化配送场所。

在实际生活中，配送和其他经济活动一样，通常也是由专业化的组织来进行安排和操作的。配送中心是接受并处理末端用户的订货信息，对上游运来的多品种货物进行分拣，根据用户订货要求进行拣选、加工、组配等作业，并进行送货的设施和机构。从配送中心是开展商品配送及其相关业务的场所这个角度来看，一个完整的配送中心内部结构首先要有基本的硬件设施如足够的场地和仓库，其次还需要有保障配送中心内各项活动有效运作的各种设备，最后也是最重要的，配送中心所还需具备进行现代化管理的计算机软、硬件。某连锁超市华南生鲜配送中心如图7-6所示，多温层冷藏配送中心如图7-7所示。

图 7-6 某连锁超市华南生鲜配送中心

图 7-7 多温层冷藏配送中心

因此，作为从事配送业务且具有完善的信息网络的场所或组织，必须要符合公司整体发展的战略和实际运营需求。配送中心是物流运作的核心环节，建设与运营中需要满足以下要求：

（1）配送中心的选址应合理，符合公司战略发展的需要，并且要考虑到交通状况、经济环境等因素。

（2）配送中心的设计和建设应符合公司的运营策略和规模，要能满足货物的存储、分拣、包装、配送等各项功能的需求。

（3）配送中心的运营应具备高效性、稳定性、安全性和环保性等特点，以满足公司对物流成本、效率和质量的要求。

（4）配送中心应具备完善的信息化管理体制，能实现信息的实时采集、分析和处理，提高决策效率和响应速度。

（5）配送中心应具备完善的物流配送网络，能实现货物的集中配送和优化调配，提高物流效率和服务水平。

（6）配送中心应具备完善的质量管理体系，包括对货物的验收、存储、分拣、包装、配送等环节的管理，确保货物的质量和服务水平。

（7）配送中心应具备完善的员工培训和管理体系，提高员工素质和工作技能，确保运营的稳定性和安全性。

（8）配送中心应与供应商、客户等合作伙伴建立良好的合作关系，实现信息的共享和协同作业，提高整体运营效率和服务水平。

总之，配送中心运营中要注重质量管理和信息化管理，提高运营效率和服务水平，以实现公司的可持续发展。

（二）配送中心的功能

配送中心作为一个多功能、集约化的物流节点，作为现代物流方式和优化销售手段，把集货、储存、流通加工、拣选、配送、装卸搬运、信息处理，甚至包括订货等作业有机地结合起来，形成多功能、集约化和全方位服务的供货枢纽。配送中心功能介绍如下：

（1）集货功能。配送中心的集货功能是指其从众多供应商那里按照客户需要的品种进行较大批量的进货，以备齐所需商品的过程。这是配送中心的基础职能，也是其取得规模优势的基础所在，集货功能有助于确保有足够的商品满足客户的需求。配送中心需要定期或不定期地从各种供应商那里采购商品，以保证其库存始终能够满足不同客户的需求。这涉及与供应商之间的合作和协调，以及有效的库存管理。配送中心应根据市场的供求变化情况，制订并及时调整统一的、周全的采购计划，由专门的人员与部门组织实施。

（2）储存功能。配送中心的服务对象是为数众多的企业和商业网点（如超级市场和连锁店），配送中心的职能和作用是：按照用户的要求及时将各种配装好的货物送交到用户手中，满足生产需要和消费需要。为了顺利而有序地向用户配送商品（货物），以及更好地发挥保障生产和消费需要的作用，通常，配送中心都要兴建现代化的仓库并配备一定数量的仓储设备，储存一定数量的商品。某些区域性大型配送中心和开展“代理交货”配送业务的配送中心，不但要在配送货物的过程中储存货物，而且它所储存的货物数量更大、品种更多。

（3）流通加工功能。为了扩大经营范围和提高配送水平，目前，国内外许多配送中心都配备了各种加工设备，由此形成了一定的加工（系列加工）能力。这些配送中心能够按照用户提出的要求和根据合理配送商品的原则，将组织进来的货物加工成一定的规格、尺寸和形状，由此而形成了加工功能。加工货物是某些配送中心的重要活动。配送中心积极开展加工业务，不但大大方便了用户，省却了后者不少烦琐劳动，而且有利于提高物质资源的利用效率和配送效率。此外，对于配送活动本身来说，客观上则起着强化其整体功能的作用。

（4）拣选功能。作为物流节点的配送中心，其服务对象（即客户）是为数众多的企业（配送中心的服务对象少则有几十家，多则有数百家）。在这些为数众多的客户中，彼此之间存在着很多差别，不仅各自的性质不尽相同，而且其经营规模也不一样。据此，在订货或进货的时候，为了有效地进行配送（即为了能同时向不同的用户配送多种货物），配送中心必须采取适当的方式对组织进来（或接收到）的货物进行拣选，并且在此基础上，按照配送计划分装和配装货物。这样，在商品流通实践中，配送中心除了能够储存货物、具有储存功能外，它还有分拣货物的功能，能发挥分拣中心的作用。

（5）配送功能。由于每个用户企业对商品的品种、规格、型号、数量、质量、送达时间和地点等的要求不同，配送中心就要按用户的要求对商品进行组配和送货。配送中心的配送功能包括集货、分拣、加工和送货等环节，这些环节相互衔接、密切配合，共同实现将商品按时、按量、按质地送达用户的目标。同时，配送中心的配送功能也需要与仓储、装卸搬运、物流信息情报收集等其他功能相互配合，以提高物流效率和服务质量。

（6）装卸搬运功能。配送中心的装卸搬运功能是物流过程中的重要环节，涉及对输送、保管、包装、流通加工等物流活动进行衔接，以及在保管等活动中为进行检验、维护、保养所进行的装卸活动。具体来说，装卸搬运功能包括物资装卸、物资搬运、物资码放等。为了提高装卸搬运效率并减少货物损坏，配送中心通常会配备专业的装卸搬运设备，如叉车、吊车、传送带等。企业需要制定一套科学的装卸搬运流程，并培训专业的操作人员来执行这些任务。装卸搬运功能是配送中心正常运作不可或缺的一部分，它确保了物资在配送过程中的顺畅流转和高效管理。

（7）信息处理功能。现代化配送中心的配送中心信息系统的建设及管理是关键。配送中心信息系统包括销售出库管理系统、采购入库管理系统、财务会计系统、经营绩效管理系统。大多数物流活动都是集中在配送中心进行的，可以说配送中心的信息系统管理情况是整个物流系统经营好坏的标志，是实现物流配送的基础工作。同时，物流配送中心信息管理受其功能及作业的制约。配送中心不仅对物流活动具有支持保障的功能，而且具有连接整个供应链和使整个供应链活动效率化的功能。

配送中心的七大功能相互关联、互为支撑。从集货到储存，再到分拣配送和信息处理，每个环节都需要紧密配合（见图7-8），确保物流运作的高效和准确。同时，随着技术的发展和市场的变化，配送中心的工作流程也需要不断优化和创新，以适应新的挑战和机遇。

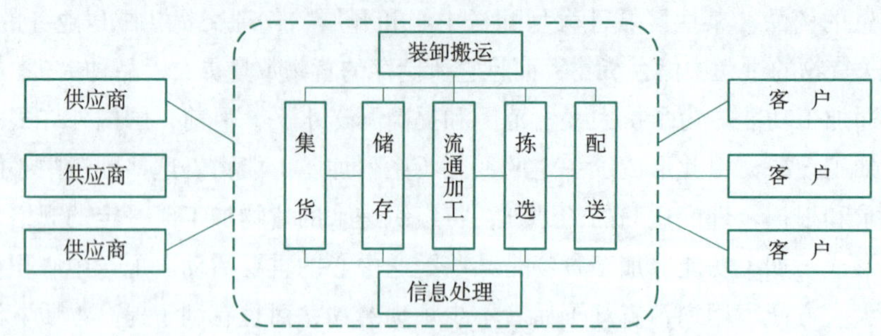

图 7-8 配送中心的七大功能

补充资料

配送中心的作用

补充资料

哈药物流配送中心

二、配送中心的类型

配送中心是基于物流合理化和拓展市场的需要而发展起来的，也是物流领域中社会分工、专业分工进一步细化而产生的。在配送实践中由于建造企业的背景不同，基本配送中心的功能、构成和运营方式会有很大区别。因此，在配送中心规划时应充分注意配送中心的类别和特点，具体分类方式如下：

（一）按配送中心的设立者分类

1. 制造商型配送中心

这种配送中心里的商品100%是由自己生产制造，用以降低流通费用、提高售后服务质量和及时地将预先配齐的成组元器件运送到规定的加工和装配工位。从商品制造到生产出来后条码和包装的配合等多方面都较易控制，所以按照现代化、自动化的配送中心设计比较容易，但不具备社会化的要求。

2. 批发商型配送中心

商品从制造者到消费者之间的传统流通有一个环节叫批发。一般是按部门或商品类别的不同，把每个制造厂的商品集中起来，然后以单一品种或搭配向消费地的零售商进行配送。这种配送中心的商品来自各个制造商，它所进行的一项重要的活动便是对商品进行汇总和再销售，而它的全部进货和出货都是社会配送的，社会化程度高。批发商型配送中心如图7-9所示。

3. 零售商型配送中心

零售商发展到一定规模后，就可以考虑建立自己的配送中心，为专业商品零售店、超级市场、百货商店、建材商场、粮油食品商店、宾馆饭店等服务。社会化程度介于制造商型配送中心和批发商型配送中心之间。零售商型配送中心如图7-10所示。

图 7-9　批发商型配送中心

图 7-10　零售商型配送中心

4. 专业物流配送中心

专业物流配送中心是以第三方物流企业（包括传统的仓储企业和运输企业）为主体的配送中心。这种配送中心最强的是运输配送能力，地理位置优越，如港湾、铁路和公路枢纽，可迅速将到达的货物配送给用户。它提供仓储货位给制造商或供应商，而配送中心的货物仍属于制造商或供应商所有，配送中心只是提供仓储管理和运输配送服务。这种配送中心的现代化程度往往较高。专业物流配送中心模式如图7-11所示。

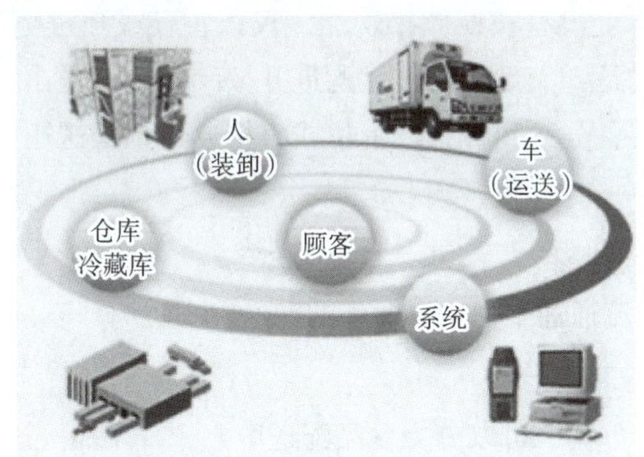

图 7-11　专业物流配送中心

（二）按服务范围分类

1. 城市配送中心

以城市作为配送区域范围的配送中心为城市配送中心。由于在城市范围内的生产与消费较为集中，物流量大，且汽车运输发达，这种配送中心可直接配送到最终客户。所以，这种配送中心往往和零售经营相结合。

2. 区域配送中心

区域配送中心指有较强的辐射能力和库存准备，向省（州）际、全国乃至国际范围的客户配送货物。这种配送中心通常规模较大，客户较多，配送批量也较大，经营范围不一，既可以配送给下一级的配送中心，也可以配送给商店、批发商和企业客户，或许还从事零星的配送，但不是主体形式。

3. 中央配送中心

中央配送中心是一个组织或者公司的最核心的且统管其下其余配送中心的配送中心，其主要为大客户实行配送业务，同时通过城市配送中心向小客户提供配送服务，形成双层次配送网络。双层次配送网络分布如图7-12所示。

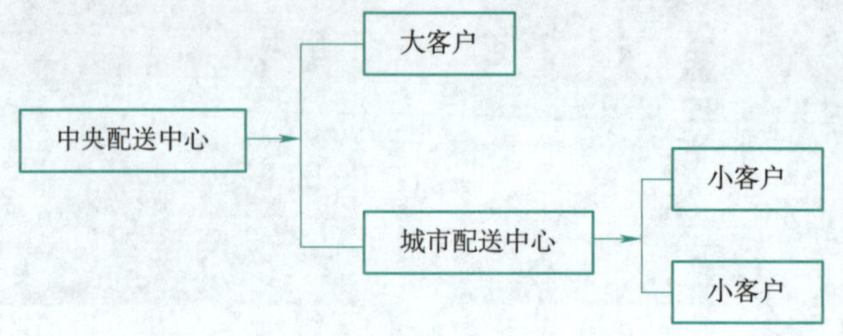

图 7-12　双层次配送网络分布

（三）按配送中心的功能分类

1. 储存型配送中心

储存型配送中心有很强的储存功能。一般来说，为了确保用户和下游配送中心的货源，这类储存型配送中心起到蓄水池的作用。

2. 流通型配送中心

流通型配送中心基本上没有长期储存功能，仅以暂存或随进随出方式进行配货、送货。这种配送中心的典型方式是：大量货物整体购进并按一定批量送出，采用大型分货机，进货时直接进入分货机传送带，分送到各客户货位或直接分送到配送用汽车上，货物在配送中心里仅做少许停滞。

3. 加工型配送中心

加工型配送中心是以流通加工为主要业务的配送中心。

（四）按配送货物的属性分类

根据配送货物的属性分类，可以分为食品配送中心、日用品配送中心、医药品配送中心、化妆品配送中心、家电产品配送中心、电子产品配送中心、书籍产品配送中心、服饰产品配送中心、生鲜配送中心和汽车零件配送中心等。

三、配送中心的作业流程

配送中心的作业流程是以配送服务需要的基本环节和工作流程为基础的。配送中心的特性或规模不同，其作业过程和作业环节会有所区别，但都是在基本流程基础上对相应的作业环节进行调整。

（一）配送中心的主要作业流程

1. 订单处理

（1）订单处理是与客户直接沟通的作业阶段，对后续的拣选作业、调度和配送产生直接的影响，是其他各项作业的基础。

（2）订单是配送中心开展配送业务的依据，配送中心接到客户订单以后需要对订单加以处理，据以安排分拣、补货、配货、送货等作业环节。

（3）订单处理方式有人工处理和计算机处理。目前主要采用计算机处理方式。

2. 补货

在不同的范围内，补货的含义有一定的区别。配送中心大多存储区与拣货区分离，因此会有对应的补货任务。配送中心补货作业是指将货物从仓库保管区域搬运到拣货区的工作过程。补货作业的目的是向拣货区补充适当的商品，以满足拣选作业的需求。

补货可分为定时补货和不定时补货。定时补货是指在非营业高峰时对拣货区物品进行补充。不定时补货是指只要拣货区物品即将出完，就立即补货。

补货的安排直接与拣选作业相关，所以补货作业需要精心安排，不仅是为了确保存量，也是为了将其安置于方便存取的位置。补货的方式有：

（1）整箱补货。这是由货架保管区补货到流动货架的动管区的补货方式。这种补货方式比较适合体积小且少量多样出货的物品。

（2）整托补货。这种补货方式是以托盘为单位进行补货。这种补货方式比较适合体积大或出货量多的物品。

（3）货架之间补货。这种补货方式为保管区与动管区属于一个货架，如果动管区的存货低于水准以下则可利用叉车将上层保管区的物品补充到下层动管区。这种补货方式比较适合体积不大、每个品项存货量不高，且出货多属于中小量的物品。

3. 分拣

分拣是将物品按品种、出入库先后顺序进行分门别类堆放的作业。分拣是配送不同于其他物流形式的功能要素，也是配送成败的一项重要支持性工作。它是完善送货、支持送货的准备性工作，是不同配送企业在送货时进行竞争和提高自身经济效益的必然延伸。所以，也可以说分拣是送货向高级形式发展的必然要求。有了分拣，就会大大提高送货服务水平。

4. 加工

加工是配送的前沿，它是衔接储存与末端运输的关键环节。流通加工是指物品在从生产领域向消费领域流动的过程中，流通主体（即流通当事人）为了完善流通服务功能，为了促进销售、维护产品质量和提高物流效率而开展的一项活动。

5. 配装

配装是配送中心为了顺利、有序、方便地向客户发送商品，对组织来的各种货物进行整理，并依据订单要求进行组合的过程。配货也就是指使用各种拣选设备和传输装置，将存放的货物，按客户的要求分拣出来，配备齐全，送入指定发货区。

6. 送货

配送业务中的送货作业包含将货物装车并实际配送，而达到这些作业则需要事先规划配送区域的划分或配送线路的安排，由配送路线选用的先后次序来决定商品装车顺序，并在商品配送途中进行商品跟踪、控制，制订配送途中意外状况及送货后问题的处理办法。

送货通常是一种短距离、小批量、高频率的运输形式。它以服务为目标，以尽可能满足客户需求为宗旨。

（二）配送中心的特殊作业流程

1. 储存型配送中心的作业流程

储存型配送中心对理货、分类、配货、配装功能要求较高，很少有流通加工的功能。这一类型的配送中心的作业流程如图7-13所示。这种作业流程也是配送中心的典型流程，其主要特点是有较大的储存、分拣、配货场所，作业装备也较大。

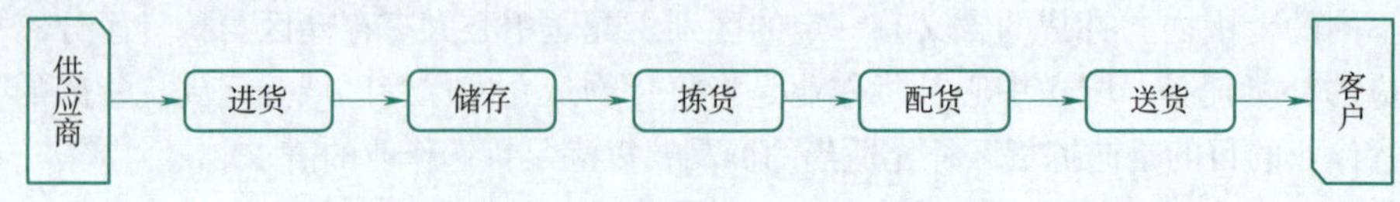

图 7-13　储存型配送中心作业流程

2. 流通型配送中心的作业流程

流通型配送中心的特点是专一配送职能。流通型配送中心只有货物暂存区，没有专门的储存区，只有为一时配送备货的暂时存货，没有大量库存。它的主要场所都用于理货和配货。流通型配送中心的作业流程如图7-14所示。

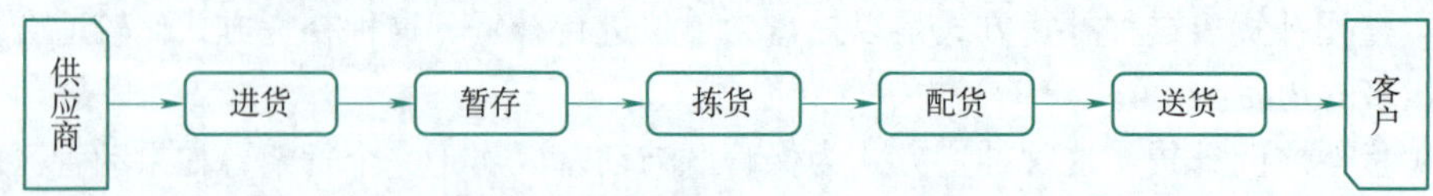

图 7-14　流通型配送中心的作业流程

3. 加工型配送中心的作业流程

加工型配送中心有多个模式，随加工方式不同而有所区别。典型的加工型配送中心的作业流程如图7-15所示。在这种流程中，货物按少品种或单一品种、大批量进货，货物品种很少而无须分类存放。加工一般是按客户的要求进行，加工后便直接按客户的要求配货。因此，加工型配送中心一般不单独设分货、配货或拣选环节，而加工部分及加工后分放部分是主要作业内容，占较多空间。

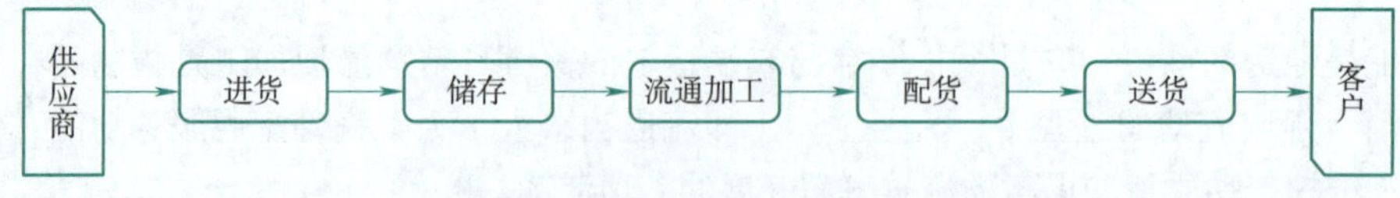

图 7-15　加工型配送中心的作业流程

4. 批量转换型配送中心的作业流程

在批量转换型配送中心，货物以单一品种、大批量方式进货，在配送中心转换成小批量后进行配送。批量转换型配送中心的作业流程如图7-16所示。这种配送中心的流程十分简单，基本上不存在分类、拣选、分货、配货、配装等工序。但是，由于是大批量进货，因此要求配送中心的储存能力较强，储存及装货作业最为重要。

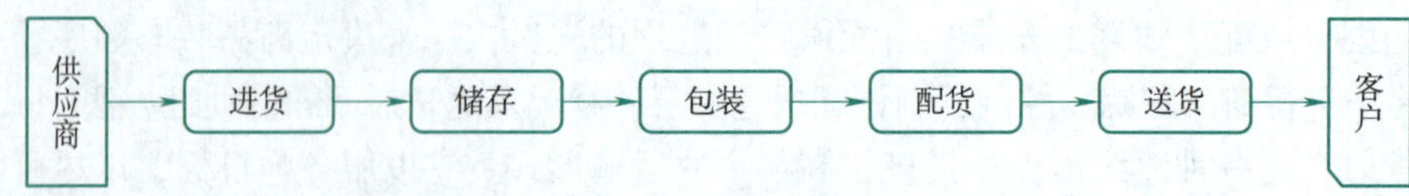

图 7-16　批量转换型配送中心的作业流程

四、配送中心选址与规划

（一）配送中心定位

配送中心定位是以配送服务需要的基本环节和工艺流程为基础的，配送中心的特性或规模不同，其作业过程和作业环节会有所区别，但都是在基本流程基础上对相应的作业环节进行调整。

1. 层次定位

整个物流系统中，流通中心定位于商流、物流、信息流、资金流的综合汇集地，具有非常完善的功能；物流中心定位于物流、信息流、资金流的综合设施，其涵盖面较流通中心为低，属于第二个层次的中心；配送中心如果具有商流职能，则属于流通中心的一种类型，如果只有物流职能则属于物流中心的一个类型，可以被流通中心或物流中心所覆盖，属于第三个层次的中心。

2. 横向定位

从横向来看，和配送中心作用大体相当的物流设施有仓库、货栈、货运站等。这些设施都可以处于末端物流的位置，实现资源的最终配置。不同的是，配送中心是实行配送的专门设施，而其他设施可以实行取货、一般送货，而不是按照配送要求有完善组织和设备的专业化流通设施。

3. 纵向定位

配送中心在物流系统中纵向的位置应该是：如果将物流过程按纵向顺序划分为物流准备过程、首端物流过程、干线物流过程、末端物流过程，配送中心是处于末端物流过程的起点。其所处的位置是直接面向用户的位置，因此，它不仅承担直接对用户服务的功能，而且根据用户的要求，起着指导全物流过程的作用。

4. 系统定位

在整个物流系统中，配送中心在系统中的位置是提高整个系统的运行水平。尤其是现代物流出现了利用集装方式在很多领域中实现了“门到门”的物流，将可以利用集装方式提高整个物流系统效率的物流对象做了很大的分流，所剩下的主要是多批量、多品种、小批量、多批次的货物，这种类型的货物是传统物流系统难以提高物流效率的对象。在包含着配送中心的物流系统中，配送中心对整个系统的效率提高起着决定性的作用。所以，在包含了配送系统的大物流系统中，配送中心是处于核心的位置。

5. 功能定位

配送中心的功能，是通过配货和送货完成资源的最终配置。配送中心的主要功能是围绕配货和送货而确定的，如有关的信息活动、交易活动、结算活动等虽然也是配送中心不可缺的功能，但是它们必然服务和服从于配货和送货这两项主要的功能。

（二）配送中心选址的原则

1. 适应性原则

配送中心的选址应与国家或地区的经济发展方针、政策相适应，与我国物流资源的分布和需求的分布相适应，与国民经济和社会发展相适应。

2. 协调性原则

配送中心的选址应将国家或地区的物流网络作为一个大系统来考虑，使配送中心的设施设备在地域分布、物流作业生产力、技术水平等方面与整个物流系统协调发展。

3. 经济性原则

配送中心的选址定在市区、近郊区或远郊区，其未来物流活动辅助设施的建设规模及建设费用、运费等物流费用是不同的，选址时应以总费用最低作为配送中心选址的经济性原则。

4. 战略性原则

配送中心的选址应具有战略眼光：一是要考虑全局；二是要考虑长远。局部要服从全局，眼前利益要服从长远利益，既要考虑目前的实际需要，又需考虑日后发展的可能。

（三）配送中心选址规划需考虑的因素

1. 交通条件

交通条件是影响物流效率和配送成本的重要因素，特别是大宗物资的配送。物流配送中心选址应接近交通运输枢纽，使配送中心形成物流过程中的一个恰当的结点。在有条件的情况下，配送中心应尽可能靠近交通要道，如高速公路、铁路货运站、港口、空港等。

2. 用地条件

配送中心需要占用一定数量的土地，用地必须符合国家的土地政策和城市规划。地价如何？是利用现有的土地，还是重新征地？是否符合政府规划要求？等等，在建设配送中心时都要进行综合考虑。

3. 货物分布和数量

配送中心应该尽可能地与生产地和配送区域形成短距离优化。货物数量是随配送规模的增长而不断增长的。货物增长率越高，越是要求配送中心选址的合理性，从而减少输送过程中不必要的浪费。

4. 经营环境

配送中心所在地区的优惠物流产业政策对物流企业的经济效益将产生重要影响，数量充足和素质较高的劳动力条件也是配送中心选址考虑因素之一。经营不同类型商品的配送中心最好能分别布局在不同地域。如生产型配送中心的选址应与产业结构、产品结构、工业布局等紧密结合进行考虑。物流费用是配送中心选址的重要考虑因素之一。大多数配送中心选择接近物流服务需求地，例如接近大型工业、商业区，以便缩短运距、降低运费等。

5. 其他因素

如人力资源因素、投资额的限制、运输与服务的方便程度等。

（四）配送中心内部规划

1. 作业区的规划设计

作业区是存储区的主体部分，是商品储运活动的场所。主要包括储存保管作业区、收验货作业区、拣选作业区、配送集货作业区。

2. 辅助区的规划设计

辅助区是为商品储运保管工作服务的辅助车间或服务站，辅助生产区包括停车场、变电室、维修站等。

3. 行政生活区的规划设计

一般设在仓库入口附近，便于业务接洽和管理，行政生活区与生产作业区应分开，并保持一定距离，以保证仓库的安全及行政办公和居民生活的安静。

4. 通道的规划设计

库房内的通道，分为运输通道（主通道）、作业通道（副通道）和检查通道。运输通道的宽度一般为1.5~3 m。作业通道是供作业人员存取搬运物品的走行通道。作业通道的宽度为1 m左右。检查通道是供仓库管理人员检查库存物品的数量及质量的走行通道，其宽度只要能使检查人员自由通行即可，一般为0.5 m左右。配送中心通道如图7-17所示。

图 7-17　配送中心通道

5. 墙间距的规划设计

墙间距的作用一方面是使货物和货架与库墙保持一定的距离，避免物品受库外温湿度的影响，同时也可作为检查通道和作业通道。墙间距一般宽度为0.5 m左右，当兼作作业通道时，其宽度需增加一倍。

补充资料

家乐福的选址分析报告

配送中心的业务管理与建设是一项系统工程，只有用普遍联系的、全面系统的、发展变化的观点分析，才能把握配送中心运作规律，更好地为配送作业提供场景，使得配送作业更加顺畅。因此在配送中心业务管理和建设过程中，我们要善于把握好特殊和一般、全局和局部、当前和长远、宏观和微观的关系，不断提高辩证思维、系统思维、创新思维，全局性谋划、整体性推进，为配送中心业务管理和建设提供科学思想方法并指导实践。

任务实施

实施步骤	实施内容
步骤一	配送中心订单处理：根据客户资料完成订单有效性分析，配送中心库存不足情况下完成客户优先权分析。利用物流信息系统进行订单处理
步骤二	编制补货作业计划：根据配送中心库存情况确定补货时机，将物品从货物保管区移动到拣选区。确定补货作业任务，编制补货作业计划，利用物流信息系统填制补货单据，并打印补货单
步骤三	配送中心拣选作业：根据有效客户订单进行处理，利用物流信息系统生成拣货单。确定合理的拣选方式，优化拣选路径，选择合理的拣选和搬运工具，在拣选过程中实现零货损、零失误、提高工作效率。月台理货后进行5S管理
步骤四	货物配装作业：根据拣选工作进程，按照货物配装原则，对待送货物进行配装方案设计并组织实施
步骤五	小组互评、教师点评，填写考核评价表

任务评价

专业：________ 班级：________ 姓名：________ 组别：________

内容	评分标准		满分	得分
配送作业方案与实施	根据配送中心客户信息资料完成订单处理		20	
	能合理选择补货时机，利用设备完成补货作业		20	
	能根据有效订单生成拣选单，利用设备完成拣选作业		20	
	能合理选择配送车辆，制订配载方案，绘制配载方案设计图。方案中具备车辆配载利用率及成本分析		20	
	以问题为导向，创新性提出解决问题的新思路		20	
合计			100	
小组名称		小组成员		
教师评语				

考核日期：______年______月______日

工作任务三　配送设备操作训练

任务分析

某配送中心配置一批常用的设施和设备，在正式投入使用前，要对员工进行培训。晓文也参与了此次培训，了解了设施和设备的使用要求，掌握了常用设施设备的操作规范与注意事项。配送中心工作人员告诉晓文，常用装卸搬运设备的操作中，使用者不仅要了解设备的性能和操作要求，还要学会做好日常维护和保养。这次的工作任务是配送设备操作训练。

准备工作

◎查询常见配送中心设施与设备使用要求与操作规范。

◎查询常见配送中心设备维护与保养方法。

◎实训场地物流配送设备准备与调试。

建议学时

课前，1学时	课中，1学时	课后，0.5学时

知识储备

一、物流设备与技术在配送中的应用

进入21世纪，科技的发展超乎人类的预期，越来越多的科技产品已经融入人们的生活，成为日常生活中不可分割的一部分。对于企业而言，新科技的产生将打破原有的工作模式，大大提高企业的工作效率，同时，物流信息技术的开放与发展也给配送中心带来了前所未有的竞争和挑战。

配送中心内的主要作业活动，基本上都与物流仓储、搬运、拣取等作业有关。配送中心所使用的物流设施设备就是指进行各项物流活动和物流作业所需要的设备与设施的总称。它既包括各种机械设备、器具，也包括所使用的各种现代化智能物流技术与设备。

（一）容器设备

容器设备包括搬运用容器、储存用容器、拣取用容器及配送用容器等，如纸箱、托盘、铁箱等，见表7-1。货物经过集装单元器具进行集装和组合包装后，提高了搬运活动性，货物随时处于准备流动的状态，便于储存、装卸搬运、运输等环节的合理组织，便于实现物流作业的机械化、自动化、标准化。

表 7-1 容器设备

类别	容器设备		
1. 搬运用容器	□ 纸箱 □ 托盘式折叠笼 □ 折叠架 □ 铁箱	□ 托盘 □ 折叠笼 □ 储运箱 □ 其他	
2. 储存用容器	□ 托盘	□ 折叠架	□ 其他
3. 拣取用容器	□ 托盘 □ 储运箱	□ 折叠笼 □ 台车	 □ 其他
4. 配送用容器	□ 托盘	□ 储运箱	□ 其他

（二）储存设备

储存设备是指在储存区进行作业活动所需要的设备器具，主要包括自动仓储设备、大型储存设备、多种小型储存设备等，见表7-2。可根据储存区使用的储运单位、容器式样及仓储需求量来选择适用的储存设备及数量。

表 7-2　储存设备

类别	存储设备
自动仓储设备	☐ 单元负载式　☐ 水平旋转式 ☐ 垂直旋转式　☐ 可拣取式 ☐ 轻负荷式　☐ 窄道式 ☐ 梭车式　☐ 其他
大型储存设备	☐ 重型托盘钢架　☐ 直入式钢架 ☐ 重量型流动棚架　☐ 移动式钢架 ☐ 开放式棚架　☐ 悬背式棚架 ☐ 积层式棚架　☐ 积叠架 ☐ 其他
多种小型储存设备	☐ 轻型移动储柜　☐ 轻型料架 ☐ 轻量型流动棚架　☐ 角钢架 ☐ 其他

（三）拣取设备

（1）人至物的分拣方法是指物品固定，拣货人员到物品位置把物品拣选出来的工作方式，主要设备包括：

①拣取用储存设备：包括托盘货架、轻型货架、储柜、流动货架、高层货架、数位显示货架。

②搬运设备：包括无动力台车、动力台车、动力牵引堆垛机、拣选车、搭乘式存取机、无动力输送机、动力输送机、计算机辅助台车等。

（2）物至人的拣选方法相反，拣货人员固定位置，等待设备把物品运至拣货者面前进行拣货。这种拣货设备的自动化水平较高，本身附有动力，所以能移动物品储位或把物品取出。

①拣取用储存设备：包括单元负载自动仓库、轻负载自动仓库、水平旋转自动仓库、垂直旋转自动仓库、梭车式自动仓库等。

②搬运设备：包括堆垛机、动力输送带、无人搬运车等。

（3）订单拣取设备：包括一般订单拣取设备、计算机辅助拣取设备（CAPS、计算机辅助拣货台车）、自动化订单拣取设备（A-frame系统，见图7-18）等。

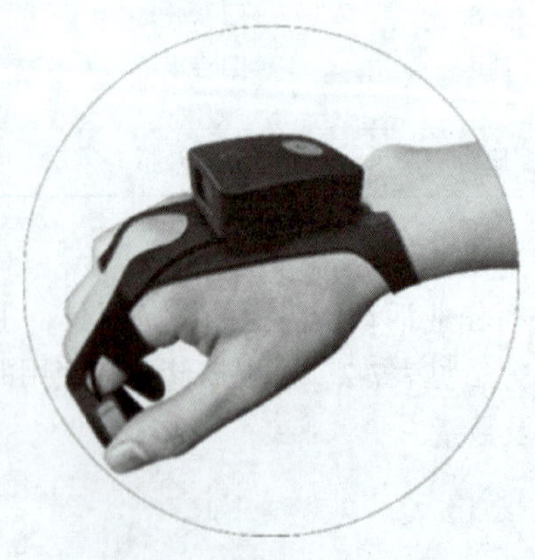

图 7-18　自动化订单拣取设备

（四）装卸搬运设备

装卸搬运设备是物流系统中使用频度最大、使用数量最多的一类机械设备，是物流机械设备的重要组成部分。装卸搬运设备包括自动化配合搬运设备、机械化搬运设备、输送带搬运设备、分类输送设备、垂直搬运设备等，见表7-3。

表 7-3　装卸搬运设备

类　别	装卸搬运设备	
自动化配合搬运设备	□ 自动仓储存取车 □ 轴驱动式搬运台车 □ 单轨式悬吊搬运台车 □ 其他	□ 无人搬运车
输送带搬运设备	□ 皮带式 □ 链条式 □ 其他	□ 滚筒式 □ 箕斗式
分类输送设备	□ 棋盘式 □ 浮出式 □ 其他	□ 推臂式 □ 滑块式
机械化搬运设备	□ 堆高机 □ 电动油压拖板车 □ 轨道式牵曳车	□ 油压拖板车 □ 台车 □ 牵曳车
垂直搬运设备	□ 垂直输送带 □ 升降梯（客货两用）	□ 升降梯（载货） □ 其他

（五）流通加工设备

流通加工设备是完成流通加工任务的专用机械设备，包括裹包集包设备（图7-19所示为裹包机）、外包装配合设备、印贴卷标条形码设备、拆箱设备、称重设备等见表7-4。

补充资料

配送中心常用装卸搬运设备

（六）物流外围辅助设备

物流外围辅助设备包括楼层流通设备、装卸货平台（见图7-20）、装卸载设备、容器暂存设备、废料处理设施等，需视配送中心经营者需求、特性而定。

表 7-4　流通加工设备

裹包集包设备	□ 裹包机 □ 其他	□ 装盒机
外包装配合设施	□ 钉箱机 □ 打带机	□ 裹包机 □ 其他
印贴卷标条形码设备	□ 网印设备 □ 条形码打印机	□ 喷印设备 □ 其他
拆箱设备	□ 拆箱机 □ 其他	□ 拆柜工具
称重设施	□ 称重机	□ 地磅

图 7-19 裹包机

图 7-20 装卸货平台升降设备

二、智慧物流设备在配送中的应用

（一）自动引导小车

自动引导小车（AGV）是一种用电池供电、无人驾驶的工业货车，可以通过编程进行路径选择和定位。通常与其他自动化系统（如CNC机床、工业机器人）集成起来使用，从而获得集成、柔性自动化的综合效益。

（二）巷道式堆垛机以及周边设备

巷道式堆垛机又称堆垛机，是自动化立体仓库的主要搬运、取送设备。它主要由立柱、载货台、货叉、运行机构、卷扬（或升降）机构和控制机构等组成。

（三）立体仓库

立体仓库是指采用高层货架以货箱或托盘储存货物，用巷道堆垛起重机及其他机械进行作业的仓库。自动化立体仓库的周边设备主要有液压升降平台、辊轴式输送机、台车、叉车、自动引导小车、托盘等。这些设备与堆垛机相互配合，构成完整的装卸搬运系统。

（四）智能分拣机器人

智能分拣机器人（见图7-21）的投资小、效率高、扩展性强、占地面积小，主要用于仓库分拣中心的中小件货物的分拣。

图 7-21 智能分拣机器人

（五）智能搬运机器人

智能搬运机器人（见图7-22）实现物料在对应工位之间的搬运，采用惯性导航与二维码识别技术，通过调度系统可灵活地改变路径，使效率最优。

图 7-22　智能搬运机器人

（六）智能快递车

智能快递车（见图7-23）最大可载重200 kg，可续航100 km，集成了高精地图、融合感知、行为预测、仿真、智能网联等十大核心技术，可以实现L4级别自动驾驶，提供物流“最后一公里”的基础运力服务。

图 7-23　智能快递车

（七）无人机快递

无人机快递是利用无线电遥控设备和自备的程序控制装置，操纵无人驾驶的低空飞行器，运载包裹，自动送达目的地。

（八）无人仓技术

1. 无人仓之眼——数据感知

由人、设备和流程等元素构成的仓库作业环境会随时随地产生大量的状态信息。过去，这些信息只能通过系统中数据的流转来进行监控，缺乏实时性，也难以对业务流程进行指导。而传感器技术的进步，带来了最新的数据感知技术，让仓库中的各种数据都可以迅速、精准地获取。

例如，传统的盘点是库内作业人员必须来到某一货位前，人工进行盘点。而通过视觉传感器拍摄库存照片，通过图像处理技术来分析实际库存和系统库存的差异，形成最终的盘点结果。图像处理、认知感知等可以迅速将传感器获取的信息转化为有效数据，而这些数据将成为系统感知整个仓库各个环节状态的依据，通过仓储管理系统的大数据、人工智能等模块，更好地生成决策指令，指导库内作业单元工作。

2. 无人仓的四肢——机器人

无人仓从商品入库、存储到拣货、包装、分拣、装车的环节都无须人力参与，形态各异的机器人成了无人仓的主角，机器人融入正是无人仓的重要特色之一。

占据配送中心核心位置的立体货架可以充分利用空间，让存储区从“平房”搬进“楼房”，有效利用了宝贵的土地面积。在狭窄货架间运转自如的料箱穿梭车是实现高密度存储、高吞吐量料箱进出的关键。它在轨道上高速运行，将料箱精准放入存储位或提取出来，送到传送带上，实现极高的出入库速度。

从立体货架取出的料箱会传送到一个机器人下面进行拣选，迅速把商品置入相应的包装箱内。这种灵巧迅捷的机械手是并联机器人，具备精度高、速度快、动态响应好、工作空间小等特色，能达到3 600次/h的拣选速度。它用令人眼花缭乱的动作迅速进行拣货，保证了整个无人仓生产的高效率。

无人仓中有大量貌似“扫地机”的机器人托着料箱有条不紊地忙碌着，这种自动导引小车可通过地上的二维码定位进行导航，并结合系统的调度，实现了整个仓库的合理安排生产。相较于传统的输送线的搬运方案，通过自动引导小车实现“货到机器人”的方式具有更高的灵活性。无人仓机器人机械臂如图7-24所示。

图 7-24　无人仓机械臂

3. 无人仓的大脑——人工智能算法

除了丰富及时的数据和高效执行的机器人，闪烁着人工智能光芒的核心算法更是无人仓的“软实力”。例如：在上架环节，算法将根据上架商品的销售情况和物理属性，自动推荐最合适的存储货位；补货环节，补货算法的设置让商品在拣选区和仓储区的库存量分布达到平衡；出库环节，定位算法将决定最适合被拣选的货位和库存数量，调度算法将驱动最合适的机器人进行货到“人/机器人”的搬运，以及匹配最合适的工作站进行生产……

“整个无人仓技术的实现，算法是核心和灵魂，能使库内作业效率极大提高。而这些算法的集合，将是人工智能在仓库的最好体现。”随着大数据和人工智能技术的迅猛发展，无人仓的“智力”还将持续提高，让仓储的运营效率不断逼近最优值。

丰富的数据感知、人工智能算法决策和机器人系统组成了无人仓的眼睛、大脑和四肢，面对大量货品的流动，进行有条不紊地冷静调配和操作。与传统的仓储模式相比，无人仓在运营效率、灵活性、吞吐量等方面跨上了一个新的台阶。

三、物流信息系统在配送中的应用

（一）配送中心物流信息技术

配送中心物流信息技术应用包括地理信息系统（GIS）、条码技术（Barcode technology）、电子数据交换（EDI）、计算机网络、射频技术（RFID）、全球定位系统（GPS）、IC卡技术、传感器技术、全球移动通信系统（GSM）等。

在物流中心功能要素上应用智能技术时，应该遵循这样的原则：实现同一功能要素中的某项作业时，要在不影响实施效果的前提下，尽量采取简便易行、投入成本较小的技术。在选择智能技术时，尽量选择多功能的技术，即选择用于多种物流要素的技术，这样可以减少引进或研发成本，节约时间，很快适应市场。配送中心物流信息技术应用服务功能见表7-5。

表 7-5　配送中心物流信息技术应用服务功能

要素名称	服务功能	主要技术
运输	在途驾驶员信息、路径引导、电子付费服务、运输车辆管理、紧急事件与货物安全、危险预警、货物跟踪	地理信息系统、条码技术、电子数据交换、计算机网络、射频技术、全球定位系统、IC 卡技术、传感器技术、全球移动通信系统
存储	货位管理、自动补货、存储安全	条码技术、计算机网络、传感器技术、射频技术、POS 系统
包装	自动识别、自动包装	条码技术、计算机网络
装卸搬运	自动分拣、自动分货	条码技术、计算机网络、人工智能
流通加工	作业管理	计算机网络
物流信息	订单管理、客户管理、设备管理	电子自动订货系统、电子数据交换、计算机网络、人工智能、客户关系管理、全球移动通信系统

（二）智慧化物流系统必备的功能

1. 物流自动化让设备具有了“自主性”功能

物流自动化设备是智慧物流执行系统，是具有“自主性”的物流作业执行单元，可以是一个部件或一个产品；通过“硬件”和“软件”构成“感知-判断-执行”的闭环，具备了自主感知、分析判断、自动执行的功能，具备了自主性的能力。

物流自动化不是智慧物流，初级物流自动化设备有时候连物流智能硬件都算不上。随着物流自动化技术的不断进步，陆续出现了主动感知功能、无线感知功能，并对感知的命令可以根据预设条件进行简单判断后自动执行的功能，是具备了状态感知、分析判断、自动执行功能，产生了自主性的智慧物流执行单元。

智慧物流执行系统如图7-25所示。

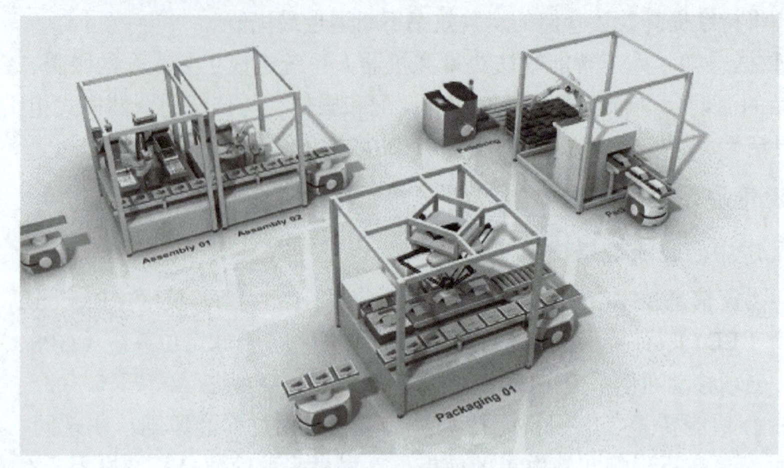

图 7-25　智慧物流执行系统

2. 物联网让物流系统具有了“互感知”功能

物联网技术的发展，可以实现货物与货物之间联网通信，可以实现机械与机械之间联网通信，激发物联网感知功能，可以实现货物与设备的信息互联互通，建立物流互联网。此时，单元化的设备除了具有自主感知自动执行的能力，还具备了设备之间的信息通信与互感知，多台设备与货物通过感知连接成物联网，就让物流系统群体的物品与设备之间具有了互感知的功能。在此基础上，通过制订简单的互感知与互影响规则，物流系统的群体智能就可以涌现了。

如：群体物流机器人可以联网作业，有规则地优化和安排各自的行程路径，设计出最短行走距离，托举货架实现货代人拣选，物流中心拣选人员不必在行走中拣选，大大减少了物流中心拣选人员的劳动；货物互感知和互影响，联网运作时就可以根据感知的出库流量分析和库存货物数量分析，按照简单规则分析判断，即可以智能地发出补货指令；卡车在配送中通过车联网系统，可以感知配送路径上某段路所行驶的车辆行驶速度，如果出现速度缓慢甚至停止，车联网系统即可以智能判断出是否出现拥堵，并根据大数据分析各车辆通过拥堵路段的平均时间，向配送车辆发出拥堵信息与通过拥堵路段时间，智能引导车辆更换路径；等等。

具备了连接组网的能力，借助物联网技术连接入网，在互联网基础设施上架构物流自动化系统，可以按照模块化理论对物流自动化系统进行柔性调整，实现状态感知、联网互动、判断决策、自动执行，这样的自动化系统具备了具有群体特征的基本智能。

3. 物流大脑让物流系统具备了“自学习”功能

物流系统具备了自主性与互感知，通过联网，按照简单的规则与固定的决策判断依据，通过软件控制实现物流系统的智能化，但是这样的系统仅仅涌现出了智能，知其然而不知其所以然，系统智能难以自我实现迭代升级进化，还需要通过人类赋能，重新设计软件，制订升级的决策判断算法与依据，实现智能升级，系统本身并不具备自己升级智能的能力。

但是，借助于物流系统的自主性与互感知，整个物流大系统可以产生大量的数据，物流系统全链路数据化之后，让物流大数据汇总至物流大脑，通过系统自学习的软件程序，让物流系统可以自动地计算和分析物流大数据，自主找出数据规律，自主学习系统经验，自我升级决策判断软件，并通过一切流程数据化对全链路物流运作系统赋能，让物流系统具备了自学习、自提升的功能。系统就产生了智慧的涌现性。

什么是智？按照智的本质，知晓曰智，也就是系统可以自我知晓，就具备了智。什么是能？会做为能，有才干和本事为能。根据自我知晓的信息自动完成指令就具备了智能。什么是慧？聪明有才智称慧，就是知其所以然，可以自主学习与提升。智慧就是知其然又知其所以然，掌握了规律，可以自主学习，自动提升。

智慧物流的发展必须要求物流系统知其然也要知其所以然，概括来讲，智慧物流，指的是基于物联网技术应用，实现互联网向物理世界延伸，互联网与物流实体网络融合创新，实现物流系统的状态感知、实时分析、科学决策与精准执行，进一步达到自主决策和学习提升，拥有一定智慧能力的现代物流体系。

目前，拥有人工智能的智慧物流思维系统将会是物流系统发展的一个新时代。新时代新征程，保持自信果敢、勇于变革、守正创新，我们可以让未来的物流系统具备自主性、互感知、互操作、自学习、自提升，而物流大脑则必将是集成了大数据、云计算、人工智能的智慧物流思维系统。

京东订单处理系统

京东订单处理系统是京东到家系统架构中的一个重要组成部分。该系统包括OFC系统框架图中的订单拆分、订单转移、订单计划引擎，以及与Promise系统、台账系统、订单中间件、分拣、面单和发票等相关系统的交互。

京东到家系统架构不仅包括了OFC系统和与订单处理相关的系统，还包括业务架构和运营支撑业务架构等。在业务架构中，B端用户针对的是商家，商家可以使用拣货App和拣货助手等工具进行操作。C端用户针对的是普通消费者，消费者可以通过京东到家App浏览和支付商品。此外，该系统还包括营销系统、业务系统和运营支撑系统等。具体流程包括：客户通过在线购物平台下单；订单进入订单管理系统，并在其中生成一个唯一的订单号；根据客户的要求和产品特性，订单管理系统确定最佳的配送方式和配送时间；订单处理系统将配送信息发送到仓库管理系统（WMS），WMS会根据客户的配送时间要求，准备好订单上的商品，并在适当的时间将商品装入配送车辆；配送车辆将商品送达到客户手中，并由客户在收货单上签名确认；订单处理系统将客户的签名确认信息接收回来，并将此信息与订单信息进行核对；一旦订单信息与客户收货信息匹配成功，该订单状态在系统中自动更改为已完成。

如果出现任何异常情况，例如配送延误、商品损坏等，订单处理系统将会自动将这些信息发送到客户服务部门进行处理。客户服务部门将会与客户进行沟通，解决问题，并根据情况对订单进行相应的处理。

问题思考：订单处理是配送企业的核心部分，必须确保流程的准确性和高效性，以提供优质的客户服务。但在实际运营中，订单处理时经常会出现库存分配后存货不足的情况，请思考应如何处理。

扫一扫

参考答案

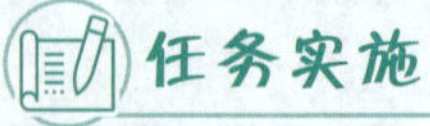

任务实施

实施步骤	实施内容
步骤一	叉车操作：起步、行驶、装卸搬运、停车、充电等
步骤二	手动液压托盘搬运车操作：码货、进叉、举叉、拉货、卸货等
步骤三	半自动推高车操作：检查、启动、行驶、叉载货物、搬运货物上架、完成卸货、回退堆高车、到指定的位置停车等
步骤四	电子标签拣选系统操作：输入客户订单、货位指示灯和品种显示器亮灯、拣货灭灯、货物传输等。根据拣选工作进程，按照货物配装原则，对待送货物进行配装方案设计并组织实施
步骤五	智能穿戴设备播种式（摘果式）拣选操作：登录、打开菜单界面；打开出库作业任务、选择拣货任务、扫描货位条码和商品条码；录入拣选商品数量、货物拣选完成、提交完成播种式（摘果式）拣选操作等
步骤六	小组互评、教师点评，填写考核评价表

任务评价

专业：__________ 班级：__________ 姓名：__________ 组别：__________

内容	评分标准		满分	得分
配送设备操作	符合设备使用要求，能按任务清单完成对货物的搬运		20	
	拣选设备与信息系统操作正确，能按任务清单完成对货物的拣选		20	
	能对配送中心设施设备进行日常维护与保养，使用后实施库内 5S 管理		20	
	具备爱岗敬业、吃苦耐劳、精益求精的劳动精神，树立操作中的安全意识		20	
	以问题为导向，创新性提出物流设备操作和维护的方法与技巧		20	
合计			100	
小组名称		小组成员		
教师评语				

考核日期：_____年_____月_____日

知识回顾

本情境主要介绍了配送的基本概念与特点、配送的分类、配送的流程与模式，配送中心的认知、配送中心的类型与作业流程、配送中心选址与规划，物流常用设备、智能信息技术设备、配送中心信息系统在配送中的应用。配送管理中注重树立安全意识和5S管理意识，培养爱岗敬业、吃苦耐劳、精益求精的劳动精神。本情境涉及的知识和技能如下：

（1）配送概述：配送的分类，配送的流程与模式。

（2）配送中心业务管理：配送中心的认知，配送中心的类型与作业流程，配送中心选址与规划。

（3）物流设备与技术在配送中的应用：常用物流设备、智能信息技术设备、配送中心信息系统在配送中的应用。

实践演练

晓文通过对配送企业的调研，了解了配送中心主要类型、作业流程、常用的物流设施与设备。请同学们根据学习，与晓文一起完成以下实践任务：

（1）能够根据企业的相关信息判断配送企业的配送类型、作业流程。

（2）能够根据具体的任务分析配送中心的类型，并根据配送中心特点进行选址与规划。

（3）能够熟练操作常用储配设备。

情境八

物流信息管理

情境描述

晓文在实习中发现，为了锁定终端竞争力，永辉超市应用先进的计算机网络通信技术实现卖场和仓储管理的自动化管理，所以晓文和其他实习的员工需要先接受系统化的培训，掌握软件的操作和设备的使用。

在收货环节，验收人员在收货区只要通过手持终端就可以逐一检查对照物品编码、数量、生产地、品种、规格、包装时间、保质时间等多种信息。在货位管理当中，通过在整个卖场内部署无线网络，手持终端的工作人员可以随时查询物品在货区的具体位置及空间状况；通过每天的抽样盘点，可以查看销售商品货位的存储情况、空间大小及物品的销售情况；记录系统货仓的区域、容量、体积和装备限度等，从而能够对历史数据加以分析，更加有效地使空间的使用率、商品进货量、商品的摆放最大限度上适应销售。

永辉超市提升了物流效率，增加了货物销售速度和仓库吞吐量并降低了运输成本，从而可以实现较少的仓库面积支持更多的门店，加快了其扩张速度；在货品、货位、价格管理等各个环节实时的信息采集和传输，大大加强了销售计划的准确性和灵活性，并杜绝了前端的差错；由于采用自动化技术，也减轻了员工的工作负担和复杂程度，提高了员工生产效率，还实现了无纸化运营。借助无线实时管理技术，永辉超市确保了在零售行业中的领先优势。

2023 年 7 月 28 日上午，永辉超市向其供货商（中原工贸公司）下达了订单，要求将订单货物在 7 月 29 日上午送达超市。晓文的任务是把这批货物（见表 8-1）完成商品信息的录入和商品运输中线路的规划，需要通过手持终端分别扫描验收合格产品的条形码，完成商品信息录入，同时能够设计在途商品的路线规划和跟踪，根据货位信息，遵循商品摆放原则，将商品陈列上架等，在岗位实践中不断提升自己的技能。

表 8-1　订单信息

订单编号：HH400293

客户名称	中原工贸公司		送货日期	2023 年 7 月 29 日	
客户编码	895632		送货地址	永辉超市	
接运方式	送货		承运商	大昌物流	
No. 货物名称	货物编号	规格（mm）	单位	计划数量（箱）	备注
1. 格兰仕微波炉	700890	400 × 600 × 500	箱	10	2 层堆垛
2. 美的蒸汽拖把	700893	400 × 800 × 500	箱	12	2 层堆垛
3. 格力吸尘器	700895	400 × 800 × 500	箱	10	2 层堆垛
4. 飞利浦电熨斗	700896	400 × 600 × 200	箱	20	5 层堆垛
5. 苏泊尔电压力锅	700897	400 × 600 × 500	箱	15	2 层堆垛

学习目标

知识传递	• 了解物流信息的基本概念和特征 • 理解物流信息在物流管理中的应用 • 掌握几种常见的物流信息技术在物流管理中的应用
能力培养	• 能够根据案例完成物联网在物流管理中的应用 • 能够使用几种常见的信息技术
素质培养	• 学会团队协作，善于沟通表达 • 提升学生数字素养能力 • 培养学生创新意识和科技服务社会、改善民生的理念

知识结构图

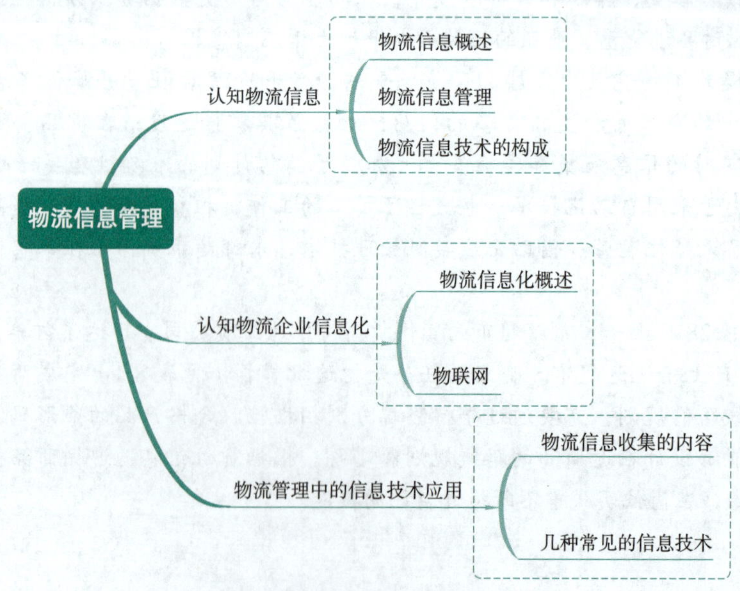

工作任务一　认知物流信息

任务分析

在永辉超市实习的晓文，了解到永辉超市进货的订单需求，同时也了解了永辉超市信息化应用的全面性，为了更好地完成实习任务，他主动找到永辉超市企业信息的负责人，诚恳地表达了自己想了解物流信息的意愿，同时自己也主动查找了物流信息的基本知识，进而为有效完成永辉超市物流信息的认知打下基础。

准备工作

◎了解物流信息技术的设施和设备。
◎上网搜索实习物流企业的物流信息化所需的相关设施和设备。
◎与实习物流企业的老员工交流，获取相关信息。

建议学时

课前，1 学时	课中，1 学时	课后，0.5 学时

知识储备

一、物流信息概述

（一）物流信息的概念、特征与功能

1. 信息

信息就是关于客观事实的可用于通信的知识。一般信息的构成有三个层次：首先，信息是客观事物的特征的反映；其次，信息是可用以通信的，是事物联系的基础；最后，信息形成知识。

2. 物流信息

物流信息是反映物流各种活动内容中有关的知识、资料、图像、数据、文件的总称。

物流信息是伴随着企业物流活动的发生而产生的，企业如果希望对物流活动进行有效的控制，就必须及时掌握准确的物流信息的情况。由于物流信息贯穿于物流活动的整个过程中，并通过其自身对整体物流活动进行有效控制，因此，称物流信息成为现代物流的中枢神经。

3. 物流信息的特征

（1）信息量大、信息源多、分布广。由于物流系统本身涉及范围广，在整个供应链各环节及活动都要产生信息，为了使物流信息适应企业开放性、社会性的发展要求，必须对大量

的物流、信息流进行有效地管理、充分地利用。

（2）信息流动性强。在物流活动中，信息不断产生。由于市场情况、用户需求千变万化，物流信息也会瞬息万变，而信息的价值衰减也很快，这就要求系统对信息及时有效地管理，才能适应物流企业高效运行的要求。

（3）信息种类多。不仅系统内部各环节有不同的信息，而且与其他外部系统，如生产系统、销售系统、供应系统、消费系统、政府管理系统等都有密切相关信息联系。

（4）信息的不对称性。由于信息在物流过程中形成、产生和加工的时间、地点不对称，采集周期和衡量标准不对称，应用方式不一致，因此为了有效地控制管理物流系统中的各类信息，要有一个统一完善的数据采集、加工、处理系统。

4. 物流信息的功能

（1）交易功能。完成交易过程的必要操作，包括订货内容、库存安排、用户查询，它体现了信息记录的个别物流活动的基本层次。

（2）控制功能。为了提高企业物流服务水平与资源利用的管理，需要有信息的控制功能。通过合理的指标体系和评价方案，来体现信息的控制力度。

（3）决策功能。大量的物流信息能使管理人员掌握物流状态，通过物流信息对物流具体运作的评估、比较、成本收益分析等，从而做出正确的物流运作决策。

（4）战略功能。有效地利用物流信息，使决策者能够及时地了解企业的过去、现在的状态及对未来趋势的分析，从而有效地制订物流企业的生产经营和发展战略。

（二）物流信息在物流管理中的作用

1. 物流信息与现代物流

现代物流信息的出现改变了传统物流的管理过程，提高了物流活动的效率和精确性，使物流各功能间的信息实时沟通和共享。为物流企业实现供应链管理奠定了坚实的基础。

（1）物流信息技术为物流提供了运作平台，节约物流总成本。物流活动涉及各部门间的衔接与协调，网络信息技术为企业提供了良好的运作平台，使供应链各成员间实现信息共享，使各节点企业都能提高生产力、降低物流成本，为产品提供最大的附加值。

（2）物流信息技术对物流运作方式产生了极大影响。应该说，传统物流活动实际上是用一种推式的方法来运行的，就是产品生产出来后进入消费领域。而从现代物流的观点看，商品生产和销售活动不是围绕生产进行的，而是围绕消费进行的，这是一种拉式方法。在这种情况下，物流活动从一个被动的载体转化为主动的载体，它必须按照市场的信息来调整库存，调配资源，来保证市场供应。由于物流信息技术的应用企业能够掌握更多的信息，从而合理地进行分工和对市场定位，更好地为经济服务。

（3）信息技术是现代物流理念和物流产业形成的前提。在信息技术出现以前，传统物流活动是被分解为若干个阶段和环节进行的，物流信息本身也被分散在不同阶段和环节中，物流与信息之间很难实现交流与共享。到了20世纪90年代，随着信息技术和互联网的出现，传统物流活动发生了根本性变化，使企业内部、企业之间的信息能够广泛交流与共享。信息资源的共享使物流活动从原来的生产过程或销售过程分离出来，成为一种独立的经济活动，这就是现代物流理念。随着经济的发展和现代物流技术的提高，现代物流已经形成支撑国民经济的重要产业。

2. 物流信息的作用

（1）物流信息是物流管理的基础条件物。流信息化是物流现代化发展的基础。现代社会已经进入了电子信息技术时代，物流信息化是电子信息技术的必然要求，物流信息化主要表现为物流信息的商品化、物流信息收集的数据库化及代码化、物流信息处理的计算机化、物流信息传输的实时化和标准化，物流效率的提高更多地取决于信息管理技术。物流信息化在未来的物流发展中将会起着日益突出的作用。这是因为及时准确的物流信息有利于协调生产和销售、运输和储存等业务的开展，有利于优化供货程序，缩短交货周期，有利于降低库存，有利于选择合理的运输路线、有利于物流作业效率的提高等。这些都能极大地降低生产成本和物流成本，提高物流服务水平。可以说，现代物流信息技术在物流中的应用将会彻底改变物流业的面貌。

（2）物流信息是物流管理的中枢环节。物流信息是制订物流决策的依据，对整个物流活动起到一个指挥、协调的作用。随着物流信息技术的发展，把生产和销售环节结合在一起，形成整个综合信息系统，也就是实现了生产和销售的信息化，通过经营信息系统以资金流实现商品的价值，以物流实现商品的使用价值。如果没有信息系统，整个物流系统便无法正常运行。物流信息系统就像传递中枢神经信号的神经系统，高效的信息系统是物流系统正常运转的必要条件。

（3）物流信息对物流管理的支持作用。正是由于信息系统的使用，才给予了物流管理的强大支撑，只有掌握了物流信息，物流活动才能有效地开展，物流信息对物流活动的效益起决定作用。物流系统的优化、各环节的优化所采取的措施，如选用合理的物流设备、设计合理的物流运作方案、确立最佳库存等都要依靠物流信息的支持，物流信息也是提升物流活动效率的关键因素，所以物流信息对提高物流经济效益起着非常重要的作用。

（三）物流信息的分类

1. 按不同物流功能分类

按信息产生和作用所涉及的不同功能领域分类，物流信息包括仓储信息、运输信息、加工信息、包装信息、装卸信息等。对于某个功能领域还可以进行进一步细化，例如，仓储信息分成入库信息、出库信息、库存信息、搬运信息等。

2. 按信息的应用层次分类

（1）基础信息：是物流活动的基础，是最初的信息源，如物品基本信息、货位基本信息等。

（2）作业信息：是物流作业过程中发生的信息，信息的波动性大，具有动态性，如库存信息、到货信息等。

（3）协调控制信息：主要是指物流活动的调度信息和计划信息。

（4）决策支持信息：是指能对物流计划、决策、战略具有影响或与之有关的统计信息或宏观信息，如科技、产品、法律等方面的信息。

3. 按信息加工程度的不同分类

（1）原始信息：是指未加工的信息，是信息工作的基础，也是最有权威性的凭证性信息。

（2）加工信息：是对原始信息进行各种方式和各个层次处理后的信息，这种信息是原始信息的提炼、简化和综合，利用各种分析工具在海量数据中发现潜在的、有用的信息和知识。

4. 按信息的作用不同分类

（1）计划信息：指尚未实现的且已当作目标确认的一类信息，如物流量计划、仓库吞吐量计划、车皮计划等。只要尚未进入具体业务操作的，都可以归入计划信息之中。它的特点是带有相对稳定性，信息更新速度较慢。计划信息对物流活动有非常重要的战略指导意义。

（2）控制及作业信息：是物流活动过程中发生的信息，带有很强的动态性，是掌握物流现实活动状况不可缺少的信息，如库存种类、库存量、在运量、运输工具状况、物价、运费、投资在建情况、港口发货情况等。它的特点是：动态性非常强，更新速度很快，信息的时效性很强。主要作用是用以控制和调整正在发生的物流活动和指导即将发生的物流活动，以实现对过程的控制和对业务活动的微调。

（3）统计信息：是物流活动结束后，对整个物流活动的一种终结性、归纳性的信息。这种信息是一种恒定不变的信息，有很强的资料性，例如以前年度发生的物流量、物流种类、运输方式、运输工具等信息。它的特点是信息所反映的物流活动已经发生了，再也不能改变了。主要作用是用于正确掌握过去的物流活动及规律，以指导物流战略发展和制订计划。

（4）支持信息：是指能对物流计划、业务、操作有影响或与之有关的文化、科技、产品、法律、教育、民俗等方面的信息，例如物流技术革新、物流人才需求等。这些信息不仅对物流战略发展有价值，而且也对控制、操作能起到指导、启发的作用，可以从整体上提高物流水平。

二、物流信息管理

物流信息管理是对物流信息进行采集、处理、分析、应用、存储和传播的过程，也是将物流信息从分散到集中，从无序到有序的过程。物流信息管理具有以下几个方面的要求：

（1）可得性。保证大量分散、动态的物流信息在需要的时候能够容易获得，并且以数字化的适当形式加以表现。

（2）及时性。随着社会化大生产的发展和面向客户的市场策略变化，社会对物流服务的及时性要求也更加强烈。物流服务的快速、及时，要求物流信息必须及时提供、快速反馈。及时的信息可以减少不确定性，增加决策的客观性和准确性。

（3）准确性。物流信息中不准确的信息带来的决策风险有时比没有信息支撑的拍脑袋决策的风险更大。

（4）集成性。物流信息的基本特点就是信息量大，每个环节都需要信息输入，并产生新的信息进入下一环节。所涉及的信息需要集成，并使其产生互动，实现资源共享，减少重复操作，减少差错，从而使得信息更加准确和全面。

（5）适应性。适应性包含两个方面的内容：一是指适应不同的使用环境、对象和方法；二是指能够描述突发或非正常情况的事件，如运输途中的事故、货损、出库货物的异常变更、退货、临时订单补充等。

（6）易用性。信息的表示要明确、容易理解和方便应用，针对不同的需求和应用要有不同的表示方式。

三、物流信息技术的构成

从构成要素上看，物流信息技术作为现代信息技术的重要组成部分，本质上都属于信息技术范畴，只是因为信息技术应用于物流领域而使其在表现形式和具体内容上存在一些特性，但其基本要素仍然同现代信息技术一样，可以分为四个层次：

（1）物流信息基础技术：即有关元件、器件的制造技术，它是整个信息技术的基础，例如微电子技术、光子技术、光电子技术、分子电子技术等。

（2）物流信息系统技术：即有关物流信息的获取、传输、处理、控制的设备和系统的技术，它是建立在信息基础技术之上的，是整个信息技术的核心。其内容主要包括物流信息获取技术、物流信息传输技术、物流信息处理技术及物流信息控制技术。

（3）物流信息应用技术：即基于管理信息系统（MIS）技术、优化技术和计算机集成制造系统（CIMS）技术而设计出的各种物流自动化设备和物流信息管理系统，例如自动化分拣与传输设备、自动导引车（AGV）、集装箱自动装卸设备、仓储管理系统（WMS）、运输管理系统（TMS）、配送优化系统、全球定位系统（GPS）、地理信息系统（GIS）等。

（4）物流信息安全技术：即确保物流信息安全的技术，主要包括密码技术、防火墙技术、病毒防治技术、身份鉴别技术、访问控制技术、备份与恢复技术和数据库安全技术等。

物流信息处理基本流程如图8-1所示。

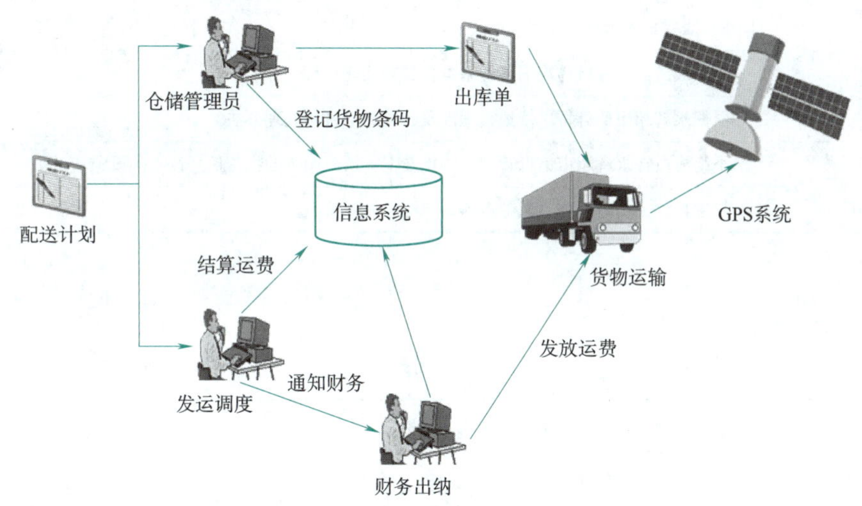

图 8-1　物流信息处理基本流程

补充资料

区块链在物流行业中的应用案例

案例讨论

京东的物流体系

京东是中国自营式电商企业，其 2021 年营业收入 9 516 亿元人民币。京东能有这样强大的销售与物流能力，原因在于基于智慧供应链和物流技术带动的自营业务增长，以及由服务能力的提升帮助品牌商实现精准营销。在消费变革和技术进步的双重作用下，消费市场和消费者从性价比等理性判断转向彰显个性的情感诉求，从被动接受服务走向主动参与。京东通过数据分析与共享，帮助品牌商实现精准投放，促进物流的信息化与智慧供应链的建设。提供更快、更好的物流服务体验，其核心在于物流的信息化建设。

京东物流信息系统名为青龙系统，主要要素包括仓库、分拣中心、配送站等。青龙系统由整体系统架构和核心子系统组成，整个青龙系统成为京东物流的内核，前端接口开放给所有平台，下面直接开放到内部的物流运营机构和第三方物流企业；核心子系统有六个，涉及对外拓展、终端服务、运输管理、分拣中心、运营支撑、基础服务。在青龙系统中，各个子系统都有相应的物流技术进行配合，如手持掌上电脑（PDA）终端、可穿戴式数据采集器、分拣设备、射频识别（RFID）、地理信息系统（GIS）和北斗导航等。因此，信息化建设能极大地帮助物流企业和行业的发展，为其提供有效的支持与保障。

问题思考： 京东的青龙系统造就了一流的物流服务体系，思考京东的物流信息化成功因素有哪些。

扫一扫

参考答案

任务实施

实施步骤	实施内容
步骤一	根据学生实习所在岗位形成学习小组，由自行推荐的组长对本组成员进行分工，并组织本组同学认真完成本次任务
步骤二	小组成员讨论分析物流信息的基本含义和功能与特点
步骤三	根据永辉超市的订货单搜集整理涉及的物流信息和处理办法
步骤四	小组成员在永辉超市信息管理员的指导下，认识相关的物流信息技术的设施和设备
步骤五	学生自评，小组互评，教师点评，填写考核评价表

任务评价

专业：________ 班级：________ 姓名：________ 组别：________

内容	评分标准	满分	得分
物流信息认知	物流信息基本含义、特点和功能总结的全面具体	20	
	永辉超市订货信息所需处理的物流信息方法恰当、对所需处理的物流信息总结整理的内容翔实、准确	30	
	物流信息技术相关的设施和设备能够准确识别	30	
	具有团队合作意识和服务意识	10	
	具有深入思考问题的能力和科技创新意识	10	
合计		100	
小组名称		小组成员	
教师评语			

考核日期：____年____月____日

工作任务二　认知物流企业信息化

任务分析

晓文在整理永辉超市进货的订单时，思考着如何有效完成订单的查询、货物的跟踪和货物到达的入库、分拣、上架等工作。带着这些疑问，他上网搜集完成订单的所有操作流程，进而分析永辉超市信息化的具体应用有哪些，同时深入理解物流企业信息化给企业带来的好处，为日后进入物流企业工作、提升信息化程度奠定基础。

准备工作

◎上网搜集订单处理用到了哪些先进的物流信息技术。

◎上网搜集永辉超市处理订单的流程。

◎聆听老员工讲解订单处理的信息化作业。

建议学时

课前，1学时	课中，1学时	课后，0.5学时

知识储备

一、物流信息化概述

（一）物流信息化的含义

物流信息化是指物流企业运用现代信息技术对物流过程中产生的全部或部分信息进行采集、分类、传递、汇总、识别、跟踪、查询等一系列处理活动，通过分析控制物流信息和利用信息来管理和控制物流，提高物流运作决策水平，达到合理配置物流资源、降低物流成本、提高物流服务水平的目的。

随着以计算机技术、通信技术、网络技术为代表的现代信息技术的飞速发展，人们越来越重视对信息资源的开发和利用，人类社会正从工业时代迈向信息时代，如今，物流信息化水平已经成为衡量一个国家现代化水平和综合国力的重要标准。

（二）物流信息化的内容

物流信息化的内容包括物流技术信息化和物流管理信息化。

1. 物流技术信息化

物流技术信息化是指在物流生产如运输、储存、装卸搬运、包装、配送等活动中所应用的条形码识别技术、射频技术、全球卫星定位系统、地理信息系统、激光自动导向系统等物流信息技术。

2. 物流管理信息化

物流管理信息化是指物流管理过程中所应用的管理信息系统和决策系统技术的信息化。

（三）物流信息化的必要性

1. 社会信息化的要求

现代社会已经进入信息时代，物流信息化是整个社会的必然要求，特别是以计算机为代表的信息化革命，已经渗透到社会各个领域。整个社会物流系统是为生产制造企业、流通企业提供物流服务的，因此，物流企业的信息化要适应社会信息化发展的战略要求。

2. 市场运作变化的要求

随着经济进入买方市场时代，经济结构的调整和多样化、个性化消费需求的出现，现代的市场经济已经不再围绕生产者转而围绕消费者来进行，市场经济就由推动式运行变为拉动式运行，随着市场竞争的加剧，一些新的管理思想不断产生，如JIT准时制管理、企业资源计划管理、SCM供应链管理等。由于拉动式市场运作，物流、商流、资金流、信息流在整个市场范围内的高度一体化，物流处于各种市场的结合部而成为市场信息的集散中心，这就是物流活动从被动的信息接收转变为整个经济活动，通过组织信息为企业提供多功能、一体化的综合性物流服务和系列化的供应链解决方案，为此物流必须实现信息化管理。

另一方面，随着市场方式的转变，企业采用准时制生产和有效客户响应等先进运作模式，通过生产和销售过程与物流过程的相互联系，以提高对消费需求的响应能力，达到了前所未有的配合程度。这对物流的反应速度和信息管理能力提出了更高的要求，所以物流信息化也是物流适应现代市场经济条件下企业运作方式的必然要求。

3. 全球化物流竞争的要求

随着全球经济一体化的发展，国际分工和全球一体化经济，使企业的生产经营突破了国界范围，商品生产要素在全球范围内自由流动，物流业的国际竞争局面已经形成。一方面跨国物流公司纷纷进入中国市场，其业务网络和业务范围已经开始对中国物流市场产生了强烈的冲击；另一方面，中国的物流企业也向海外市场拓展，参与国际物流竞争，这种物流业的全球性竞争使中国物流企业与国外物流企业都站在同一起跑线上，相互间在物流基础设施、技术水平、网络范围、物流系统管理等方面进行全面竞争，这些都需要物流信息化技术作强大的支撑，而物流资源配置能力则是决定国际竞争的关键，物流信息化则是提升物流企业资源配置能力的最有效的手段。

4. 实现“第三利润源泉”的要求

有关资料统计，产品生产过程中，实际只有5%的时间用来加工制造，而95%的时间则用于储存、搬运等物流活动，由此可见物流在企业经营中的重要作用，以至于经济学家把物流称为企业的“第三利润源泉”，它告诉人们降低物流成本是企业利润的重要来源，要实现“第三利润源泉”，物流信息化是最大的推动力。由于市场竞争的加剧，行业平均利润率越来越低，对企业而言，控制物流成本已经成为原材料成本之外的最大的成本项目，有效的物流管理可以更广泛地拓展企业的利润空间，因此，物流成本控制已经成为企业管理的一个焦点。信息技术可以促进物流系统各种功能和资源的整合，实现优化决策和高效运作，从而减少物流运营总成本，因此，物流信息化是实现“第三利润源泉”的基本要求。专业化的第三方物流发展趋势锐不可当，越来越受到社会关注。企业将自身的物流业务外包给第三方物流企业来运行，通过物流专业化来实现物流成本的控制，而信息化则是实现这一方式的必要条件。

5. 现代物流信息特征的要求

物流是由信息驱动的生产活动，从本质上讲，物流信息化是由现代物流信息特征所决定的。

（1）现代物流对象的信息特征要求信息化处理。现代商品极其丰富、种类繁多、管理精细，现代消费需求呈个性化、多样化发展，市场竞争激烈，物流信息动态性强，信息价值衰减速度快，即时性要求高。这些对物流信息的搜集、加工的速度和精度、决策支持水平等都提出了更高的要求。

（2）现代物流信息的特征要求实现物流信息化。现代物流系统是一个地域跨度大、时间跨度长、信息源点多、分布面积广的大系统，现代消费特点要求现代物流运作要小批量、多批次、多品种，这就要求物流信息管理实现网络化。现代物流信息贯穿于整个物流过程，而且物流系统与其他系统（如生产系统、销售系统、供应系统、消费系统）息息相关。物流业务过程产生的信息种类繁多，物流内部各个环节有不同种类的信息，因此，就必须实现物流信息的标准化、数字化和处理的计算机化才能与之相适应。

（3）供应链物流信息的特征要求物流信息化。在供应链物流环境中各环节都具有信息共享、信息传输的功能，形成一种网状发散结构，这就要求物流信息的处理必须实现网络化和计算机化。

6. 现代物流服务的要求

现代经济以客户为中心的服务理念已深入人心，服务至上已经成为企业生存发展的基本原则，这已为企业的生产经营实践所证明，而物流本身就是一种服务性行业，服务质量更是至关重要。物流信息化是现代物流服务内容和服务环境复杂性的要求，全社会信息化程度的日益提高和电子商务的日益发展，对物流服务质量提出了更高的要求。在这种环境下，物流服务内容、环境、技术手段、服务质量的复杂性、广博性都将给现代物流服务提出更大的挑战。

（四）实现物流信息化的主要手段

实现物流信息化主要包括以下几种手段：

1. 数据库技术

物流作业是分布在不同的地点、时间，由不同的人员利用不同的载体共同完成的，要想将这些分散的数据收集在一起，为管理者用以对物流运作进行分析、控制和管理使用，离不开数据库技术。管理者将物流系统的数据库建成一个物流系统乃至整个供应链的公共数据平台，实现分布在不同地点和不同环节的数据的共享，不同的时间对数据库进行实时共享和更新，这就为物流运作信息数据的采集、数据更新和数据交换使用提供了前提条件。

2. 信息网络

物流系统多以载体的实物网络形式存在，因此，物流信息网络应与该载体实物网络相匹配，结合采用数据库技术，物流网络可以使物流数据的采集、传输、处理等操作分散化，这正好与物流网络中网点数据分散的特点相吻合。由于因特网的出现大大降低了物流信息网络的建设成本，同时也大大提高了物流业务的信息化程度，加快了物流系统对用户的响应速度。

3. 电子技术

随着社会经济进入电子信息时代，现代物流企业要广泛地采用电子技术，这些电子技术用于产品的识别和物流的自动化作业，如货架的电子标签、条形码与射频技术、仓库的自动分拣机、自动堆垛机、机器人、智能系统等，将大大提高物流作业自动化程度，大大提高物流作业效率。

4. 计算机

在现代经济生活中，计算机已经成为人们离不开的重要工作手段，计算机是一种最基本的信息处理工具，信息网络数据库和电子技术都离不开计算机。

现代物流信息使用的先进的技术设备往往都是数据库、信息网络、电子技术和计算机技术等现代电子信息技术的具体运用。这些电子技术的运用，极大地提高了物流作业的自动化程度，提高了物流效率，降低了物流成本。物流信息电子化的趋势锐不可当，特别是电子商务的广泛运用，就要求现代物流不仅要有基于因特网的信息网络，还要具有全程、全网的信息收集、处理、传递、发布、查询、跟踪系统。

二、物联网

（一）物联网的概念

物联网是物物相连的互联网络，也称智能网络系统，它是通过各类信息传感器，按照约定的协议，根据需要实现物品互联互通的网络连接，进行信息交换和通信，以实现智能识别、定位、跟踪、监控和管理的智能网络。它是一个从自动提取、整合、物品局域网局部系统的智能服务与管理等向全国融合并逐步深化的过程。

（二）关于物联网“物”的含义

物联网中的“物”需要满足以下条件才能够被纳入“物联网”的范围：①要有数据传输通路；②要有一定的存储功能；③要有CPU；④要有操作系统；⑤要有专门的应用程序；⑥遵循物联网的通信协议；⑦在世界网络中有可被识别的唯一编号。

（三）物联网的特征

与传统的互联网相比，物联网有其鲜明的特征：

（1）它是各种感知技术的广泛应用。物联网上部署了海量的多种类型传感器，每个传感器都是一个信息源，不同类别的传感器所捕获的信息内容和信息格式不同。传感器获得的数据具有实时性，按一定的频率周期性地采集环境信息，不断更新数据。

（2）它是一种建立在Internet上的泛在网络。物联网技术的重要基础和核心仍旧是Internet，通过各种有线和无线网络与互联网融合，将物体的信息实时准确地传递出去。在物联网上定时采集的信息需要通过网络传输，由于其数量极其庞大，形成了海量信息，在传输过程中，为了保障数据的正确性和及时性，必须适应各种异构网络和协议。

（3）物联网不仅仅提供了传感器的连接，其本身也具有智能处理的能力，能够对物体实施智能控制。物联网将传感器和智能处理相结合，利用云计算、模式识别等各种智能技术，扩充其应用领域，从传感器获得的海量信息中分析、加工和处理出有意义的数据，以适应不同的物联网用户。

（四）物联网的技术构架

从技术架构上来看，物联网可分为三层：感知层、网络层和应用层，如图8-2所示。

1. 感知层

感知层由各种传感器以及传感器网关构成，包括二氧化碳浓度传感器、温度传感器、湿度传感器、二维码标签、RFID标签和读写器、摄像头、GPS等感知终端。感知层的作用相当于人的眼耳鼻喉和皮肤等神经末梢，其主要功能是识别物体，采集信息。

2. 网络层

网络层由各种私有网络、Internet、有线和无线通信网、网络管理系统和云计算平台等组成，相当于人的神经中枢和大脑，负责传递和处理感知层获取的信息。

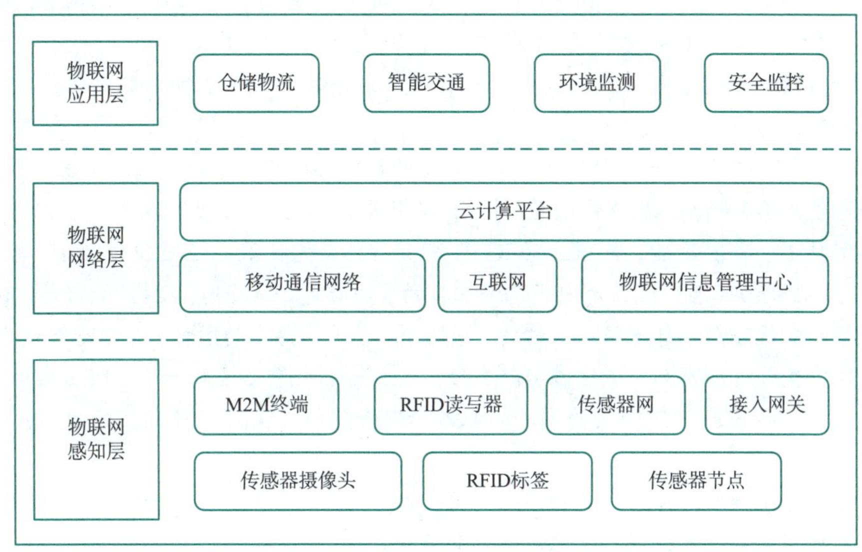

图 8-2　物联网技术架构

3. 应用层

应用层是物联网和用户（包括人、组织和其他系统）的接口，它与行业需求结合，实现物联网的智能应用。

物联网的行业特性主要体现在其应用领域内，目前绿色农业、工业监控、公共安全、城市管理、远程医疗、智能家居、智能交通和环境监测等各个行业均有物联网应用的尝试，某些行业已经积累了一些成功的案例。

（五）物联网在物流业的应用

实现自动化、智能化、提高效率是现代物流服务的目标，物联网则是重要的技术手段。可视技术在物流系统的集成应用就是物联网在物流领域的应用。

（1）物联网应用于企业原材料采购、库存、销售等领域，通过完善和优化供应链管理体系，提高供应链效率，降低成本。空中客车公司通过在供应链体系中应用传感网络技术，构建了全球制造业中规模最大、效率最高的供应链体系。

（2）应用于选货、配货、送货环节的物流配送活动的智能化。

（3）应用于交通运输、库存管理、货物分拣等智能化、自动化技术。

补充资料

物联网的发展趋势

从长远来看，随着技术的不断发展，物联网的应用范围将不断拓展，为各行各业带来更多的创新和变革。未来物联网将朝着更加智能、高效、安全和融合的方向发展，它将深刻改变我们的生活和工作方式，为社会和经济带来新的发展机遇，同时也面临着一些挑战，如数据隐私和安全问题。因此，在推动物联网发展的同时，也需要制定相关政策和规范，确保其安全可靠的运行。

补充资料

海尔的“一流三网”

案例讨论

某品牌引入 RFID，提高效率，助力购物体验升级

某快时尚品牌虽然在 2017 年才宣布要在全球 3 000 家门店引入 RFID 电子标签，但其实 2015 年它就已经在本土市场进行了 RFID 电子标签试点，将 2 cm× 7.5 cm 的电子标签附着在产品的价格标上，方便其推出的自助结账系统一次性扫描购物篮中的所有商品。

2017 年，该品牌开了一家由 RFID 技术驱动的数字化门店，包括以 RFID 技术为核心的产品和几个特色应用，例如 RFID 试衣镜、RFID 购物车、RFID 自助结账机等智能化设备。

在顾客挑中一件衣服后，衣服上的 RFID 标签信息就能被试衣镜内嵌的 RFID 读取设备所识别，镜子上镶嵌的触摸屏就显示出了这件衣服的各种信息，如尺码、款式、面料等。不仅如此，屏幕上还显示出适合与这件衣服搭配的裤子、帽子、墨镜等商品的图标，这是商家预存的信息，顾客点击即可查询这些商品。顾客在 RFID 购物车上的平板感应区刷一下衣服上的电子标签，该平板就可以显示出顾客所购买的东西的基本资料和价格，同时也可以显示出该产品的位置信息。

顾客在挑选完毕后，可以把购物车上的篮子取下放置于 RFID 自助结账机中，自助结账机就可以一次性扫描完并结出账单，完成全自助结账。

RFID 助力消费体验升级只是该品牌引入 RFID 技术的一个方面，所属集团的董事会主席表示，电子标签既能节省支付的时间，也能提高库存管理的效率，以保证公司能迅速地提高热销产品的产量。

相较于需要人工操作的条形码，电子标签不仅能自动地无线阅读信息，进一步节省更多劳动力和库存成本，还能及时准确地收集成交量、型号和颜色等具体信息。在 IOTE2018 国际物联网博览会上，一家 RFID 公司展示的系统证明了电子标签相较于条形码的这一优势。另外，电子标签检验产品所需的时间仅为无 RFID 系统的十分之一。

事实上，在快时尚的趋势下，时尚能不能真正“快”起来，物流仓储运作的效率是关键。一旦物流系统效率不高，便会给公司整体运营带来极大的不便，例如寒流即将来袭时，热销的保暖内衣已可在各门市中看到，而为了让产品可以顺利交付，保暖类系列产品往往需要提前五个月就进入仓库存放，这对公司来说，无疑是增加了额外运营成本。于是，该品牌在仓库导入一套自动化系统，由机器来负责服装品管、分货的工作。举例来说，当服装运到仓库后，会被装在箱子中放上输送带，系统会自动读取衣服上的 RFID 标签，来确认商品的库存、种类，接下来就能利用这些信息进行包装和分类。

据该公司负责人说，这座投入使用的“机器人仓库”目前已经减少了 90% 的人力，还可以 24 h 持续不间断地运作。基于这座仓库的自动化系统投入成功，董事会主席透露，将计划陆续投资，在全球市场都引进自动仓储系统，降低库存成本。

在全球门店引入 RFID 电子标签后，该品牌能够借助 RFID 电子标签，通过无线电信号快速识别服饰并读取相关数据，轻松了解产品相关信息，如成交量、型号和颜色，消费者何时拿取商品和放回货架，以及产品于何时何地售出等，从而实现从生产端到销售端的快速响应。

扫一扫

参考答案

问题思考：RFID 技术与条形码技术有哪些不同？

任务实施

实施步骤	实施内容
步骤一	根据学生实习所在岗位形成学习小组，由自行推荐的组长对本组成员进行分工，并组织本组同学认真完成本次任务
步骤二	小组成员讨论分析比较先进的物流信息技术在永辉超市哪些地方应用了，并形成集体答案记录下来
步骤三	上网搜索查询永辉超市订单处理的信息化作业流程，完成订单处理
步骤四	小组成员在永辉超市老员工的指导下，总结企业信息系统给企业带来的好处
步骤五	小组互评和教师点评并整改，填写考核评价表

任务评价

专业：__________ 班级：__________ 姓名：__________ 组别：__________

<table>
<tr><td>内容</td><td colspan="2">评分标准</td><td>满分</td><td>得分</td></tr>
<tr><td rowspan="5">物流企业信息化认知</td><td colspan="2">物流信息技术在永辉超市具体的应用总结得全面具体、信息技术的认知全面</td><td>20</td><td></td></tr>
<tr><td colspan="2">永辉超市订单处理的信息化流程总结得步骤正确，并能有效完成订单的处理</td><td>30</td><td></td></tr>
<tr><td colspan="2">企业信息化给企业带来的好处总结得全面具体</td><td>30</td><td></td></tr>
<tr><td colspan="2">具有团队合作意识和服务意识</td><td>10</td><td></td></tr>
<tr><td colspan="2">具有深入思考问题的能力和科技创新意识</td><td>10</td><td></td></tr>
<tr><td colspan="3">合计</td><td>100</td><td></td></tr>
<tr><td>小组名称</td><td></td><td>小组成员</td><td colspan="2"></td></tr>
<tr><td>教师评语</td><td colspan="4"></td></tr>
</table>

考核日期：______年______月______日

工作任务三　物流管理中的信息技术应用

任务分析

晓文完成了超市商品订单的处理、货物的在途查询等工作，根据到货信息完成了商品信息的录入、货品的上架等工作，有条不紊地完成这些任务后，他发现物流管理涉及了不同的信息技术，但每种信息技术主要的应用领域具体有哪些呢？带着这些疑问他开始了新的任务准备。

准备工作

◎在计算机或手机端下载相关的电子地图软件（高德地图、百度地图等）。

◎了解物流信息技术的类型和主要应用领域。

建议学时

课前，1 学时	课中，1 学时	课后，0.5 学时

知识储备

建立物流信息系统最基础的工作就是进行信息收集。只有广泛通过各种渠道收集信息，才能真实了解物流活动的全貌。

一、物流信息收集的内容

（一）明确目的

由于信息量大，必须有明确目的地对信息进行采集、筛选、取舍。

（二）确定信息的深度和精度

根据系统对信息的精度和深度要求不同对信息进行收集、取舍、分类，以确定信息的精度和深度。

（三）信息源的选择

要有相对固定的信息源，根据信息源的特征可以把信息源提供的信息分为两大类。

1. 文字记录形式的信息

（1）基础型信息，如财务账册、财务报表、统计报表、汇总等记录型原始信息。

（2）印刷型信息，如年鉴、杂志、书刊等一般加工后的二次信息。

（3）微缩型信息，以胶片、卡片为载体将物流统计资料、科技资料微缩后的信息。

（4）计算机可读信息，将有关信息数据储存于计算机中，需要时由计算机输出。

2. 视听型信息

视听型信息包括影片、录音（像）带、图像等形式携带的信息。在物流信息收集选择过程中，建立固定的信息源很重要，主要包括以下几种方式：

（1）在物流各环节中固定信息汇总点，按一定要求记录连续的信息，如在仓库的出入库信息汇总点的连续登记记录。

（2）建立有关书刊、杂志的连续订阅制度，以形成系统信息资料。

（3）依靠计算机网络收集和提供信息，以确定程序和内容。

二、几种常见的信息技术

现代电子技术为我们提供了先进的物流信息收集技术，网络传输方式不仅可以避免人工输入方式中存在的失误率高、效率低的明显缺陷，还能降低收集运行费用，而且有效地提高物流服务水平。

（一）电子数据交换技术

1.EDI 传输技术

电子数据交换（EDI）技术是采用标准化格式，利用计算机网络进行数据传输的技术，它是一种利用计算机进行商务处理的新技术。这里强调传输的必须是标准格式的商业文件，如采购合同、运输合同、发票、电子支付等。由于EDI的使用可以取代传统的纸张文件的交换，因此也称其为“电子贸易”或“无纸贸易”。

EDI标准是各企业共同交流的标准，是数据交换的翻译，它使得企业间能够有效地按照这一标准进行电子数据交流。事实上，EDI是一种文档通信工具，利用计算机的数据处理和通信功能，将交易双方往来的文档转换成标准格式，并通过互联网传输给对方，完成信息间的交流。

2. 物流 EDI 技术

物流EDI技术是指货主、物流企业及其他相关单位之间通过EDI系统进行物流数据交换，以此为基础实施物流运作的现代信息技术。应用物流EDI技术的相关单位如图8-3所示。

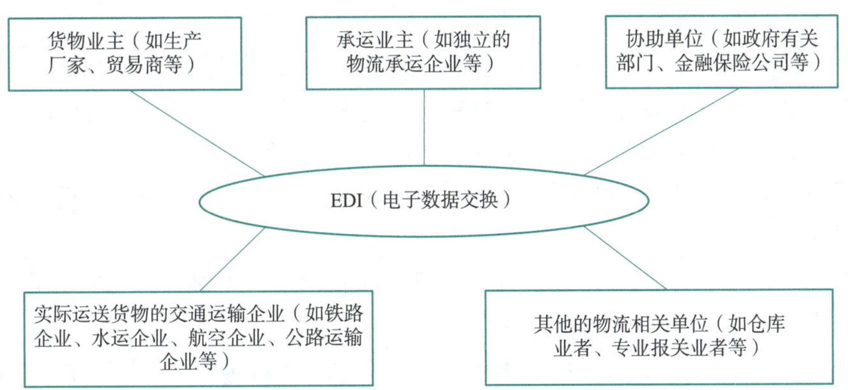

图 8-3　应用物流 EDI 技术的相关单位

通过EDI共享信息可提高运营效率，但对大多数企业而言，应用EDI系统的费用比较昂贵，因此推广受到影响。联合国的调查显示，进行一次进出口贸易，双方约需交换200份文件，其纸张、行文、打印及差错可能引起的成本约为货物价值的7%。据统计，美国通用汽车公司采用EDI后，生产一辆车可节约成本250美元，按其年产量500万辆计算，至少可以节约12.5亿美元的成本。

3. 电子数据交换技术的优点

（1）迅速准确。在国际、国内贸易活动中使用EDI业务，以电子文件交换取代了传统的纸面贸易文件（如订单、发货票、发票），双方使用统一的国际标准格式编制文件资料，利用电子方式将贸易资料准确迅速地由一方传递到另一方，是普遍采用的“无纸贸易手段”。

（2）安全可靠。采用EDI业务可以将原材料采购与生产制造、订货与库存、市场需求与销售，以及金融、保险、运输、海关等业务有机地结合起来，集先进技术与科学管理为一体，极大地提高了工作效率，为实现“金关”工程奠定了基础。在EDI系统中每个环节都建立了责任的概念，每个环节上信息的出入都有明确的签收、证实的要求，以便于为责任的审计、跟踪、检测提供可靠的保证。在EDI的安全保密系统中广泛应用了密码加密技术，以提供防假冒、防否认等安全服务。

（3）方便高效。减少了许多重复劳动，提高了工作效率。如果没有EDI系统，即使是高度计算机化的公司，也需要经常将外来的资料重新输入本公司的计算机。调查表明，从一部计算机输出的资料有多达70%的数据需要再输入其他的计算机，既费时又容易出错。EDI使贸易双方能够以更迅速有效的方式进行贸易，大大简化了订货或存货的过程，使双方能及时地充分利用各自的人力和物力资源。通过EDI可以改善贸易双方的关系，厂商可以准确地估计日后商品的需求量，货运代理商可以简化大量的出口文书工作，商户可以提高存货的效率，大大提高他们的竞争能力。

（4）降低成本。EDI系统规范了信息处理程序，信息传递过程中无须人工干预，在提高了信息可靠性的同时，大大降低了成本。有关部门对EDI的效益做过统计，使用EDI可提高商业文件传送速度81%，降低文件成本44%，减少错漏造成的商业损失41%，降低文件处理成本38%。此外，大大降低了纸张的消费。

4. 电子数据交换技术工作流程

以采购业务为例，电子数据交换技术（EDI）的工作流程如下：

（1）当买方的库存系统提出购买某种物料的数据时，EDI通过翻译软件编制一份EDI订单。

（2）通信软件将订单通过网络送至网络中心指定的卖方邮箱，同时将这些数据送至本公司内部的应付账部门和收货部门，进行有关的登记。

（3）卖方定时经通信网络到网络中心的邮件内取回订单，EDI的翻译软件把这份订单翻译成卖方数据格式。

（4）如果确认可以售给买方指定的物料，则送出供应单，经相反方向返回给买方，同时把有关的数据传送给仓库或工厂及开票部门。

（5）买方收到供应单后，在订单基础上产生一份商品情况询问表，传送给卖方，双方就价格等问题进行讨论，直到达成一致。

（6）达成一致后，卖方的仓库或工厂填制装运单，编制船期通知，并传给卖方。同时，将船期通知传给开票部门，生成电子发票，传给买方。卖方在开发票时，有关数据就进入应收账部门，对应收账的有关数据进行更新。

（7）买方接到船期通知后，有关数据自动进入收货部门，产生收货通知。收货部门的收货通知传给应付账部门。

（8）买方收到电子发票后，产生一份支付核准书，传给应付账部门。

（9）买方应付账部门开具付款单据通知自己的开户银行付款，同时通知卖方付款信息。

（10）卖方收到汇款通知后，有关数据经过翻译后进入应收账户，买方则因支付而记入卖方项目。

（二）条形码技术

条形码是一种以光电扫描阅读设备识读并实现数据输入计算机的特殊代码。它是生产厂、批发商、零售商和物流企业等进行订货、销售、保管、出入库等活动的信息源。这种系统能在物流活动发生时即时收集信息，提高物流效率，且保密性好，误读率低。

1. 条形码的工作原理

条形码是由一组规则排列的条、空及字符组成的，用以表示一定信息的代码，有时也称为条形码符号。条形码是一组粗细不同，按照一定的规则安排间距的平行线条图形。常见的条形码是由反射率相差很大的黑条和白条组成的。图8-4所示为条形码符号的组成结构图，图8-5所示为条形码系统的工作原理。

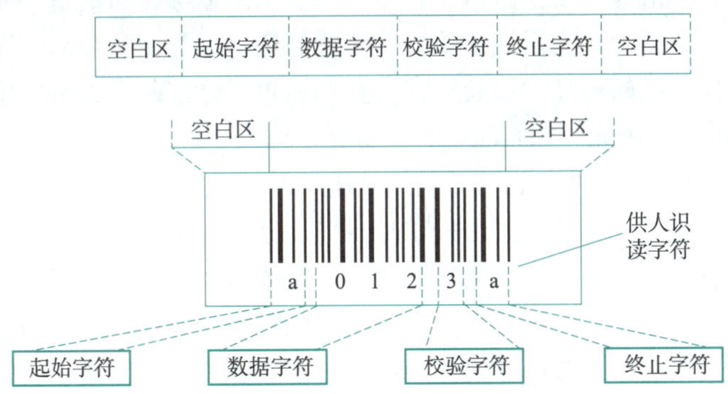

图 8-4　条形码符号的组成结构图

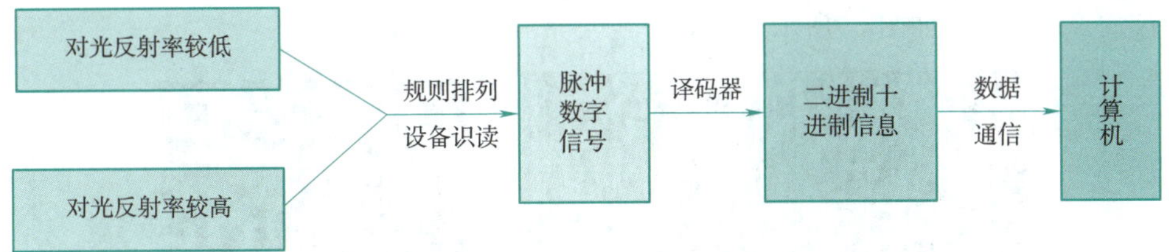

图 8-5　条形码系统的工作原理

条形码系统是由条形码符号设计、制作及扫描阅读组成的自动识别系统。它利用光学扫描系统读取条形码符号，由光电转换器将光信号转换为电信号，通过电路系统对电信号进行放大和整形，最后以二进制脉冲信号输出给译码器进行译码。

2. 条形码分类

（1）商品条形码。商品条形码是商品身份的统一编码，是印在零售包装上，作为商品由制造、批发到销售等一连串作业过程的自动化管理符号。主要有两种条形码：EAN码和

UPC码。

①EAN码。国际物品编码协会规定的国际通用商品代码格式，有标准版的ENA-13码与ENA-8缩短码。标准ENA-13代码由13位数字构成，包括国家代码（3位），厂商代码（4位）、产品代码（5位）、校验码（1位）。

②UPC码（统一产品代码）：该条形码主要在美国和加拿大使用。

（2）储运条形码。储运条形码是用在商品装卸、仓储、运输等配送过程中的识别符号，也叫物流条形码，主要标识在储运单元上，如图8-6所示。

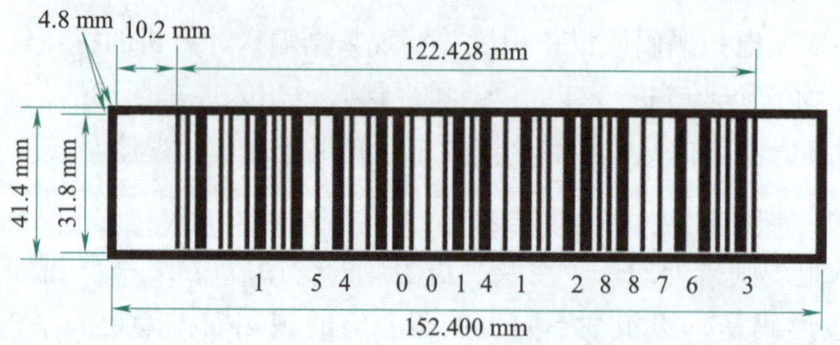

图 8-6 储运条形码

所谓储运单元，是指为了便于搬运、仓储、订货、运输等，由消费单元组成的商品包装单元，它分为定量储运单元和变量储运单元。定量储运单元是由按商品件数计价销售的单元组成的储运单元，如成箱的药品、服装等；变量储运单元是按基本计量单位计价，以随机数量销售的单元组成的储运单元，如布匹、农产品等。

目前我国部分超市的配送中心已开始使用储运条形码，主要用于商品的纸质包装箱上。

（3）二维条形码。一维条形码所携带的信息量有限，如商品上的条形码仅能容纳13位（EAN-13码）阿拉伯数字，更多的信息只能依赖商品数据库的支持，离开了预先建立的数据库，这种条形码就没有意义了，因此在一定程度上也限制了条形码的应用范围。基于这个原因，在20世纪90年代发明了二维条形码。二维条形码除了具有一维条形码的优点外，同时还有信息量大、可靠性高、保密、防伪性强等优点。目前二维条形码主要有PDF417码、Code49码、Code16K码、Data Matrix码、Maxi Code码等，主要分为堆积式（或层排式）和矩阵式（或棋盘式）两大类，如图8-7所示。

（a）堆积式二维条形码

（b）矩阵式二维条形码

图 8-7 二维条形码

二维条形码现已应用在国防、公共安全、交通运输、医疗保健、工业、商业、金融、海关及政府管理等多个领域。

二维条形码依靠其庞大的信息携带量，可以直接通过阅读条形码得到相应的信息，并且二维条形码还有错误修正技术及防伪功能，增加了数据的安全性。

3. 条形码在物流中的应用

（1）销售信息系统：在商品上贴上条形码，就能快速准确地利用计算机进行销售和配送管理。其过程为：对销售商品进行结算时，通过光电扫描读取并将信息输入计算机，然后输进收款机，收款后开出收据，同时，通过计算机处理，掌握进、销、存的数据。

（2）库存系统：在库存物资上应用条形码技术，尤其是用在规格包装、集装、托盘货物上，入库时自动扫描并输入计算机，由计算机处理后形成库存的信息，并输入库区位、货架、货位的指令。出库程序则和销售信息系统条形码应用一样。

（3）分货拣选系统：在配送和仓库出货时，利用条形码技术可以自动进行分货拣选，并实现有关管理。过程如下：一个配送中心接到若干个配送订货要求，将若干订货汇总，每一品种汇总成批后，按批发出所在条形码的拣货标签，拣货人员到库中将标签贴于每件商品上并取出自动分拣机分货，分货机始端的扫描器对分货机上处于运动状态的货物进行扫描，一方面确认所拣出货物是否正确，另一方面识读货物条形码上的用户标记，指令商品在确定的分支分流到达各用户的配送货位，完成分货拣选作业。

（三）销售时点系统

销售时点系统通过销售时对商品条码的扫描，将商品的有关信息立即输入到后台的管理信息系统中对其进行处理，并把相应信息传输给合作者，使生产商能及时了解其产品的销售状况及用户的消费需求趋势，从而更准确地编制生产计划，降低库存量，缩短订货提前期，最终提高整个供应链的效率，它是增值网的一种应用方式。

（四）电子订货系统

电子订货系统是指企业之间利用增值网和终端联线方式进行订货作业和订货信息的交换系统，可以分为企业内的电子订货系统，零售商与批发商之间的电子订货系统，以及零售商、批发商与生产商之间的电子订货系统等。

（五）全球卫星定位系统

GPS是美国从20世纪70年代开始研制，历时20年，耗资200亿美元，于1994年全面建成，具有在海、陆、空进行全方位实时三维导航与定位能力的新一代卫星导航与定位系统。

随着全球定位系统的不断改进，硬件、软件的不断完善，应用领域正在不断地开拓，目前已遍及国民经济各个部门，并开始逐步深入人们的日常生活。

全球卫星定位系统（GPS）是对载体用户进行导航定位，集导航定位和通信等功能于一体的高效、安全的管理调度指挥系统。它被广泛地应用于物流活动，如道路运输安全监控、车辆调度指挥和物流货物安全运输、跟踪监控。

全球定位系统是结合了卫星及无线技术的导航系统，具备全天候、全球覆盖、高精度的特征，能够实时、全天候地为全球范围内的陆地、海上、空中的各类目标提供三维定位、三维速度及精确时间信息。

1.GPS 的物流功能

（1）实时监控功能。在任意时刻通过发出指令查询运输工具所在的地理位置（经度、纬度、速度等信息），并在电子地图上直观地显示出来。

（2）双向通信功能。GPS的用户可使用GSM的话音功能与司机进行通话或使用安装在运输工具上的移动设备的汉字液晶显示终端进行汉字消息收发对话。驾驶员通过按下相应的服务、动作键，将信息反馈到网络GPS，质量监督员可在网络GPS工作站的显示屏上确认其工作的正确性，了解并控制整个运输作业的准确性（发车时间、到货时间、卸货时间、返回时间等）。

（3）动态调度功能。调度人员能在任意时刻通过调度中心发出文字调度指令，并得到确认信息。可进行运输工具待命计划管理，操作人员通过在途信息的反馈，运输工具未返回车队前即做好待命计划，可提前下达运输任务，减少等待时间，加快运输工具周转速度。可进行运能管理，将运输工具的运能信息、维修记录信息、车辆运行状况登记，司机人员信息、运输工具的在途信息等多种信息提供调度部门决策，以提高重车率，尽量减少空车时间和空车距离，充分利用运输工具的运能。

（4）数据存储、分析功能。实现路线规划及路线优化，事先规划车辆的运行路线、运行区域，何时应该到达什么地方等，并将信息记录在数据库中，以备以后查询、分析使用。

可进行可靠性分析，通过汇报运输工具的运行状态，了解运输工具是否需要较大的修理，预先做好修理计划；计算运输工具平均差错时间，动态衡量该型号车辆的性能价格比。

可进行服务质量跟踪，在中心设立服务器，并将车辆的有关信息让有该权限的用户能异地方便地获取。同时，还可以对客户索取的位置信息用相对应的地图传送过去，并将运输工具的历史轨迹印在上面，使该信息更加形象。

依据资料库储存的信息，可随时调阅每台运输工具以前的工作资料，并可根据各管理部门的不同要求制作各种不同形式的报表，使各管理部门能更快速、更准确地做出判断及提出新的指示。

2. 全球定位系统在物流领域的应用

（1）用于汽车自定位、跟踪调度。车辆导航将成为未来全球卫星定位系统应用的主要领域之一。

（2）用于铁路运输管理。我国铁路开发的基于GPS的计算机管理信息系统，可以通过GPS和计算机网络实时收集全路列车、机车、车辆、集装箱及所运货物的动态信息，可实现列车、货物追踪管理。只要知道货车的车种、车型、车号，就可以立即从近10万km的铁路网上流动着的几十万辆货车中找到该货车，还能得知这辆货车现在何处运行或停在何处，以及所有的车载货物发货信息。铁路部门运用这项技术可大大提高其路网及其运营的透明度，为货主提供更高质量的服务。

（3）用于军事物流。全球卫星定位系统首先是因为军事目的而建立的，在军事物流中，如后勤装备的保障等方面，应用相当普遍。尤其是在美国，其在世界各地驻扎的大量军队无论是在战时还是在平时都对后勤补给提出很高的需求，在战争中，如果不依赖GPS，美军的后勤补给就会变得一团糟。美军在20世纪末的地区冲突中依靠GPS和其他顶尖技术，以强有力的、可见的后勤保障，为保卫美国的利益做出了贡献。目前，我国军事部门也在运用相关技术。

（4）用于内河及远洋船队最佳航程和安全航线的测定、航向的适时调度、监测及水上救援。

（5）用于空中交通管理、精密进场着陆、航路导航和监视。

（六）地理信息系统

地理信息系统（GIS）主要利用地理数据功能进行物流分析，它能自动确定用户的地理位置，实现对物流据点的选择和对物流配送路线的合理调度安排，同时运用其可视化地图实现查询分析物流状态的监控功能。

1. 地理信息系统概述

地理信息系统是以地理空间数据库为基础，在计算机软硬件的支持下，对空间相关数据进行采集、管理、操作、分析、模拟和显示，并采用地理模型分析方法，适时提供多种空间和动态的地理信息，为地理研究和决策服务而建立起来的计算机技术系统。简言之，GIS就是一个空间数据库管理系统。

2. 地理信息系统的特征

（1）具有系统管理、分析和以多种方式输出地理空间信息的能力，具有空间性和动态性，GIS的数据必须具有空间分布特征，具有一个特定投影和比例的参考坐标系统，基于共同的地理基础。

（2）为管理和决策服务，以地理模型方法为手段，具有区域空间分析、多要素综合分析和动态预测能力，产生决策支持信息及其他高层地理信息。

（3）由计算机系统支持进行地理空间数据管理，并由计算机程序模拟常规的专门地理分析方法，作用到空间数据之上产生有用信息，完成人类难以完成的任务。计算机系统的支持使得GIS具有快速、精确并能综合地对复杂的地理信息进行空间动态分析的能力。

3. 地理信息系统在现代物流中的应用

GIS应用于物流分析，主要是指利用GIS强大的地理数据功能来完善物流分析。企业已经开发出利用GIS为物流分析提供专门分析的工具软件。完整的GIS物流分析软件集成了车辆路线模型、最短路径模型、网络物流模型、分配集合模型和设施定位模型等。

（1）车辆路线模型。车辆路线模型用于解决在一个起点、多个终点的货物运输问题中，如何降低操作费用并保证服务质量的问题，包括决定使用多少车辆、每个车辆经过什么路线等。

（2）网络物流模型。用于解决如何寻求最有效的分配货物路径的问题，也就是物流网点分布问题，如将货物从N个仓库运往M个商店，每个商店都有固定的需求量，因此需要确定由哪个仓库提货送给哪个商店，且所需运输代价最小。

（3）分配集合模型。分配集合模型可以根据各个要素的相似点把同一层上的所有或部分要素分成几组，可以用于解决确定服务范围、销售市场范围等问题。

（4）设施定位模型。设施定位模型用来确定仓库、医院、零售商店、加工中心等设施的最佳位置，其目的同样是为了提高服务质量、降低操作费用、使利润最大化等。

（七）射频识别技术

1. 射频识别技术的定义

射频识别技术（RFID）适用于频率技术改变数据内容的情况，对于货物跟踪运载工具和货架及输送带上货物出库、入库的识别等非要求直接接触的数据采集和交换的场合。射频识别技术具有极强的保密性。

射频识别技术是一种非接触式的自动识别技术，它通过射频信号自动识别目标对象来获取相关数据。

RFID接收转发装置通常安装在运输线的一些检查点上（如门框上、桥墩旁等），以及仓库、车站、码头、机场等关键点。接收装置收到RFID标签信息后，连通接收地的位置信息，上传至通信卫星，再由通信卫星传送给运输调度中心，送入中心数据库中。

RFID系统在具体的应用过程中，根据不同的应用目的和应用环境，系统的组成会有所不同，但一般都由信号发射设备、信号接收设备、编程器、发射接收天线几部分组成。

2. 射频识别技术工作流程

（1）编程器预先将数据和信息写入标签中。

（2）读卡器将设定数据的无线电载波信号经过发射天线向外发射。

（3）当标签进入发射天线的工作区时，标签内的卡被激活，主动将卡内的信息由卡内的发射天线发射出去。

（4）接收天线将所收到的载波信号，经过天线调节器传给读卡器，由读卡器对收到的信号进行解调解码，并送到后台的计算机控制器。

（5）计算机控制器根据逻辑运算判断出该卡的合法性，进行相应的处理和控制，同时发出指令信号，控制执行机构做出相应的动作。

（6）执行结构按照控制器的指令执行相应的操作。

（7）通过计算机通信网络，将各个监控点连接起来，建立总控制信息平台。

3. 射频识别技术应用

射频识别卡可具有读写能力，可携带大量数据，难以伪造，且有智能。RFID适用于物料跟踪、运载工具和货架识别等要求非接触数据采集和交换的场合，由于RFID标签具有可读写能力，对于需要频繁改变数据内容的场合尤为适用。射频识别技术被广泛应用在各类企业的经营管理工作中。

如在生产制造企业中，制造商可以利用小标签的优势，将其用于在制品和终身跟踪、材料管理、库存控制、设备服务与维护等应用。射频识别标签耐受工业环境内的炎热、潮湿、溶剂、磨蚀材料以及其他使条形码性能受损的状况，因此该技术提供了在制造、运作中获得直观性的新方式。根据数据研究，通过创建程序来利用射频识别技术的直观性优势，制造商可以将库存量减少10%~30%，并由于减少了库存用尽现象而产生相关的利益，使资产利用率改善及营运资本的减少。

在JIT零库存环境中，读取器可以触发警报，提醒所需的材料已经到达，并指派叉车操作工将材料送往工作站。叉车安装的读取器将记录材料的接收，工作站的读取器将记录该处送交的货物。另外，贴有标签的工件可以通过传送系统自动送交，无须人为介入。库存记录将随着每次交易自动更新。部件料箱可以用相同的方式来管理。

贴在子组件和部件上的智能标签可以自动而准确地实现在制品跟踪，并可用于产品终身识别，该特性对于退货、服务和产品保修等运作都很有用处。除了作为唯一识别工具之外，智能标签有足够的存储量来存储配置信息。作为最终装配与包装之前的质量控制程序的组成部分，产品可以通过读取以确认所有需要的部件都已按照适当的配置方法被装配在组件的内部。该程序可以避免返工现象，并使质量控制任务更快完成，超过手工测试与检验的速度。无人看管的高速读取操作使检验每个组件的目标得以实现，而不是采用抽样检查。

补充资料

智慧物流产业园区

（八）物流规划仿真技术

物流规划仿真技术利用智能仿真技术对物流规划方案进行优化设计，实现物流运作的快捷响应、合理运行。

任务实施

实施步骤	实施内容
步骤一	根据学生实习所在岗位形成学习小组
步骤二	上网搜索和资料查询，了解物流信息技术的种类和主要的应用领域
步骤三	能够根据订单利用手持终端完成订单商品信息的录入
步骤四	绘制物流信息技术应用的思维导图
步骤五	小组互评和教师点评并整改，填写考核评价表

任务评价

专业：__________　班级：__________　姓名：__________　组别：__________

内容	评分标准		满分	得分
信息技术在物流中的应用	物流信息技术的种类和主要应用领域总结得全面具体		20	
	手持终端能够熟练使用，能够根据任务完成订单商品信息的录入		30	
	绘制物流信息技术应用的思维导图美观、内容具体		30	
	具有团队合作意识和服务意识		10	
	具有深入思考问题的能力和科技创新意识		10	
合计			100	
小组名称		小组成员		
教师评语				

考核日期：______年______月______日

知识回顾

本情境主要介绍了物流信息管理的基本概念、特征、功能，物流信息的分类和物流信息的应用，同时介绍了物联网技术的基本知识和物流信息化的含义，以及几种常见的物流信息技术——条形码技术、射频识别技术、GPS和GIS技术的基本内容和应用。本情境涉及的知识和技能如下：

（1）物流信息的基本概念、功能和物流信息的分类。

（2）几种常见的技术的基本概念、特点和功能。

（3）信息技术在物流管理中的应用。

（4）物联网的基本含义和特点及应用。

实践演练

在永辉超市实习期间，晓文了解了物流信息的基本含义、功能和特点，也理解了企业物流信息化的内容和订单处理的流程，对几种常见的物流信息技术有了基本的认知和了解，熟练操作物流信息技术的相关设施和设备是日后进入物流企业的必备基本技能。请同学们和晓文一起利用业余时间总结和归纳物流信息技术的类型和主要应用领域，同时利用电子地图（百度地图等）对上海东方明珠、哈尔滨火车站、我的学校进行目标定位和观测距离的测量，并给出经纬度、海拔高度和观测距离。

情境九 流通加工

情境描述

晓文在实习之前，对配送中心流通加工理论知识进行了学习，了解到美团优选生鲜电商较早就开始了食品流通加工，以其独特的优势在市场中脱颖而出。

首先，美团优选生鲜电商具有丰富的品类，能够满足消费者多样化的需求。美团优选生鲜电商提供的品类包括蔬菜水果、肉类禽类、水产海鲜、熟食、烘焙等，几乎覆盖了消费者日常所需的所有生鲜品类。美团优选在生鲜食品的流通加工过程中，主要从事冷冻储存、切割处理、分装配送、组装服务、贴标打印、检查监督和废品处理等工作。而且，美团优选生鲜电商还会根据不同地域的消费者需求，推出相应的地方特色产品，以满足当地消费者。

其次，美团优选生鲜电商拥有高效的配送体系，能够保证商品新鲜度和送货速度。美团优选生鲜电商采用的是“全程冷链”配送方式，保证了商品的新鲜度和品质。此外，美团优选生鲜电商与美团外卖、美团配送等业务联动，形成了完善的配送体系，能够快速、准时地将商品送达消费者手中。

最后，美团优选生鲜电商秉承“品质优选”的理念，为消费者提供高品质、高安全、高口感的生鲜产品。美团优选生鲜电商严格把控商品质量，采用的是“源头直采＋自营仓储＋严格品控＋全程冷链”的质量控制体系，确保商品的安全、卫生、新鲜。同时，美团优选生鲜电商还注重商品口感和品种选择，以消费者满意度为导向，为消费者提供更好的购物体验。

但晓文对于企业真实的流通加工形式和环节还不甚了解。为了更好地完成流通加工的实习内容，在授课教师的指导下，同学们组成项目小组，利用线上调研、模拟实践、企业参观掌握流通加工的形式与内容，以及在流通加工过程中的合理化组织与管理的方法。

学习目标

知识传递	• 明确流通加工的概念及其与一般生产加工的区别 • 掌握流通加工的不同形式和特点，掌握流通加工的内容 • 掌握流通加工的流程 • 掌握流通加工管理方法
能力培养	• 能够阐明流通加工在物流活动中的作用 • 能举例说明生活中典型的流通加工案例 • 能对流通加工的合理化要求进行分析 • 能够辨析不合理的流通加工的现象
素质培养	• 善于收集整理资料，具备信息归纳与整合的能力 • 培养物流作业的优化意识 • 树立爱岗敬业的精神和严谨细致的工作意识

知识结构图

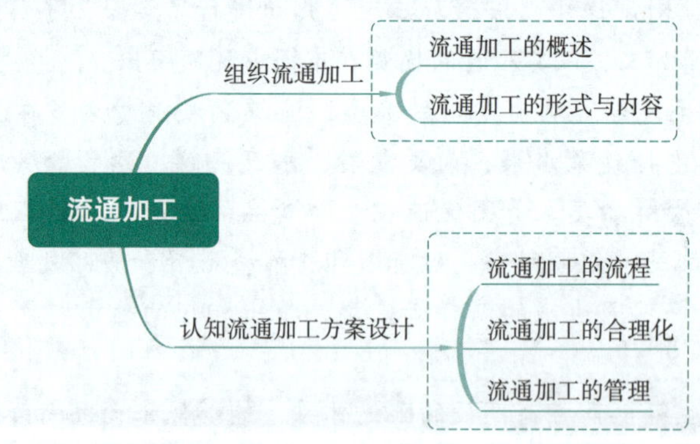

工作任务一　组织流通加工

任务分析

随着经济的快速发展，人们在饮食方面的观念有了很大的改变，将更多的目光转向食品健康与安全。新鲜果蔬是健康饮食中必不可少的一部分。晓文发现商超推出的鲜切果蔬新鲜多样、搭配均衡，愈来愈受到消费者的青睐。是谁对新鲜果蔬进行清洗、切割、保鲜作业，为鲜切果蔬品质保驾护航呢？带着这个问题晓文请教了老师，原来是物流过程中的流通加工环节，在满足客户的个性化需求和市场变化的同时，还有效地提高物流效率和附加价值。为了深入了解流通加工在物流环节中的作用，以及流通加工形式与内容，晓文与同学们开始了新的任务准备。

准备工作

◎查询物流企业流通加工的实例。
◎调研配送中心流通加工工作形式与过程。
◎与实习物流企业的员工交流，获取相关信息。

建议学时

课前，1 学时　　课中，1 学时　　课后，0.5 学时

知识储备

一、流通加工概述

（一）流通加工的概念

流通加工的出现，反映了现代物流的发展，也反映了人们对物流生产、分工观念的变革。流通与加工本属于两个不同范畴。加工作为形成一定产品的活动，改变物资的性质或形状；流通则是改变物资的空间与时间状态。流通加工是为了弥补生产过程的加工不足，更有效满足用户的需要，使产需双方能更好地衔接，将这些加工活动放在物流过程中完成，而成为物流的一个组成部分。流通加工是生产加工在流通领域中的延伸，也可以看成流通领域为了更好地服务而在职能方面的扩大。流通加工既属于加工范畴，也属于物流活动的一部分。

1. 流通加工的概念

流通加工是产品从生产领域向消费领域的流动过程中，为了促进销售，提高物流效率，在保证产品使用价值不发生改变的前提下，对产品进行的加工。流通加工是一种辅助性的加工，经过流通加工，产品会发生物理、化学等变化。

流通加工是指物品在从生产地到使用地的过程中，根据需要施加包装、分割、计量、分拣、刷标志、拴标签、组装等简单作业的总称。

常见的流通加工有：鱼、肉、禽类的分割与冷冻，如图9-1所示；生奶酪的冷藏；鲜牛奶的灭菌和摇匀；生鲜食品及蔬菜的速冻包装、真空包装等，如图9-2所示；丝、麻、棉织品的防虫、防霉加工等。为防止金属材料的锈蚀而进行的喷漆、涂防锈油等措施，运用手工、机械或化学方法除锈；木材的防腐朽、防干裂加工；煤炭的防高温自燃加工；水泥的防潮、防湿加工等。

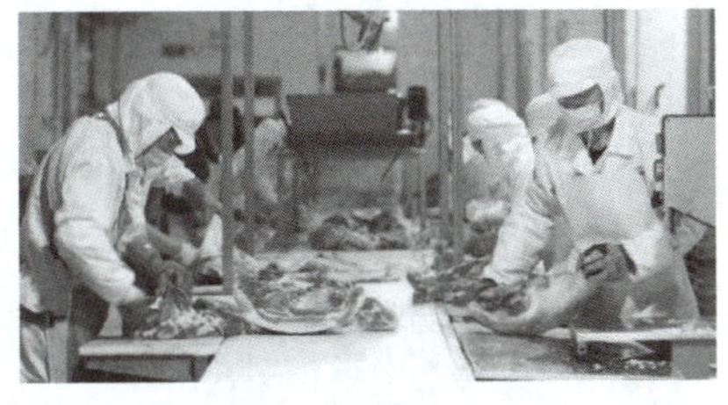

图 9-1　肉类的分割

图 9-2　食品的包装

2. 流通加工和生产加工的差别

流通加工和生产加工在加工方法、加工组织、生产治理方面并无显著区分，但在加工对象、加工程度方面差异较大，其主要的差异点为：

（1）流通加工的对象是进入流通过程的商品，具有商品的属性。以此来区分多环节生产加工中的一环。流通加工的对象是商品，而生产加工对象不是最终产品，而是原材料、零配件、半成品。农业地生产和农产品的流通加工如图9-3所示。

图 9-3　农业地生产与流通加工

（2）流通加工大多是简洁加工，而不是简单加工。一般来讲，生产过程理应完成大部分加工活动，流通加工通过专设生产加工设备与加工过程，简单加工后才能形成人们所需的商品，因此流通加工对生产加工是一种帮助及补充。特别需要指出的是，流通加工绝不是对生产加工的取消或代替。

（3）从价值观点看，生产加工目的在于制造价值及使用价值，而流通加工则在于完善其使用价值，并在不作大转变状况下提高价值。

（4）流通加工的组织者是从事流通工作的人，能紧密结合流通的需要而开展这种加工活动，从加工单位来看，流通加工由商业或物资流通企业完成，而生产加工则由生产企业完成。

（5）商品生产是为交换和消费而生产的，流通加工一个重要目的，是为了消费（或再生产）所进行的加工，这一点与商品生产有共同之处。但是流通加工也有时候是以自身流通为目的，纯粹是为流通制造条件，这种为流通所开展的加工与直接为消费而开展的加工从目的来讲是有区别的，这又是流通加工不同于一般生产的特别之处。

流通加工和生产加工的差别见表9-1。

表 9-1　流通加工和生产加工的差别

项目	生产加工	流通加工
加工对象	原材料、零配件、半成品	进入流通过程的产品
所处环节	生产过程	流通过程
加工程度	复杂的、完成大部分加工	简单加工，辅助性、补充加工
附加价值	创造产品的价值和使用价值	完善产品的使用价值并提高价值
加工单位	生产企业	流通企业
加工目的	为交换、消费	为消费、流通

（二）流通加工的作用

流通加工在现代物流中的地位虽不能与运输、仓储等主要功能要素相比，但它能起到运输、仓储等主要功能要素无法起到的作用。流通加工的具体作用主要体现在以下五个方面：

1. 流通加工有效地完善了流通

流通加工在实现时间和空间两个重要效用方面，确实不能与运输和储存相比。因而流通加工在物品的实体流动过程中起着补充、完善、提高增强作用的功能要素。在整个流通链条中，它能起到运输、储存等其他功能要素无法起到的作用。所以，流通加工能大大提高现代物流整体水平，促进流通向现代化发展。

2. 流通加工是物流中的重要利润源

流通加工是一种低投入、高产出的加工方式，往往以简单加工解决大问题。实践证明，有的流通加工通过改变包装使商品档次跃升而充分实现其价值，有的流通加工将产品利用率一下提高 20%~50%。这是采取一般方法提高生产率所难以企及的。根据物流实践表明，流通加工仅就向流通企业提供利润一点，其成效并不亚于从运输和储存中挖掘的利润，其他是物流中的重要利润源。

3. 提高加工效率及设备利用率

在分散加工的情况下，加工设备由于生产周期和生产节奏的限制，设备利用时松时紧，使得加工过程不均衡，设备加工能力不能得到充分发挥。而流通加工面向全社会，加工数量大，加工范围广，加工任务多。这样可以通过建立集中加工点，采用一些效率高、技术先进、加工量大的专门机器和设备，一方面提高了加工效率和加工质量，另一方面还提高了设备利用率。

4. 提高原材料利用率

利用流通加工将生产厂直接运来的简单规格产品，按照使用部门的要求进行集中下料。例如，将钢板进行剪板、切裁，钢筋或圆钢裁制成毛坯，木材加工成各种长度及大小的板方材等。集中下料可以优材优用、小材大用、合理套裁，有很好的技术经济效果。例如北京、济南、丹东等城市对平板玻璃进行流通加工（集中裁制、开片供应），使玻璃的利用率从60%提高到85%~95%。

5. 进行初级加工方便用户

对于用量小或临时产生需要的单位，因缺乏进行高效率初级加工的能力，依靠流通加工便可使这些单位省去进行初级加工的投资、设备及人力，从而搞活供应，方便用户。目前发展较快的初级加工有：将水泥加工生成混凝土、将原木或板方材加工成门窗、冷拉钢筋及冲制异型零件、钢板预处理、整形、打孔等加工。

流通加工在国民经济中也是重要的加工形式。在整个国民经济的组织和运行方面，流通加工是其中一种重要的加工形态，对推动国民经济的发展和完善国民经济的产业结构和生产分工有一定的意义。流通加工主要有提高原材料利用率、提高加工效率和设备使用率、方便用户等作用。虽然我国地大物博，资源丰富，但是人均占有量少，有些自然资源甚至出现短缺问题。随着全球环境问题不断变化，保护和合理利用自然资源问题已成为我国的可持续发展战略。物流全系统应坚持绿水青山就是金山银山的理念，全方位、全地域、全过程加强对环境的保护，在流通加工作业中迈出绿色、循环、低碳的步伐，让我们的祖国天更蓝、山更绿、水更清，使流通加工作业效率更高、成本更低、服务更好。

二、流通加工的形式与内容

（一）流通加工的形式

流通加工其主要活动包括简单的组装、剪切、套裁、贴标签、刷标志、分装、检量、弯管、打孔等加工作业，这些作业活动多在配送中心、仓库等物流场所进行。但随着我国经济与物流的高速发展，社会商品极大丰富，是由消费者支配价格，消费者对商品有多样化、个性化的需求。为适应消费者的需要，传统的物流服务必然会进行扩展，比如运输企业增加了冷藏运输车辆，形成一体化的冷链流通。在物流水平提高、成本上升、利润下降的现实条件下，为了追求新的附加值增长点，流通加工业务的范围被大大拓宽。比如衣料的染色、印制，机器检验、组装等多种流通加工服务应运而生。为适应新的时代要求，随着消费者需求的深度和广度的扩展，流通加工的形式还会继续向深度和广度扩展。

流通加工的形式多种多样，充分体现流通加工对物流服务功能的增强。其主要形式有以下几种。

1. 为弥补生产领域加工不足的深加工

有许多产品在生产领域的加工只能到一定程度，这是由于存在许多因素限制了生产领域不能完全实现终极的加工。例如钢铁厂的大规模生产只能按标准规定的规格生产，以使产品有较强的通用性，使生产能有较高的效率和效益；木材如果在产地完成成材制成木制品的话，就会造成运输的极大困难，所以原生产领域只能加工到圆木、板方材这个程度。进一步的下料、切裁、处理等加工则由流通加工完成。图9-4所示为激光机切割钢板。

图 9-4　激光机切割钢板

这种流通加工实际是生产的延续，是生产加工的深化，对弥补生产领域加工不足有重要意义。

2. 为满足需求多样化进行的服务性加工

从需求角度看，需求存在着多样化和易变的特点，为满足这种要求，经常是用户自己设置加工环节，例如，生产消费型用户的再生产往往从原材料初级处理开始。

就用户来讲，现代生产的要求，是生产型用户能尽量减少流程，尽量集中力量从事较复杂的、技术性较强的劳动，而不愿意将大量初级加工包揽下来。这种初级加工带有服务性，由流通加工来完成，生产型用户便可以缩短自己的生产流程，使生产技术密集程度提高。图9-5所示为常见的月饼礼盒的定制。

3. 为保护产品所进行的加工

在物流过程中，直到用户投入使用前，都存在对产品的保护问题，防止产品在运输、储存、装卸、搬运、包装等过程中遭到损失，使使用价值能顺利实现。和前两种加工不同，这种加工并不改变进入流通领域的"物"的外形及性质。这种加工主要采取稳固、改装、冷冻、保鲜、涂油等方式。图9-6所示为金属防锈涂油技术。

图 9-5　月饼礼盒的定制

图 9-6　金属防锈涂油技术

4. 为提高物流效率，方便物流的加工

有一些产品本身的形态使之难以进行物流操作。如鲜鱼的装卸、储存操作困难，过大设备搬运、装卸困难，气体物运输、装卸困难等。进行流通加工，可以使物流各环节易于操作，如鲜鱼冷冻（见图9-7）、过大设备解体、气体液化等。这种加工往往改变"物"的物理状态，但并不改变其化学特性，并最终仍能恢复原物理状态。

图 9-7　鲜鱼冷冻

5. 为促进销售的流通加工

流通加工可以从若干方面起到促进销售的作用，如：将过大包装或散装物（这是提高物流效率所要求的）分装成适合一次销售的小包装的分装加工；将原以保护产品为主的运输包装改换成以促进销售为主的装潢性包装，以起到吸引消费者、指导消费的作用；将零配件组装成用具、车辆以便于直接销售；将蔬菜、肉类洗净切块以满足消费者要求；等等。这种流通加工可能是不改变“物”的本体，只进行简单改装的加工，也有许多是组装、分块等深加工。果蔬鲜切销售如图9-8所示。

图 9-8 果蔬鲜切销售

6. 为提高加工效率的流通加工

许多生产企业的初级加工由于数量有限，加工效率不高，也难以投入先进科学技术。流通加工以集中加工形式解决了单个企业加工效率不高的弊病。以一家流通加工企业代替了若干生产企业的初级加工工序，促使生产水平的发展。

7. 为提高原材料利用率的流通加工

流通加工利用其综合性强、用户多的特点，可以实行合理规划、合理套裁、集中下料的办法，这就能有效提高原材料利用率，减少损失浪费。一些生产企业的初级加工，由于数量有限，原材料加工利用率不高，而流通加工以集中加工的形式解决了单个企业加工利用率不高的弊端，它可以一家流通加工企业的集中加工代替若干家生产企业的初级加工，或依靠生产企业和流通企业的联合进行流通加工的安排，这种形式可以促进产业结构的调整，是目前流通加工领域的新形势。如将鱼类的内脏加工成饲料（见图9-9），将鱼鳞加工成高级黏合剂、头尾加工成鱼粉，将蔬菜加工后的剩余物加工成饲料、肥料等。

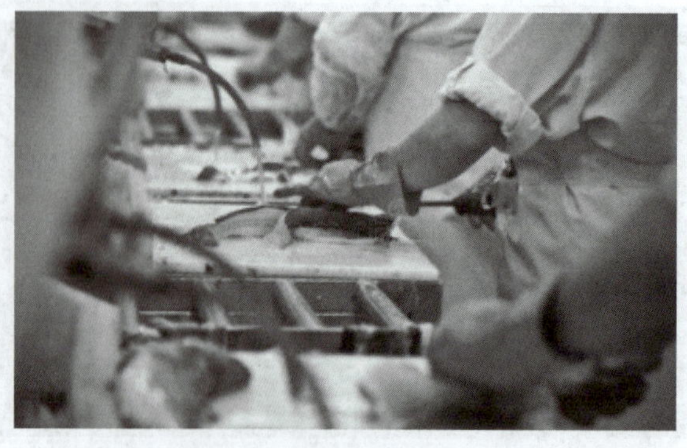

图 9-9 加工鱼类的内脏成饲料

8. 衔接不同运输方式，使物流合理化的流通加工

在干线运输及支线运输的结点设置流通加工环节，可以有效解决大批量、低成本、长距离干线运输多品种、少批量、多批次末端运输和集货运输之间的衔接问题，在流通加工点与大生产企业间形成大批量、定点运输的渠道，又以流通加工中心为核心，组织对多用户的配送，也可在流通加工点将运输包装转换为销售包装，从而有效衔接不同目的的运输方式。

9. 以提高经济效益、追求企业利润为目的的流通加工

流通加工的一系列优点，可以形成一种“利润中心”的经营形态，这种类型的流通加工是经营的一环，在满足生产和消费要求的基础上取得利润，同时在市场和利润引导下使流通加工在各个领域中能有效的发展。

10. 生产－流通一体化的流通加工形式

依靠生产企业与流通企业的联合，或者生产企业涉足流通，或者流通企业涉足生产，形成对生产与流通加工进行合理分工、合理规划、合理组织，统筹进行生产与流通加工的安排，这就是生产-流通一体化的流通加工形式。这种形式可以促成产品结构及产业结构的调整，充分发挥企业集团的经济技术优势，是目前流通加工领域的新形式。

（二）流通加工的内容

1. 生鲜食品的流通加工

1）生鲜食品常用的流通加工方法

（1）冷冻加工。生鲜食品的冷冻加工主要是降低温度。蔬菜容易腐烂，降低温度防止外面细菌的进入可以更好地延长其寿命。

（2）分选加工。农副产品离散情况较大，为获得一定规格的产品，采取人工和机械分拣的方式加工称为分选加工。超市的各类水果、鸡翅、香肠、咸菜等，在上架之前可进行加工、分类、清洗、贴标签和条形码、包装、袋装等。水果的分选如图9-10所示。

图 9-10　水果的分选

（3）精制加工。精制加工多用于农牧副渔等产品，可在配送中心加工去除无用部分，进行切分、洗净、分装等加工，比如鱼等海鲜产品的开膛去鳞，猪肉、鸡肉等肉类产品的分割，这种加工不但大大方便了购买者，而且还可以对加工的淘汰物进行综合利用。比如生鲜食品的分选加工主要指将蔬菜类不要的根叶用来做肥料饲料等。

（4）分装加工。许多生鲜食品零售起点较小，而为了保证高效输送出厂，包装一般比较大，也有一些是采用集装运输方式运达销售地区。这样为了便于销售，仓储公司按所要求的零售起点进行新的包装，即大包装改小包装、散装改小包装、运输包装改销售包装，以满足消费者对不同包装规格的需求，从而达到促销的目的。

2）袋装产品的流通加工

（1）非常压加工。

①高压处理：即利用加在液体中的压力，通过流体静压，将被密闭于包装内或无菌泵式系统内的食品，在常温或较低的温度下加压，从而达到杀菌、物料改性、产生新的组织结构、改变食品的品质和某些物理化学反应速度的效果。

②低压处理：对袋装食品进行真空脱水、蒸发浓缩等，以达到除氧、干燥的目的。

（2）袋装产品冷藏/冷冻加工。为了延长食品的保存期限，抑制微生物繁殖和活动，使食品的新鲜度能得到很好的保持，并能使某些食品（如肉类）进行一部分的成熟过程，会将食品的温度由常温降到指定的温度，对袋装食品进行冷却、超低温冻结等方式，以保持食品的新鲜度。图9-11所示为低温冷藏保鲜后的大虾。

图 9-11　低温冷藏大虾

3）化学加工

（1）食物防腐剂：以保持食品原有品质和营养价值为目的。

（2）添加剂：能抑制微生物活动、防止食品腐败变质，从而延长保质期。

（3）食品抗氧化剂：能阻止或延缓食品氧化变质，提高食品稳定性和延长储存期。

2. 家电产品的流通加工

1）珍珠棉缓冲加工

珍珠棉是一种具有高强缓冲和抗震能力的新型环保发泡材料，柔软性和缓冲性很好，受反复冲击其特性不变，具有良好的防水性和很强的浮力，不受气候条件影响。因此，珍珠棉广泛应用于电子电器、仪器仪表、计算机、音响、家电、酒类及礼品、玩具等多种产品的包装。珍珠棉加入防静电剂和阻燃剂后，更显其卓越的性能。

2）外包装加工

家用电器纸箱包装加工目前主要是采用瓦楞纸箱。纸箱箱体较大，与其他形式包装（如木箱等）相比，成本较低、包装便捷、运输方便、无污染、可循环利用等，瓦楞纸箱具有质量轻、抗压好、易加工成型、便于储存和搬运、印刷适性好、易回收等特性，已广泛用于运输包装加工。图9-12所示为常见的家用电器纸箱包装。

图 9-12　家用电器纸箱包装

3. 日化用品的流通加工

1）产品组装

产品组装主要是根据不同日化用品的特性进行分类，为了便于销售而进行的产品组合，功能相同或是功能互补的产品组合销售往往能够取得更好的效果。

2）流通包装

日化用品对于包装的美观要求较高，尤其是组合产品的包装对产品的销售很重要。因此，在流通过程中，把产品进行分类包装，不仅可以提高产品的流通效率，同时也能促进产品的销售。图9-13所示为日化用品促销包装。

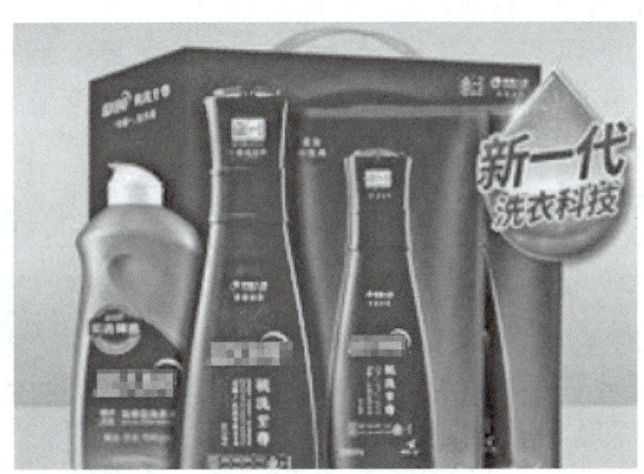

图 9-13　日化用品促销包装

4. 木材的流通加工

磨制木屑压缩输送，这是一种为了提高流通运输效益的加工方法，木材质量轻，往往使车船满装不能满载，同时装车捆扎也比较困难，从林区外送的原木中有相当一部分是造纸材料，通常采取在林木生产地就将原木磨成木屑，然后采取压缩方法，使之成为容易装运的形状，然后运至靠近消费地的造纸厂，取得了较好的效果。采取这种办法比直接运送原木节约一半的运费。

集中开木下料，在流通加工点将圆木锯裁成各种规格的锯材（见图9-14），同时将碎木碎屑集中加工成各种规格板，甚至还可以进行打眼、凿孔等初级加工，用户直接使用原木，不但加工复杂，加工场地大，设备多，更严重的是资源浪费，木材平均利用率不到50%，平均出材率不到40%。实行集中下料，按用户要求供应规格木料，可以使原木利用率提高到95%，出材率提高到50%以上，有相当好的经济效果。

图 9-14　木材的加工

5. 平板玻璃的流通加工

平板玻璃的集中套裁、开片供应是重要的流通加工方式，这种方式是设立若干个玻璃套裁中心，按用户提供的图纸统一开片供应用户成品。在此基础上，可以逐渐形成从工厂到套裁中心稳定的高效率、大规模的平板玻璃干线输送，以及从套裁中心到用户的小批量、多用户的二次输送的现代物流模式，这种方式的好处是：

（1）平板玻璃的利用率可以由不实行套裁时的62%~65%，提高到90%以上。

（2）可以促进平板玻璃包装方式的改革，从工厂向套裁中心运输的平板玻璃，如果形成固定渠道，便可以大规模集装，这样节约了大量包装，同时防止流通中的大量破损。

（3）套裁中心按需要裁制，有利于玻璃生产厂简化规格，单品种、大批量生产，不但能提高工厂生产率，而且简化了工厂裁切、包装等工序，使工厂集中力量解决生产问题。此外，现场拆解玻璃劳动强度大，末料也难以处理，集中套裁可以广泛采用专用设备进行裁制，废玻璃相对数量少，并且易于集中处理。图9-15所示为平板玻璃的裁切。

图 9-15　平板玻璃的裁切

6. 钢板剪板机下料加工

剪板加工是在固定地址设置剪板机下料，加工设置各种切割设备，将大规格板材裁小或裁切成毛坯，便于用户使用，如图9-16所示。钢板剪板机下料的流通加工有如下几项优点：

（1）由于可以选择加工方式，加工后钢材的流通较少发生变化，可以保证原来的交货状态，有利于进行高质量加工。

（2）加工精度高，可减少废料、边角料，也可以减少再进行精加工的切削量，既可以提高再加工的效率，又有利于减少消耗。

（3）由于集中加工，可保证批量及生产的连续性，可以专门研究此项技术，并采用先进设备，从而大幅度提高效率和降低成本。使用者能简化生产，缓解提高生产水平，圆钢、型钢、角钢、线材的集中下料和线材冷拉加工与钢板的流通加工类似。

图 9-16　钢板剪板机下料加工

补充资料

流通加工的产生与发展

任务实施

实施步骤	实施内容
步骤一	根据给定的各类产品的流通加工过程，分析流通加工内容、合理选择包装材料，完成流通加工任务
步骤二	完成切割处理工作：对需要切割处理的生鲜食品，如肉类、鱼类等进行流通加工。在流通加工过程中，对肉类进行精细地切割和处理，并根据客户的需求将肉类分装成不同的规格和品种
步骤三	完成果蔬分装工作：配合流通加工部门将果蔬采购回来后进行分拣、清洗和包装，按照客户的需求分装成不同的包装
步骤四	完成组装服务工作：对于一些需要组装服务的生鲜食品，如水果拼盘等进行组装服务，对各种水果进行挑选、清洗和切割，然后将它们组装成漂亮的水果拼盘，以满足客户的需求
步骤五	完成贴标打印工作：在生鲜食品的流通加工过程中，对各种生鲜食品进行贴标打印，标明食品的价格、名称、生产日期等信息，以方便消费者了解和选购
步骤六	学生自评，小组互评，教师点评，填写考核评价表

任务评价

专业：________ 班级：________ 姓名：________ 组别：________

内容	评分标准		满分	得分
组织流通加工	正确分析流通加工形式与内容、合理选择包装材料		20	
	按流通加工工作流程完成切割处理工作		15	
	按流通加工工作流程完成果蔬分装工作		15	
	按流通加工工作流程完成组装服务工作		15	
	按流通加工工作流程完成贴标打印工作		15	
	具有吃苦耐劳的劳动精神，严谨细致的工作态度，节约、环保的意识		20	
合计			100	
小组名称		小组成员		
教师评语				

考核日期：______年______月______日

工作任务二　认知流通加工方案设计

任务分析

通过企业实践，晓文充分理解了流通加工在物流中的作用，已经初步了解了配送中心流通加工作业的形式与内容。但在流通加工过程中，如果只追求企业的局部利益，不适当地进行流通加工，就违反了流通加工的初衷。晓文想通过分析不合理的流程加工现象，学习合理化流通加工组织的方法，进而尝试为某企业的流通加工设计作业方案。

准备工作

◎调研物流中的不合理的流通加工现象。

◎调研供应商信息及配送超市的需求信息。

◎通过资料分析，尝试为某企业的流通加工设计作业方案。

建议学时

课前，1 学时　　课中，1 学时　　课后，0.5 学时

知识储备

一、流通加工的流程

流通加工中心以流通加工为主，但也不是只有一个作业模式，随着加工方式的不同，加工中心的作业流程也有所区别。其作业流程的特点，以平板玻璃为例，进货是大批量、少品种的产品，因此分类的工作不重复或基本无须分类、存放，存储后进行加工和生产，企业按标准系列加工成不同规格的玻璃。加工一般是按用户要求来进行，因此加工后产品便直接按用户要求分放、配货。

所以这种流通加工中心有时不专门设立分货配货，流通加工部分或加工后暂存部分占较多位置。图9-17所示为某平板玻璃流通加工中心工作流程。

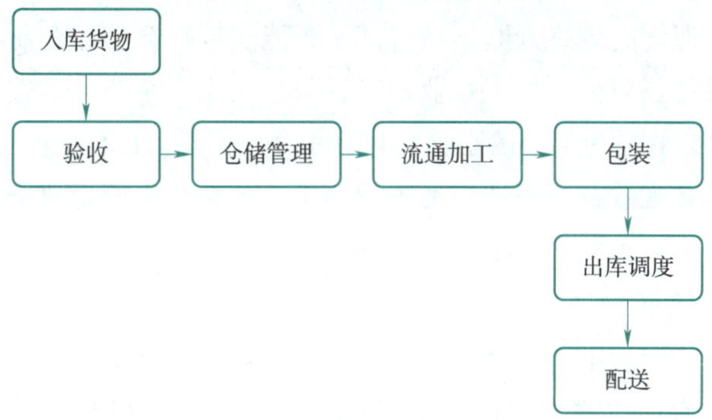

图 9-17　某平板玻璃流通加工中心工作流程

二、流通加工的合理化

（一）合理化的流通加工

1. 加工和配送结合

加工和配送相结合是将流通加工设置在配送点中，一方面按配送的需要进行加工，另一方面，加工又是配送业务流程中分货、拣货、配货之一环，加工后的产品直接投入配货作业，这就无须单独设置一个加工的中间环节，使流通加工有别于独立的生产，而使流通加工与中转流通巧妙结合在一起。同时，由于配送之前有加工，可使配送服务水平大大提高。这是当前对流通加工做合理选择的重要形式，在煤炭、水泥等产品的流通中已表现出较大的优势。

2. 加工和配套结合

在对配套要求较高的流通中，配套的主体来自各个生产单位，但是，完全配套有时无法全部依靠现有的生产单位，进行适当流通加工，可以有效促成配套，大大提高流通的桥梁与纽带的能力。

3. 加工和合理运输结合

流通加工能有效衔接干线运输与支线运输，促进两种运输形式的合理化。利用流通加工，在支线运输转干线运输或干线运输转支线运输这本来就必须停顿的环节，不进行一般的支转干或干转支，而是按干线或支线运输合理化的要求进行适当加工，从而大大提高运输及运输转载水平。

4. 加工和合理商流相结合

通过加工有效促进销售，使商流合理化，也是流通加工合理化的考虑方向之一。加工和配送的结合，通过加工，提高了配送水平，强化了销售，是加工与合理商流相结合的一个成功的例证。

此外，通过简单地改变包装加工，形成方便的购买量，通过组装加工解除用户使用前进行组装、调试的难处，都是有效促进商流的例子。

5. 加工和节约相结合

节约能源、节约设备、节约人力、节约耗费是流通加工合理化重要的考虑因素，也是目前我国设置流通加工、考虑其合理化的较普遍形式。

对于流通加工合理化的最终判断，是看其是否能实现社会的和企业本身的两个效益，而且是否取得了最优效益。对流通加工企业而言，与一般生产企业一个重要不同之处是，流通加工企业更应树立社会效益为第一的观念，只有在补充完善为己任的前提下才有生存的价值。如果只是追求企业的微观效益，不适当地进行加工，甚至与生产企业争利，这就有违于流通加工的初衷，或者其本身已不属于流通加工范畴了。

（二）不合理的流通加工

流通加工是在流通领域中对生产的辅助性加工，从某种意义来讲，它不仅是生产过程的延续，实际是生产本身或生产工艺在流通领域的延续。这个延续可能有正反两方面的作用，即一方面可能有效地起到补充完善的作用，但是，也必须估计到另一个可能性，即对整个过程的负效应。各种不合理的流通加工都会产生抵消效益的负效应。

1. 流通加工地点设置不合理

流通加工地点设置及布局状况是使整个流通加工是否有效的重要因素。一般而言，为衔接单品种大批量生产与多样化需求的流通加工，加工地设置在需求区才能实现大批量的干线运输与多品种末端配送的物流优势。

如果将流通加工地设置在生产地区，其不合理之处在于多样化需求的产品，多品种、小批量由产地向需求地的长距离运输会出现不合理；在生产地增加了一个加工环节，同时增加了近距离运输、装卸、储存等一系列物流活动。所以，在这种情况下，不如由原生产单位完成这种加工而无须设置专门的流通加工环节。

一般而言，为方便物流的流通加工环节应设在产出地，设置在进入社会物流之前，如果将其设置在物流之后，即设置在消费地，则不但不能解决物流问题，又在流通中增加了一个中转环节，因而也是不合理的。

即使是产地或需求地设置流通加工的选择是正确的，还有流通加工在小地域范围的正确选址问题，如果处理不善，仍然会出现不合理。这种不合理性表现在交通不便，流通加工与生产企业或用户之间距离较远，流通加工点的投资过高（如选址的地价影响），加工点周围社会、环境条件不良等。

2. 流通加工方式选择不当

流通加工方式包括流通加工对象、流通加工工艺、流通加工技术、流通加工程度等。流通加工方式的确定实际上是与生产加工的合理分工。分工不合理，本来应由生产加工完成的，却错误地由流通加工完成，本来应由流通加工完成的，却错误地由生产过程去完成，都会造成不合理。

流通加工不是对生产加工的代替，而是一种补充和完善。所以，一般而言，如果工艺复杂，技术装备要求较高，或加工可以由生产过程延续或轻易解决，都不宜再设流通加工，尤其不宜与生产过程争夺技术要求较高、效益较高的最终生产环节，更不宜利用一个时期市场的压迫使生产者变成初级加工或前期加工，而流通企业完成装配或最终形成产品的加工。如果流通加工方式选择不当，就会出现与生产夺利的恶果。

3. 流通加工作用不大，形成多余环节

有的流通加工过于简单，或对生产及消费者作用不大，甚至有时流通加工的盲目性，而未能解决品种、规格、质量、包装等问题，相反却实际增加了环节，这也是加工不合理的重要形式。

4. 流通加工成本过高，效益不好

流通加工之所以能够有生命力，重要优势之一是具有较大的产出投入比，因而起着补充完善的作用。如果流通加工成本过高，则不能实现以较低投入实现更高使用价值的目的。

补充资料

促进流通加工发展的策略

三、流通加工的管理

（一）流通加工的生产管理

在物流系统和社会生产系统中，经过可行性研究确定设置流通加工中心后，组织与管理流通加工生产是运作成败的关键，流通加工的生产管理与运输、存储等方法有较大区别，而与生产组织和管理有许多相似。流通加工的组织和安排的特殊性在于内容及项目很多，而不同的加工项目有不同的加工工艺。一般而言，都有对劳动力、设备、动力、财务、物资等方面的管理。对于套裁的流通加工，其最具特殊性的生产管理是出材率的管理。这种主要流通加工形式的优势在于利用率高，出材率高，从而获取效益。为提高出材率，需要加强消耗定额的审定及管理，并采取科学方法进行套裁的规划与计算。

（二）流通加工的质量管理

流通加工的质量管理，主要是对加工产品的质量进行控制。由于加工成品一般是国家质量标准上没有的品种规格，因此进行这种质量控制的依据主要是用户的要求。各用户要求不一，质量宽严程度也不一，流通加工必须进行灵活的柔性生产才能满足质量要求。此外，全面质量管理中采取的工序控制产品质量、监测各种质量、控制图表等也是流通加工质量管理的有效方法。

（三）流通加工的成本管理

流通加工的成本主要包括以下内容：

（1）流通加工设备费用：流通加工设备购置费用。

（2）流通加工材料费用：流动加工过程中需要消耗的材料的费用。

（3）流通加工劳务费用：流动加工过程中从事加工活动的管理人员、工人及有关人员的工资、奖金等费用的总和。

（4）流通加工其他费用：流通加工中耗用的电力、燃料、油料等费用。

流通加工成本分析常用的方法有比较分析法、比率分析法、连环替代法、差额计算法等。在进行流通加工成本管理的时候，主要通过基本报表和补充资料两个部分进行。对全部流通加工成本计划的完成情况进行总括评价。通过总评价，一是对流通加工中心全部产品加工成本的完成情况有个总括的了解；二是通过对影响计划完成情况因素的初步分析，为进一步分析指出方向。

木材集中下料的成本管理

假设加工现场甲、乙、丙三个客户分别需要 2.9 m、2.1 m、1.5 m 的棒材各 100 根。已知供应商提供的棒材规格为 7.4 m。

扫一扫

问题思考：试比较分散下料与集中下料所需的原材料数量，说明流通加工产生的经济效果。

参考答案

实施步骤	实施内容
步骤一	基于流通加工的合理化原则，综合考虑剔除不合理的流通加工，以实现产品生产的最终利益为目标，为某配送中心生鲜部的鲜牛奶、酸奶及奶制品的流通加工设计作业方案的内容框架
步骤二	了解配送中心牛奶等供货渠道，了解要配送的超市的流通加工的需求量和包装要求等
步骤三	根据鲜牛奶、酸奶及奶制品的流通加工的步骤和技术要求，以及不同客户的具体要求制订流通加工的详细方案
步骤四	与客户确认流通加工方案，以客户的新需求进行方案修正，最终完成方案的确认
步骤五	小组互评和教师点评并整改，填写考核评价表

任务评价

专业：__________　班级：__________　姓名：__________　组别：__________

内容	评分标准	满分	得分
流通加工方案设计	制作供应商档案与客户需求档案	30	
	根据客户需求设计流通加工方案	30	
	完善方案并交付实施	30	
	具有较强的数据分析能力和严谨的逻辑思维	10	
合计		100	
小组名称		小组成员	
教师评语			

考核日期：_____年_____月_____日

知识回顾

本情境主要介绍了流通加工的基本概念与作用，流通加工与生产加工的差别，流通加工的形式与内容，流通加工合理化组织与不合理现象的分析，以及流通加工在生产、质量和成本方面的管理。流通加工合理化组织与管理活动中，注重树立节约意识和生态环境保护意识，培养物流创新能力。本情境涉及的知识和技能如下：

（1）流通加工的基本概念、作用和与生产加工的区别。

（2）流通加工的形式与内容：区别不同功能下的形式，通过不同方面能够阐述流通加工内容。

（3）流通加工合理化组织与管理：合理化的流通加工及不合理流通加工的表现形式。

实践演练

晓文在企业实习期间发现，在生鲜食品的流通加工过程中，难免会产生一些废品和残次品。请思考如何在流通加工过程中合理化组织与管理活动，保证这些废品和残次品得到合理的处理，从而保证食品安全和环境保护。同时体会在物流管理活动中注重节约意识和生态环境保护意识，培养物流创新能力。

情境十
第三方物流与第 N 方物流

情境描述

晓文在实习中听到了第三方物流和第四方物流的概念，想了解更多第四方物流的案例，于是通过网络查询获取了江西省供销合作社的相关信息。

以前，当地的农产品生产经营者因为没有“互联网 + 第四方物流”，百合、冬笋等农特产品只能在当地开店销售，很难卖到外地去，要卖到外地，也只有通过物流车整车送到浙江等地去搞批发，很不方便，也卖不出好价钱。要想通过电商营销平台销售，必须把产品送到县城的快递公司，物流成本也很高。

从 2017 年 1 月开始，江西省供销合作社陆续在寻乌、广昌等 11 个县区试点推进“互联网 + 第四方物流”供销集配体系建设，利用互联网技术，为快递、快消品、农产品、农资产品提供“统一仓储、统一分拣、统一配送”服务，畅通城乡双向循环“高速”路。

“互联网 + 第四方物流”供销集配体系是建立买方（第一方物流）、卖方（第二方物流）、配送企业（第三方物流）共享的人、仓、车集中配送物流体系，即第四方物流，着力解决农产品上行“最先一公里”和工业品下行“最后一公里”问题，发挥城乡末端物流的“毛细血管”作用。如果每家快递公司都在小范围内设置网点，他们配送的路程是高度重合的。“第四方物流”将所有主流快递公司的快件都集中在集配中心，然后配送到消费者手上，既节省了人力物力，又降低了各快递企业的物流成本，还提升了效率，实现了合作共赢。通过搭建社区团购 B2C 和生鲜电商 B2B 体系，全县生鲜配送均可在半小时内到达。集配中心整合了八家快递公司资源，在 116 个行政村建立了 1 000 个“第四方物流”加盟配送点，各网点导入商品自提、快递取货、农产品代收代购、水电费缴纳、普惠金融等综合服务功能，畅通了城乡双向物流配送“瓶颈”。

“互联网 + 第四方物流”供销集配体系成效十分明显。体系有效解决了农村流通主体多而散、县乡村流通服务半径短、农产品产销衔接不畅、农村食品流通安全隐患等问题，使县乡村配送效率提升 70%，成本降低 20%，网点库存滞销率降低 15% 左右、减少过期产品流出率 3% 左右。

截至2022年6月，江西省供销合作社系统共建设了县域集配中心93个、乡（镇）村集配网点8 624个，2021年完成上下行物流配送6.35亿件，实现城乡流通商品货值370多亿元，780多万乡村百姓享受到供销集配的快捷服务。"互联网＋第四方物流"供销集配体系建设，在当前构建形成以国内大循环为主体、国内国际双循环相互促进的新发展格局的形势下，对于畅通城乡双向流通，解决农民"买难""卖难"问题，扩大内需，增加农民收入，激发消费潜力，有着独特而重要的作用。现在，第四方物流正在全国供销系统推广。

晓文同学面对江西省供销合作社系统取得的成功，不禁深思起来以下问题：

- "互联网＋第四方物流"中的"第四方"究竟是哪一方？
- 第四方物流是以第三方物流为基础发展得来的吗？
- 第四方物流为城乡末端物流配送究竟起到了怎样的作用？

学习目标

知识传递	• 了解第三方物流的兴起，明确第三方物流概念 • 掌握第三方物流特点及业务范围 • 理解第三方物流的决策依据 • 能准确并恰当地阐述第三方物流运作模式与要求
能力培养	• 掌握第三方物流发展方式 • 明确企业对第三方物流的需求 • 解第四方物流和第五方物流 • 掌握物流企业第三方物流的优势
素质培养	• 学会团队协作，善于沟通表达 • 有效沟通解决问题，获得最佳分析结果 • 培养爱岗敬业的精神和严谨细致的工作态度

知识结构图

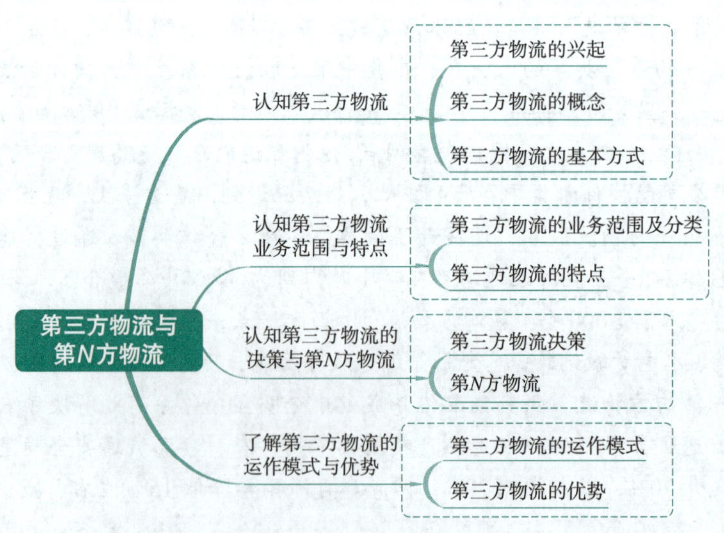

工作任务一　认知第三方物流

任务分析

准备毕业后回乡建设家乡的晓文同学，了解到不少家乡的产品在全国的销售情况并不尽如人意，能否借鉴江西省供销合作社系统的成功经验？他感到无从下手，老师建议先弄清什么是第三方物流，再利用思维导图分析第三方物流的发展，为实现建设家乡的愿望做准备。

准备工作

◎搜集江西省供销合作社系统运营相关信息。
◎上网搜索第三方物流来源。
◎向老师请教，获得相关信息。

建议学时

课前，1 学时	课中，1 学时	课后，0.5 学时

知识储备

一、第三方物流的兴起

第三方物流在全球范围内发展迅速，它是经济发展和社会需求的产物。当企业自己对于物流管理不具有核心竞争优势时，特别是当自营物流面临种种问题时，自然会对自己的这一部分活动采取“对外委托”方式，即将一部分或全部物流活动委托给外部专业物流企业来完成，这类专门从事外包物流业务的企业被称为第三方物流企业。

第三方物流根据合同条款规定的要求，提供多功能，甚至全方位的物流服务。一般来说；第三方物流公司能提供物流方案设计、仓库管理、运输管理、订单处理、产品回收、搬运装卸、物流信息系统、产品安装装配、运送、报关、运输谈判等近30种物流服务。与传统的以运输合同为基础的运输公司相比，第三方物流企业在服务功能、客户关系、涉及范围、竞争优势、核心能力以及买方价值等方面发生了巨大变化。

对于有些行业来说，第三方物流供应商是代替制造商直接与客户建立联系的门户。在逐渐激烈的竞争环境下，力量较强大的买方往往要求第三方物流供应商不仅提供包括运输、仓储等基本的物流服务，还希望能够获得信息整合、客户服务等附加服务，并且实现成本和效率在整条供应链上的平衡。这要求第三方物流供应商从整条供应链的观点来寻求自身的发展，用供应链的思想提升自己的服务水平，以最低的成本为客户服务，并且强调提供高附加值的服务。

（一）企业对于第三方物流的需求

第三方物流的兴起首先是源于企业对于物流外包的需求，企业的物流外包有以下原因：

（1）为了降低运作成本。企业从事物流活动需要投入大量的资金和构建物流设施及购买物流设备，这对于缺乏资金的企业，特别是中小企业来说是一种沉重负担。各个企业都这样做，将会出现大量的重复建设，浪费宝贵的资源，企业单靠自己的力量降低物流费用存在很大的困难。而且，大量的物流投资带有事实上的风险；企业的物流手段有限，无法承担诸如集装箱运输、铁路运输及国际运输等活动。因此，从社会再生产的角度看，多数企业对物流的外部化有高度需求。

（2）为了增强自己的核心能力。企业要把资源集中在企业的核心竞争能力上，才能获取最大的效益。那些不属于核心能力的功能应被移向外部，才可以用虚拟化管理的方式获得可以利用的资源，达到最大的投资回报。大多数的制造企业和分销企业在物流方面没有大的优势，所以这一方面不是其核心能力。尽管从20世纪70年代至90年代，企业在提高物流效率方面已经取得了巨大的进展，但要取得更大的进展将付出更多，要想实现新的改善，企业不得不寻求其他途径，包括物流外包这样的形式。

（二）第三方物流是社会分工细化和管理理念发展的产物

第三方物流是社会分工向细化发展的结果。在社会生产进一步分工和市场竞争加剧的形势下，当各企业纷纷将企业的资金、人力、物力集中到核心业务上，以期增强核心竞争力。这种社会环境也催生了社会化分工协作带来的另一个现象，那就是专业化分工重组的结果导致许多非核心业务分离出来，形成了许多具有专业职能的新行业，其中包括物流业。将物流业务委托给第三方专业物流公司负责，不仅可降低物流成本，也可以完善物流活动的服务功能，提高客户满意度。

第三方物流提供商可通过提供个性化的物流服务来实现顾客的价值。第三方物流需求方的业务流程通常各不相同，物流、信息流也随价值流动而流动的，价格、技术、质量能使第三方物流提供商具有竞争力，但不足以把其产品或服务与竞争者相区别。为了吸引顾客，就必须要实现服务导向，通过提供个性化的服务增加产品的附加值，因而这要求第三方物流服务按照顾客的流程来制订服务方案，实现顾客价值的。

第三方物流的产生也是新型管理理念发展的结果。从20世纪70年代以来，信息技术特别是计算机技术和网络技术的快速发展推动着管理技术和思想的更新，产生了供应链、虚拟企业等一系列强调外部协调和合作的新型管理理念，既增加了物流活动的复杂性，又对物流活动提出了快速反应、有效客户管理、零库存等更高要求。作为第三方物流，它是适应市场竞争的产物，是整个管理的集成化、系统化过程中乃至企业联盟中的重要部分。第三方物流参与一个公司的供应链的程度、他们所起的作用可以表现在各个层次上。例如，在实施供应链最基本的功能层次上，一个第三方物流公司可以通过为企业确定和安排一批货物的高效运输路径，来使后者在产品开发上获得良好的条件。

二、第三方物流的概念

第三方物流是物流专业化的一种重要形式。第三方物流是指由商品的供方和需方之外的第三方提供物流服务，第三方不参与商品供、需方之间的直接买卖交易，而只是承担从生产到销售过程中的物流业务，包括商品的包装、储存、运输、配送等一系列服务活动。作为专业化、社会化的第三方物流的承担者就是物流服务企业。

第三方物流，也称作委外物流或是合约物流，指的是一个具有实质性资产的企业公司对其他公司提供物流相关服务，如运输、仓储、存货管理、订单管理、资讯整合及附加价值等服务，或与相关物流服务的行业者合作，提供更完整服务的专业物流公司。

我国最早的理论研究之一是第三方物流的模式与运作。最常见的第三方物流服务包括设计物流系统、EDI能力、报表管理、货物集运、选择承运人、货代人、海关代理、信息管理、仓储、咨询、运费支付、运费谈判等。由于第三方物流提供服务的方式一般是与企业签订一定期限的物流服务合同，所以有人称第三方物流为“合同契约物流”。

第三方物流内部的构成一般可分为两类：资产基础供应商和非资产基础供应商。对于资产基础供应商而言，他们有自己的运输工具和仓库，他们通常实实在在地进行物流操作。而非资产基础供应商则是管理公司，不拥有或租赁资产，他们提供人力资源和先进的物流管理系统，专业管理顾客的物流功能。

广义的第三方物流可定义为两者结合。第三方物流因其所具有的专业化、规模化等优势在分担企业风险、降低经营成本、提高企业竞争力、加快物流产业的形成和再造等方面所发挥的巨大作用，已成为21世纪物流发展的主流。

狭义的第三方物流是指能够提供现代化、系统的物流服务的第三方的物流活动。

物流业近年来得到了很大的发展，在有些国家已经形成了一个比较完整的产业。

与第三方物流有关的另一个概念是物流代理。物流代理是物流业务的一种运作方式，指的是由专业的物流企业受需方企业的委托，并与需方企业签订合同，承担货物由托运方到达收货方的全程物流。物流企业可以再委托其他从事运输、仓储等企业完成物流过程，也可以自己完成其中部分物流业务。

从事物流代理的企业，可以不进行固定资产投资而采取委托代理的形式，运用自己成熟的物流专业知识、管理经验和物流技术，为客户提供高质量的服务。它们通过与客户签订合同，可以集中为特定的几家客户提供个性化的全方位物流服务，比如为客户制订最优化的物流路线，选择最合适的运输工具，并围绕客户的需求提供诸如存货管理、生产准备等特殊服务，以提高客户的效益，在为客户提供附加值的过程中也创造了自身的价值。我国也可以大力发展物流业及其代理模式，这将有助于提高物流业的运营质量，降低物流费用，从而创造良好条件，在更好地满足社会的需求的同时提高整个国民经济的效率和效益。

三、第三方物流的基本方式

物流企业发展第三方物流有渐进式和跨越式两种基本方式。

首先，可以考虑渐进式发展，通过自身物流业务不断壮大力量，积累资源和运作管理经验，再发展成为专业物流集成经营者，为中小企业提供全面物流服务。

其次，可以考虑跨越式发展，通过联盟契约与中小企业进行资源整合，迅速壮大物流能力，超常规成为专业化第三方物流企业。

（1）政策途径。物流企业面向中小企业发展第三方物流存在一定的障碍，需要各级政府制定鼓励政策，给予积极指导，从信贷、金融政策等方面营造有利于发展的政策环境，并切实扶持和指导中小企业积极重组和发挥资源力量，启动和促进第三方物流在中小企业中的发展。

（2）市场途径。随着中小企业的发展，物流需求不断增长，物流企业应深入研究中小企业物流的发展规律，以需求为导向，迅速有效地拉动第三方物流的发展。

（3）企业途径。物流发展能够创造价值和利益，是驱动物流企业主导自身发展第三方物流的基本动力。

（4）社会途径。发展第三方物流要全社会的积极协作和支持，在社会各方力量的作用下实现产业联动，全面发展。

任务实施

实施步骤	实施内容
步骤一	学生以生源地相同或近似为小组划分原则，形成小组并集体研讨当地主要农产品有哪些
步骤二	小组绘制当地物流发展历程的思维导图
步骤三	分析当地物流企业的发展规模
步骤四	分析当地第三方物流行业现状，明确是否出现第四方物流
步骤五	小组互评和教师点评并整改，填写考核评价表

任务评价

专业：________ 班级：________ 姓名：________ 组别：________

内容	评分标准		满分	得分
第三方物流认知	当地主要农产品总结清晰、具体		20	
	当地物流发展历程的思维导图绘制美观、内容翔实		20	
	当地物流企业的发展规模归纳总结合理		20	
	当地物流行业现状分析、明确		30	
	小组团结协作，具有集体荣誉感		5	
	态度端正，具有严谨细致的工作态度		5	
合计			100	
小组名称		小组成员		
教师评语				

考核日期：______年______月______日

工作任务二　认知第三方物流业务范围与特点

任务分析

晓文已经初步按照江西省供销合作社系统的成功经验，对比分析了自己家乡第三方物流行业的现状，下一步要学习分析江西省供销合作社系统的运行模式。老师告诉他，要想更好地完成第四方物流系统运行模式分析，需要先明确第三物流企业的业务范围，针对第三方物流的特点，深入理解第三方物流管理系统。

准备工作

◎分析第三方物流企业运行模式的总体类型。

◎通过资料汇总分析第三方物流企业运行模式的优缺点。

建议学时

课前，1 学时	课中，1 学时	课后，0.5 学时

知识储备

一、第三方物流的业务范围及分类

随着对第三方物流需求的增加，第三方物流的供给也相应增加。在世界范围内，第三方物流市场具有潜力大、渐进性和高增长率的特征，这种状况使其可能拥有大量的由不同背景发展起来的、为在第三方物流业方面取得成功而提供特色服务的物流服务提供者。有许多物流供应商，大多数并不一开始就是第三方物流公司，而是逐渐发展进入该行业的。大多数第三方物流公司以传统的“类物流”业为起点，例如仓储业、运输业、空运、海运、货代等。

（一）业务范围

第三方物流主要业务范围包括：开发物流策略和物流系统、货物集运、选择承运人、货运代理、海关代理、进行运费谈判与支付、仓储管理、物流信息管理和咨询。可以看出，第三方物流的服务内容大都集中在传统意义上的运输、仓储范围之内，由于运输、仓储企业在这些服务基础上较为成熟，对业务内容的理解较为深刻，因此运输、仓储企业向第三方物流服务企业转变比较容易，关键是要突破以前单项业务的思维模式，将单项服务内容用系统的方法有机地结合起来，提供物流服务的整体方案。随着物流技术的不断发展，第三方物流是一个提高物流速度、节省物流费用和提供物流服务水平的有效手段。

（二）分类

1. 以运输为基础的物流公司

这些公司是大型运输公司的分公司，有些服务项目是利用其他公司资产完成的。其主要的优势在于公司能利用母公司的运输资产扩展其运输功能，提供更为综合性的一套物流服务。

2. 以仓库和配送业务为基础的物流公司

传统的公共或合同仓库与配送物流供应商已经在较大的范围内扩展物流服务，以传统的业务为基础，这些公司已介入存货管理、仓储与配送等物流活动。经验表明，基于设施的公司要比基于运输的公司转为综合物流服务更容易、更简单。

3. 以货代为基础的物流公司

这些公司一般无资产，非常独立，并与许多物流服务供应商有来往。它们已把不同物流服务进行合理的组合，以满足客户需求。当前，它们已从货运中间人角色转向更广范围的第三方物流服务公司。

4. 以托运人和管理为基础的物流公司

这一类型的公司是从大公司的物流组织演变而来的。该类公司具有物流的专业知识和一定的信息技术资源。

5. 以财务和信息管理为基础的物流公司

这种类型的第三方供应商能提供如运费支付、审批成本会计与控制和监控、采购、跟踪及存货管理等管理功能。

二、第三方物流的特点

商品生产发展到一定阶段必然会出现第三方物流。综观国内外物流现状，物流企业种类繁多，不同的物流企业承担不同的功能。

（一）第三方物流服务的特点

与其他服务相比，第三方物流服务的特点是非常明显的，可以说，相互依赖、强调合作，核心专业是它最重要的特点。

1. 相互依赖、强调合作

制造商、供应商等用户处在激烈的市场竞争之中，它们所需要的第三方物流服务应具有高质量的专业化水平，但每一单个的第三方物流企业的资源与能力总是有限的，这就需要它们之间进行合作，而信息技术的发展已为物流服务企业相互沟通和信息处理提供了良好的基础。物流服务企业之间可以相互依赖，取长补短，加强装运跟踪和信息传递，保证委托的物流高效运行。

与第三方物流企业结合最紧密的盟友也许要算其客户了，物流服务业已把专业化优势融入物流渠道运行过程中，成为包括客户在内的整体价值链中的一个重要成员，相互之间的利益是一致的，他们需要一个交换信息、相互合作的平台。物流服务业与客户的关系不仅仅是追求利润的关系，更应注重合作发展的要求和维持长远的关系，才能获得整体效益最大。因此，合作竞争是第三方物流业在市场运作中的重要特色。

2. 核心能力专业化

大多数第三方物流服务企业效益来源于规模经济，表现出高度的专业化水平。物流专业人员承担基本物流服务的能力远远大于非专业人员，因此对制造商、供应商产生很强的吸引力。第三方物流有一定的战略的构思，为贯彻准时和有效客户反应准则，需要全面的、以客户为导向的角度审视有关的物流过程，包括所有的业务范围和中间流通过程。例如使物流在客户期望的领域、期望的时间到达，通过运输合理化、节约中间仓储等方式加速供货速度，顺利实现商品供应等，这些都只有通过专业化的企业运作才能实现。物流专家的经验与物流技术的革新成果、物流管理职业化的服务水平，也能为用户提供各类满意的增值服务。

（二）企业与第三方物流

由于供应链的全球化，物流活动变得越来越复杂；物流成本越来越高，资金密集程度也越来越高。利用外协物流活动，公司可以节省物流成本，提高客户服务水平，这种趋势首先在制造业产生，公司将资源集中用于最主要的业务，而将其他活动交给第三方物流公司，这样也促使了物流社会化的发展。

从第三方物流服务的发展和供给双方的需求中均能找到第三方物流业发展的推动力。在对第三方物流业发展的研究中发现，经济、管理和技术上的趋势推动了第三方物流的发展，而在对欧洲第三方物流发展的研究中发现：客户服务需求的增加和运输业利润的减少是促使物流向专门化方向发展，从而促使第三方物流发展的因素。一般来说，推动物流社会化发展的趋势来自供需双方。

补充资料

第三方物流管理系统

大众包餐

“大众包餐”是一家提供全方位包餐服务的公司，由上海某大饭店的下岗工人李杨夫妇于 1994 年创办，如今已经发展成为苏锡常和杭嘉湖地区小有名气的餐饮服务企业之一。

“大众包餐”的服务分成两类：递送盒饭和套餐服务。盒饭主要由荤菜、素菜、卤菜、大众汤和普通水果组成。可供顾客选择的菜单有荤菜 6 种、素菜 10 种、卤菜 4 种、大众汤 3 种和普通水果 3 种，还可以定做饮料佐餐。尽管菜单的变化不大，但从年度报表上来看，这项服务的总体需求水平相当稳定，老顾客通常每天会打电话来订购。但由于设施设备的缘故，“大众包餐”会要求顾客们在上午 10 点前电话预订，以便确保当天递送到位。

在套餐服务方面，该公司的核心能力是为企事业单位提供冷餐会、大型聚会，以及一般家庭的家宴和喜庆宴会。客户所需的各种菜肴和服务可以事先预约，但由于这项服务的季节性很强，又与各种社会节日和国定假日相关，需求量忽高忽低，有旺季和淡季之分，因此要求顾客提前几周甚至1个月前来预定。

大众包餐公司内的设施布局类似于一个加工车间。主要有五个工作区域：热制食品工作区，冷菜工作区，卤菜准备区，汤类与水果准备区，以及一个配餐工作区，专为装盒饭和预订的套餐装盒。此外，还有三间小冷库供储存冷冻食品，一间大型干货间供储藏不易变质的物料。设施设备的限制以及食品变质的风险制约了大众包餐公司的发展规模。虽然饮料和水果可以外购，有些店家愿意送货上门，但总体上限制了大众包餐公司提供柔性化服务。

李杨夫妇聘用了10名员工：两名厨师和8名食品准备工，旺季时另外雇佣一些兼职服务员。包餐行业的竞争是十分激烈的，高质量的食品、可靠的递送、灵活的服务以及低成本的运营等都是这一行求生存谋发展的根本。近来，大众包餐公司已经开始感觉到来自愈来愈挑剔的顾客和几位新来的专业包餐商的竞争压力。顾客们愈来愈需要菜单的多样化、服务的柔性化，以及响应的及时化。

李杨夫妇最近参加现代物流知识培训班，对准时化运作和第三方物流服务的概念印象很深，深思着这些理念正是大众包餐公司要保持其竞争能力所需要的东西。但是他们感到疑惑，大众包餐公司能否借助第三方的物流服务。

竞争理论认为，企业要取得竞争优势，必须巩固和扩展自身的核心业务。我国现在越来越多的公司在发展过程中致力于核心业务，转而将其物流作业外包给第三方物流企业。那么案例中李杨夫妇的大众包餐公司是否也应该适应市场变化，采用第三方物流企业帮助自己完成非核心业务，从而达到企业降本增效的目标呢？

问题思考：

（1）大众包餐公司的经营活动可否引入第三方物流服务，并请说明理由。

（2）大众包餐公司实施准时化服务有无困难，请加以解释。

（3）在引入第三方物流服务中你会向大众包餐公司提出什么建议？

扫一扫

参考答案

任务实施

实施步骤	实施内容
步骤一	根据学生生源地进行分组，小组讨论当地第三方物流企业业务范畴是什么
步骤二	上网搜索和查询该物流企业的运作模式
步骤三	分析比较各地第三方物流企业模式各自的特点
步骤四	小组互评、教师点评，填写考核评价表

任务评价

专业：______ 班级：______ 姓名：______ 组别：______

内容	评分标准		满分	得分
第三方物流业务范围与特点	当地第三方物流企业业务范畴分析恰当合理		20	
	该物流企业的运作模式分析的具体、脉络清晰		30	
	各地第三方物流企业模式各自的特点总结恰当合理		30	
	小组团结协作，具有集体荣誉感		10	
	具有深入思考问题的能力和精益求精的工作态度		10	
合计			100	
小组名称		小组成员		
教师评语				

考核日期：____年____月____日

工作任务三　认知第三方物流的决策与第 N 方物流

任务分析

通过搜集资料了解了家乡第三方物流企业的业务范畴及其经营特点，晓文分析了当地第三方物流企业的运营现状，他想进一步明确企业依据什么来做决策，是否有升级到第四方物流系统的“潜质”。

准备工作

◎分析家乡第三方物流企业的优劣势。

◎了解家乡政府是否已经开始筹划或建立第四方物流系统。

建议学时

课前，1 学时　　课中，1 学时　　课后，0.5 学时

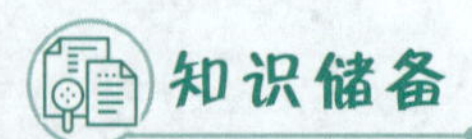

一、第三方物流决策

毫无疑问，在供应链构建中，一个不可避免的问题就是第三方物流决策。哪些企业应该实施第三方物流，多大程度上使用第三方物流，很少有人能够实实在在地找到某种方法解决这些问题。

传统的决策依据是企业是否有能力自营物流，如果企业有设施、有技术就自营，方便控制；如果某项物流功能自营有一定困难就外购。企业在进行这种外购与自营决策时，物流总成本与顾客服务水平的考虑是放在其次的，而且通常的物流外购是企业向运输公司购买运输服务或向仓储企业购买仓储服务，这些服务都只限于一次或一系列分散的物流功能，需求是临时性的，物流公司没有按照企业独特的业务流程提供独特的物流服务，即物流服务与企业价值链是松散的联系。为什么会采用这种决策标准呢？原因在于：

（1）企业各职能部门的本位作风。库存管理部门为避免缺货希望拥有仓库；采购运输部门为方便提货、配送倾向于拥有运输设备；财务部门认为频繁的财务手续令人烦琐而偏向于企业自营物流；人事部门从员工稳定与和谐关系出发，更愿意企业不要把物流业务外部化。各部门都从局部利益出发，从本位出发，不希望给自身带来不必要的麻烦。

（2）出于对机会主义的担心。签订物流服务外购合同后，物流业务交由物流公司打理，双方的力量对比因此发生了变化。就物流公司来说，他们对非物流企业有依赖，但不强烈，充其量这笔交易是其众多交易中的一单；但对非物流企业而言，服务质量与效率将对企业的正常生产经营活动产生严重影响。因此物流公司往往利用这种有利的地位欺诈对方，在必要时会提高价格，并转向那些能满足他们利益的客户，产生种种机会主义行为，如不按合同规定的时间配送、装卸搬运过程中故意要挟等。由于求人不自由，企业总是尽量采用自营的方式，然而这种方式却削弱了企业的竞争力：自营使企业把有限的资源浪费在与核心业务关系不大的物流上，制约了企业核心能力的培养和巩固。

（3）害怕丧失控制物流的能力。企业总是愿意把物流业务内部化，深层的原因就是担心把物流业务外包后，丧失了控制物流的能力。这种担忧是毫无道理的，因为最佳的物流设计方案是寻求自营与外购的平衡点。没有人会建议企业必须外购一切物流业务，外购策略对外是购买价格相对较低、顾客服务水平更高的物流功能，对内则是着眼于那些能支撑本企业核心能力的物流功能。然而，这种担忧本身却令人担忧，因为管理人员在对外购物流的理解上缺乏对物流战略意义的认识，他们不清楚哪些物流功能的自营会对本企业的发展有战略影响，哪些则没有。总之，管理人员面对的是未知的技术、不可控的经济环境、服务提供方的易变性等一系列未能确定的因素，对决策的偏见主要来自这些不确定性因素，管理人员不清楚哪些是核心物流功能，缺乏对物流作战略分析的打算和信心。

随着信息技术的飞速发展，非物流企业与物流公司之间的关系也在发生变化。物流公司从提供传统的公共物流服务转向提供第三方物流服务，非物流企业则强调供应链管理、各职能部门的高度集成，非物流企业与物流公司更倾向于结成联盟关系，企业间的欺诈背叛行为将会受到制约，因此与这种服务关系转变相适应的决策标准也要随之改变。自营还是外购服务决策主要基于两个因素——物流对企业成功的影响程度和企业对物流的管理能力。物流对企业成功的重要度较高、企业处理物流的能力相对较低，则采用第三方物流；物流对企业成功的重要度较低，同时企业处理物流的能力也低，则外购公共物流服务；物流对企业成功的重要度很高，且企业处理物流的能力也高，则用自营的方式。围绕企业战略目标，寻求物流子系统自身的战略平衡是最大特点。

对第三方物流进行决策时，首先要考虑物流子系统的战略重要性。要决定物流子系统是否构成企业的核心能力，一般可从以下几方面进行判明：①它们是否高度影响企业业务流程？②它们是否需要相对先进的技术，采用此种技术能使公司在行业中领先？③它们在短期内是否不能为其他企业所模仿？如能得到肯定的回答，那么就可以断定物流子系统在战略上处于重要地位。

由于物流系统是多功能的集合，各功能的重要性和相对能力水平在系统中是不平衡的，因此，还要对各功能进行分析。某项功能是否具有战略意义，关键就是看它的替代性。如其替代性很弱，物流公司很难完成，几乎只有本企业才具备这项能力，企业就应保护好、发展好该项功能，使其保持旺盛的竞争力；反之，若物流企业也能完成该项功能或物流子系统对企业而言并非很重要，那就需要从企业物流能力的角度决定是自营还是外购了。

企业物流能力在这里指的是顾客服务水平。顾客是个泛指的概念，它既可以是消费者，也可以是下道工序。如企业不具备满足一定顾客服务水平的能力，就要进行外购。在外购时采用何种服务，是租赁公共物流服务还是组建物流联盟，这就要由物流子系统对企业成功的重要性来决定。在物流子系统构成企业战略子系统的情况下，为保证物流的连续性，就应该与物流公司签订长期合同，由物流公司根据企业流程提供定制服务，即实施第三方物流；而在物流子系统不构成企业战略子系统的情况下，采用何种服务方式就要在顾客服务水平与成本之间寻找平衡点了。具备了物流能力，并不意味着企业一定要自营物流，还要与物流公司比较，在满足一定的顾客服务水平下，谁的成本更低，只有在企业的相对成本较低的情况下，选择自营的方式才有利；如不然，企业应把该项功能分化出去，实行物流外包。如果物流子系统是企业的非战略系统，企业还应寻找合作伙伴，向其出售物流服务，以免资源浪费。当然，这种物流服务收入不是企业主营收入。

二、第 N 方物流

（一）第四方物流

第四方物流不仅控制和管理特定的物流服务，而且对整个物流过程提出方案，并通过电子商务将这个程序集成起来，因此第四方物流商的种类很多，变化程度亦很大。

第四方物流的关键在于为顾客提供最佳的增值服务，即迅速、高效、低成本和个性化服务等。而发展第四方物流需平衡第三方物流的能力、技术及贸易流畅管理等，但亦能扩大本身营运的自主性。

第四方物流还包括以下四个特点：供应链再建、功能转化、业务流程再造、开展多功能多流程的供应链管理。

第四方物流为客户带来的效益包括利润增长和降低营运成本，即通过整条供应链外功能得到提高运作效率、降低采购成本，使流程一体化。

与第三方物流注重实际操作相比，第四方物流更多地关注整个供应链的物流活动，这种差别主要体现在以下两个方面：

（1）第四方物流提供一整套完善的供应链解决方案。第四方物流和第三方物流不同，不是简单地为企业客户的物流活动提供管理服务，而是通过对企业客户所处供应链的整个系统或行业物流的整个系统进行详细分析后提出具有中观指导意义的解决方案。第四方物流服务供应商本身并不能单独地完成这个方案，而是要通过物流公司、技术公司等多类公司的协助才能将方案得以实施。

（2）第三方物流服务供应商能够为企业客户提供相对于企业的全局最优，却不能提供相对于行业或供应链的全局最优，因此第四方物流服务供应商就需要先对现有资源和物流运作流程进行整合和再造，从而达到解决方案所预期的目标。第四方物流服务供应商整个管理过程大概涉及四个层次，即再造、变革、实施和执行。

第四方物流通过其对整个供应链产生影响的能力来增加价值。第四方物流服务供应商可以通过物流运作的流程再造，使整个物流系统的流程更合理、效率更高，从而将产生的利益在供应链的各个环节之间进行平衡，使每个环节的企业客户都可以受益。如果第四方物流服务供应商只是提出一个解决方案，但是没有能力来控制这些物流运作环节，那么第四方物流服务供应商所能创造价值的潜力也无法被挖掘出来。因此，第四方物流服务供应商对整个供应链所具有的影响能力直接决定了其经营的好坏，也就是说第四方物流除了具有强有力的人才、资金和技术以外，还应该具有与一系列服务供应商建立合作关系的能力。

（二）第五方物流

关于“第五方物流”的提法还不多，还没能形成完整而系统的认识。有人认为它是从事物流人才培训的一方，也有人认为它应该是专门为其余四方提供信息支持的一方，是为供应链物流系统优化、供应链资本运作等提供全程物流解决方案服务的一方。

第五方物流是指在实际运作中提供电子商贸技术去支持整个供应链，并且能够组合各接口的执行成员为企业的供应链协同服务。它有三个特点：它是一个系统的提供者，它是一个优化者，它是一个组合者。所谓一个系统的提供者，即第五方物流是以IT技术为客户组合供应链上各个环节，将平台系统放进客户的实际运作中，收集实时资讯，以达到评估、监控、快速回顾运作信息的作用；所谓一个优化者，就是第五方物流可以促进物流标准化的实现；所谓一个组合者，就是第五方物流是一个用户之间可以寻求多种组合，构成多接口、多用户、跨区域、无时限的物流平台。

随着现代综合物流的开展，人们对物流的认知需要有个过程，在这样的状况下，当传统的物流方式正在被人们否定的时候，在大量的有关建立新的物流体系的介绍中，人们茫然不知所措。因此，提供现代综合物流的新的理念以及实际运作方式便成为物流业中的一项重要内容，即物流人才的培养。

对于一个物流部门而言，它所需要的人才在专业知识和相关技术能力上应具备以下一些能力：

（1）对于现代综合物流的新的理念和运作模式有突破传统的认识，由此能进一步发展对物流的认识，提出新的物流运作的模式。

（2）对于物流的各个环节的业务具有同等的认知。未来从事物流业的人才往往从事的是物流业中的某一个环节的业务，例如航运、仓储、公路运输、铁路运输、货物包装、信息管理等。但是，一个物流业务人员应该将其知识延伸到物流的其他领域，逐步建立其物流系统的概念，能统筹考虑整个物流运作的安排。

（3）对于计算机网络技术有较深刻的理解，并能在业务中对物流信息管理的计算机网络系统提出需求。

（4）对于物流各个环节的物流实现的有关技术有一定的知识，能够合理使用和调配这些设施和设备。

在第N方物流发展过程中，我们要坚持面向世界科技前沿、面向经济主战场、面向国家重大需求、面向人民生命健康，加快实现高水平科技自立自强。以国家战略需求为导向，集聚力量进行原创性、引领性科技攻关，坚决打赢关键核心技术攻坚战。

补充资料

第七方物流

海丰的第四方物流“冲动”

第四方物流在中国是从 2002 年开始见诸报端的。当时，南方的一些物流公司、咨询公司甚至软件公司纷纷宣称自己的公司提供的是“第四方物流”服务，他们的公司就是从事“第四方物流”的公司。甚至某家物流公司，其公司全名竟然就直接叫“第四方物流公司”，其标榜没有车队、没有仓库，却从事物流服务就是第四方物流公司，好像正俨然成为一种时髦。这些现象表明，“第四方物流”正在被庸俗化。第四方物流正在被庸俗化的表现有很多，归纳起来无非是将没有车队、没有仓库当成一种时髦；号称拥有信息技术，其实却缺乏供应链设计能力；将第四方物流只是当作一种商业模式；还有就是直接将咨询公司等同于第四方物流公司。总的说来，其根本症结都在于没有完整、准确地理解第四方物流的概念，没有深入调查、分析。随着时代发展，中国是真的需要第四方物流，而不是将第四方物流停留在商业炒作的阶段上。

海丰国际控股有限公司是一家以国际航运、物流业为核心业务的综合物流集团，业务领域涉及集装箱班轮运输、货运代理、报关报验、船舶代理、船舶经纪、船舶管理等领域。目前，海丰国际下属航运集团和物流集团两大业务板块。

2006 年 10 月，海丰集团旗下的物流公司与新时代公司的合并计划正式开始，而在接下来的 100 个工作日内，整个合并的所有细节就已经全部完成，足见海丰的“迫不及待”。海丰集团将其原物流体系中新海丰物流有限公司以及一系列与第三方、第四方物流有关的优质资产与新时代国际运输服务有限公司合并，成立海丰物流有限公司。合并完成后的新公司整合航运空运资源，货源客源同步扩大，“海丰物流”这一国内创新的供应链管理服务与综合物流企业随之诞生。

海丰物流毫不犹豫地将第四方物流作为了自己的身份标识，在第四方物流尚处于概念不明晰的背景下，海丰此举被业界认为是“疯狂”的举动。

后来的发展，让业界刮目相看。截至 2023 年 12 月 31 日，公司共运营 103 艘集装箱船舶，其中自有集装箱船舶 97 艘；经营 76 条航线，网络覆盖中国、日本、韩国、越南、泰国、菲律宾、柬埔寨、印度尼西亚、新加坡、文莱、马来西亚、孟加拉国、缅甸和印度等国家的 79 个主要港口。

根据 Alphaliner 的统计，以运力计，截至 2023 年 12 月 31 日，海丰国际在全球集装箱航运企业中排名第 13 位；2023 年海上集装箱运量超过 322.4 万标准箱（不含空箱）。

海丰是如何取得这些看似不可能的业绩的呢？其实，海丰实施第四方物流不是“心血来潮”，更不是“赶时髦”，而是厚积薄发。

海丰将供应链的各个链条有效地连接起来，形成信息的平滑过渡和流程间的无缝连接，同时提供了基于互联网的查询、客户服务和电子商务平台，为采购商、生产商、运输公司、报关公司、仓储、陆运等相关的公司和客户提供统一的接入平台。

扫一扫

参考答案

问题思考：

（1）海丰在真正实施第四方物流前做好了哪些准备？

（2）海丰进军第四方物流后，信息系统是怎样发挥重要功能的？

任务实施

实施步骤	实施内容
步骤一	根据学生生源所在地形成学习小组
步骤二	上网搜索，了解当地第三方物流企业数量
步骤三	查询资料，了解当地政府是否筹划或已经建立第四方物流系统
步骤四	绘制第三方物流企业进入第四方物流系统优点的思维导图
步骤五	学生自评，小组互评，教师点评，填写考核评价表

任务评价

专业：________ 班级：________ 姓名：________ 组别：________

内容	评分标准		满分	得分
第三方物流决策与第 N 方物流	对当地第三方物流企业数量的说明准确		20	
	明确当地政府是否筹划或已经建立第四方物流系统，对已有的系统进行描述		30	
	绘制第三方物流企业和第四方物流系统运营比较分析的思维导图		30	
	具有团队合作意识和服务意识		10	
	具有深入思考问题的能力和科技创新意识		10	
合计			100	
小组名称		小组成员		
教师评语				

考核日期：______年______月______日

工作任务四　了解第三方物流的运作模式与优势

任务分析

晓文采用老师的建议，查找了家乡所在地第三方物流企业运营及现状，感觉到很多企业运营的模式不尽相同，再次向老师请教后，老师建议他利用思维导图分析第三方企业运营模式，进而罗列企业优势。

准备工作

◎尝试将第三方物流企业进行归类。

◎罗列第三方物流企业的优势。

建议学时

课前，1 学时　　课中，1 学时　　课后，0.5 学时

知识储备

一、第三方物流的运作模式

目前我国第三方物流企业的组织与运作可以归纳为三种形式。

（一）传统外包型物流运作模式

这是一种简单、普通的物流运作模式，由第三方物流企业独立承包一家或多家生产商或经销商的部分或全部物流业务。

企业物流业务外包，降低了库存，甚至达到“零库存”，节约了物流成本，同时可精简部门，集中资金、设备于核心业务，提高企业竞争力。第三方物流企业各自以契约形式与客户形成长期合作关系，保证了自己稳定的业务量，避免了设备闲置。这种模式以生产商或经销商为中心，第三方物流企业几乎不需专门添置设备和进行业务训练，管理过程简单。第三方物流只完成承包服务，不介入企业的生产和销售。

目前我国大多数物流业务就是这种模式，实际上这种方式并不比传统的运输、仓储业走得更远。这种方式以生产商或经销商为中心，第三方物流之间缺少协作，没有实现资源更大范围的优化。这种模式最大的缺陷是生产企业与销售企业以及第三方物流之间缺少沟通的信息平台，会造成生产的盲目和运力的浪费或不足，以及库存结构的不合理。目前，物流市场以分包为主，总代理比例较少，难以形成规模效应。

（二）战略联盟型物流运作模式

第二种模式是包括运输、仓储、信息经营者等以契约形式结成的战略联盟，通过内部信

息共享和信息交流，相互协作，形成第三方物流网络系统。联盟可包括多家同地和异地的各类运输企业、场站、仓储经营者。理论上联盟规模越大，可获得的总体效益越大。联盟信息处理，可以共同租用某信息经营商的信息平台，由信息经营商负责收集处理信息，也可连接联盟内部各成员的共享数据库以实现信息共享和信息沟通。目前我国的一些电子商务网站普遍采用这种模式。

这种模式比起第一种模式有两方面的改善：首先，系统中加入了信息平台，实现了信息共享和信息交流，各单项实体以信息为指导制订运营计划，在联盟内部优化资源。同时，信息平台可作为交易系统，完成产销双方的订单和对第三方物流服务的预订。其次，联盟内部各实体实行协作，某些票据在联盟内部通用，可减少中间手续、提高效率，使得供应链衔接更顺畅。例如，联盟内部各种经营方式的运输企业进行合作，实现多式联运、一票到底，大大节约了运输成本。联盟成员是合作伙伴关系，实行独立核算，彼此间服务租用，因此有时很难协调彼此的利益，在彼此利益不一致的情况下，要实现资源更大范围的优化就存在一定的局限。例如，A地某运输企业运送一批货物到B地，而B地恰有一批货物运往A地，为减少空驶率，B地承包这项业务的某运输企业应转包这次运输，但A地、B地两家在利益协调上也许很难达成共识。

（三）综合物流运作模式

第三种模式就是组建综合物流公司或集团。综合物流公司包括了物流的多种功能——仓储、运输、配送、信息处理和其他辅助功能，例如包装、装卸、流通加工等，并组建完成具有各种相应功能的部门。第三方综合物流大大扩展了物流服务范围，对上位生产商可提供产品代理、管理服务和原材料供应等服务，对下位经销商可全权代理其配货送货业务，可同时完成商流、信息流、资金流、物流的传递。

综合物流项目必须进行整体网络设计，即确定每一种设施的数量、地理位置、各自承担的工作。其中，信息中心的系统设计和功能设计以及配送中心的选址、流程设计等都是非常重要的问题。物流信息系统基本功能应包括信息采集、信息处理、调控和管理，物流系统的信息交换目前主要利用EDI、无线电和Internet，Internet因为其成本低（相对于EDI技术）、信息量大，已成为物流信息平台的主流。配送中心是综合物流的体现，地位非常重要，它衔接物流的运输、仓储等环节。

综合物流是第三方物流发展的趋势，组建方式有多种。由于物流活动是一个社会化的活动，涉及行业面广，涉及地域范围更广，所以它必须形成一个网络才能更好地发挥其效用，综合物流公司或集团必须根据自己的实际情况选择网络组织结构。现在主要有两种网络结构：一种是大物流中心加小配送网点的模式；另一种是连锁经营的模式。前者适合商家和用户比较集中的小地域，通过选取一个合适地点建立综合物流中心，并在各用户集中区建立若干小配送点或营业部，采取统一集货、逐层配送的方式。后者是在业务涉及的主要城市建立连锁公司，负责该城市和周围地区的物流业务，地区间各连锁店实行协作，该模式适合地域间或全国性物流，连锁模式还可以兼容前一模式。

二、第三方物流的优势

（一）降低总费用

在企业自己配送产品的情况下，企业对于营销服务的深入参与将引起费用的大幅增长，而要解决这一问题的方法便是聘请服务行业的专业公司把具有相似需求的客户服务结合起来，以减少额外的开支，而第三方物流公司就具有该功能，能有效地帮助企业降低总费用。

（二）企业能从第三方物流服务中获益

这是因为第三方物流服务公司能充分发挥规模效益，并能将整个物流操作过程有效地结合，使各环节能力的利用率有所提高，企业的物流服务商与单个制造商相比，有更多联系客户促成业务的机会。

（三）第三方物流企业能帮助企业削减固定费用

如在企业需用车辆的问题上，解散自己的车队而代之以向其他公司购买运输服务就能够减少企业的固定费用。这些节省的费用不仅和车辆的投资有关，而且和车间仓库、发货设施、包装器械以及员工开支等有关。

（四）提高物流速度

通过第三方物流能迅速从生产企业提走产品送到仓库，然后通过物流网络迅速送到超市、商场或消费者手中。

由此可见，在企业的供应链物流运行中，真正在实际上控制其物流的除了制造商外，就是第三方物流中的配送商。配送商根据环境和客户需求情况，选择合适的策略，提供适当的第三方物流服务。第三方物流战略对制造商而言，是利用外部资源，此举可以变用户的固定费用为可变费用，可以得到并享用因此带来的成本降低。第三方物流具有其他企业所没有的资源。与供应商、制造商的良好关系是第三方物流服务企业发展的基础；把握制造商、供应商对物流服务的要求，是第三方物流服务企业保持竞争优势的前提。第三方物流特别需要的、不可缺少的技术如信息技术、资源整合手段等，都是形成核心专业化优势的条件和基础，而这一方面的优势也是相当明显的。

案例讨论

企业选择第三方物流的原因

从成本的角度分析，物流行业的最大组成部分是运输、库存等部分。使企业集中精力于核心业务。由于任何企业的资源都是有限的，很难成为业务上面面俱到的全能者。为此，企业应把自己的主要资源集中于自己精通的主要活动上来，而把物流等辅助功能外包给专业的物流企业。

问题思考：

（1）第三方物流企业应该如何明确服务定位？

（2）第三方物流企业怎样才能推进物流网络化建设？

扫一扫

参考答案

任务实施

实施步骤	实施内容
步骤一	根据学生生源所在地形成学习小组
步骤二	上网搜索和资料查询，了解当地第三方物流企业主要运作模式
步骤三	明确第三方物流的优点
步骤四	明晰第三方物流企业与其他物流企业的区别
步骤五	学生自评，小组互评，教师点评，填写考核评价表

任务评价

专业：＿＿＿＿＿＿ 班级：＿＿＿＿＿＿ 姓名：＿＿＿＿＿＿ 组别：＿＿＿＿＿＿

<table>
<tr><td>内容</td><td colspan="2">评分标准</td><td>满分</td><td>得分</td></tr>
<tr><td rowspan="5">分析现代物流企业就业前景</td><td colspan="2">对当地第三方物流企业的数量说明准确</td><td>20</td><td></td></tr>
<tr><td colspan="2">明确当地政府第三方物流企业的主要运作模式</td><td>30</td><td></td></tr>
<tr><td colspan="2">绘制明确第三方物流优点的思维导图</td><td>30</td><td></td></tr>
<tr><td colspan="2">具有团队合作意识和服务意识</td><td>10</td><td></td></tr>
<tr><td colspan="2">具有深入思考问题的能力和科技创新意识</td><td>10</td><td></td></tr>
<tr><td colspan="3">合计</td><td>100</td><td></td></tr>
<tr><td>小组名称</td><td></td><td>小组成员</td><td colspan="2"></td></tr>
<tr><td>教师评语</td><td colspan="4"></td></tr>
</table>

考核日期：＿＿＿年＿＿＿月＿＿＿日

知识回顾

本情境主要介绍了第三方物流管理的概念、第三方物流业务范围与特点，以及第三方物流的运作模式与优势。本情境涉及的知识和技能如下：

（1）第三方物流概述：第三方物流的业务范围及特点。

（2）第三方物流决策。

（3）第三方物流运作模式与优势。

实践演练

选择一家物流企业，分析其第三方物流转型成功的经历。具体实施步骤如下：

（1）学生自由分组，每组4~6人，并推举出小组长。

（2）每个小组选择一家第三方物流企业，通过调研了解其运作模式。

（3）将任务实施结果制作成PPT，小组长代表本小组在课堂上进行分享。

情境十一
精益物流管理

情境描述

晓文在实习中接触到不少关于物流管理的新理论、新技术，并了解到《中华人民共和国国民经济和社会发展第十四个五年规划和2035年远景目标纲要》(以下简称《“十四五”规划》)多次提到物流及现代物流在远景规划中的支撑性作用和定位，《“十四五”规划》指出：“建设现代物流体系，加快发展冷链物流，统筹物流枢纽设施、骨干线路、区域分拨中心和末端配送节点建设，完善国家物流枢纽、骨干冷链物流基地设施条件，健全县乡村三级物流配送体系，发展高铁快运等铁路快捷货运产品，加强国际航空货运能力建设，提升国际海运竞争力。优化国际物流通道，加快形成内外联通、安全高效的物流网络。”

随着信息技术日新月异的发展，物流行业的新兴技术不断出现，不仅提高了操作效率、服务质量和安全性，还为企业提供了更广阔和更准确的发展空间。那么在新发展阶段，物流企业需要如何做好运营管理、提高企业的经营管理质量，从而实现企业的长期稳定和持续发展呢?

为了更好地完成学习内容，在授课教师的指导下，晓文和同学们组成项目小组，通过归纳总结和思维导图将涉及的相关知识进行梳理，进而有效地完成学习内容。

学习目标

知识传递	• 了解精益物流的起源 • 理解精益物流系统的构成框架 • 掌握物流企业精益物流管理关键技术
能力培养	• 掌握精益物流的内涵 • 能够理解企业实施精益物流的重要性 • 根据情境实例恰当优化企业精益物流管理
素质培养	• 学会团队协作，善于沟通表达 • 有效沟通解决问题，获得最佳分析结果 • 培养爱岗敬业的精神和严谨细致的工作态度

知识结构图

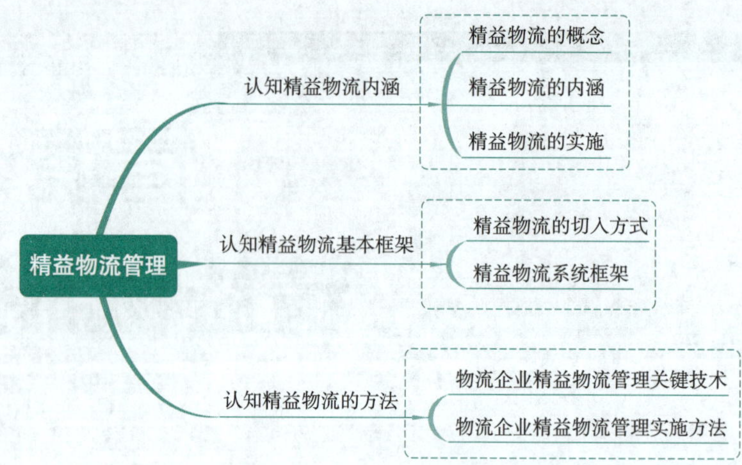

工作任务一　认知精益物流内涵

任务分析

晓文通过查询资料、请教有经验的老员工，了解到企业降本增效才能运营更流畅，但他还是困惑于具体怎么样才能达到这一目标，特别是物流企业又要使用什么样的管理方式才能达成所愿。为了更好地完成学习内容，晓文与同学们在授课教师的指导下组成项目小组，开始了新的任务准备。

准备工作

◎收集知名物流企业的发展历程和其他信息资料。

◎上网搜索生产物流企业的相关信息。

建议学时

课前，1 学时	课中，1 学时	课后，0.5 学时

知识储备

一、精益物流的概念

《物流术语》（GB/T 18354—2021）对精益物流的定义为："消除物流过程中的无效和非增值作业，用尽量少的投入满足客户需求，并获得高效率、高效益的物流活动。"

精益物流起源于日本丰田汽车公司的一种物流管理思想，其核心是追求消灭包括库存在内的一切浪费，并围绕此目标发展的一系列具体方法。它是从精益生产的理念中蜕变而来的，是精益思想在物流管理中的应用。

二、精益物流的内涵

精益物流是沿着价值流的各个公司和工厂之间，建立一个能够经常以小批量进行补给的拉动系统。我们假设A公司（一个零售商）直接向顾客销售产品，而且从B公司（一个制造商）大批量、低频率地补给货物。精益物流将会在零售商（A公司）处安装一个拉动信号，当他售出若干的货物之后，这个信号就会提示制造商补充相同数量的货物给A公司，同时制造商会提示他的供应商补充相同数量的原料或半成品，以此一直向价值流的上游追溯。精益物流需要拉动信号（EDI、看板、网络设备等）来保证价值流各工序之间的平衡生产。例如，用频繁的小批量装运方法，将零售商、制造商及供应商，联成一条“送牛奶”的供应链。

作为一种新型的生产组织方式，精益制造的概念给物流及供应链管理提供了一种新的思维方式，它包括以下内容：

（1）以客户需求为中心。要从客户的立场，而不是仅从企业的立场或一个功能系统的立场来确定什么创造价值、什么不创造价值。

（2）对价值链中的产品设计、制造和订货等的每一个环节进行分析，找出不能提供增值的浪费所在。

（3）根据不间断、不迂回、不倒流、不等待和不出废品的原则制订创造价值流的行动方案。

（4）及时创造仅由顾客驱动的价值。

（5）一旦发现有浪费的环节就及时消除，努力追求完美。

作为JIT（准时制管理）的发展，精益物流的内涵已经远远超出了JIT的概念。因此可以说，所谓精益物流指的是：通过消除生产和供应过程中的非增值的浪费，以减少备货时间，提高客户满意度。

三、精益物流的实施

（一）明确精益物流的目标

1. 以客户需求为中心

价值流的流动要靠下游顾客来拉动，而不是依靠上游的推动，当顾客没有发出需求指令时，上游的任何部分不提供服务，而当顾客需求指令发出后，则快速提供服务。系统的生产是通过顾客需求拉动的。

2. 准时

货品在流通中能够顺畅、有节奏地流动是物流系统的目标。而保证货品的顺畅流动最关键的是准时。准时的概念包括物品在流动中的各个环节按计划按时完成，包括交货、运输、中转、分拣、配送等各个环节。物流服务的准时概念是与快速同样重要的方面，也是保证货品在流动中的各个环节以最低成本完成的必要条件，同时也是满足客户要求的重要方面之一。准时也是保证物流系统整体优化方案能得以实现的必要条件。

3. 准确

准确包括准确的信息传递、准确的库存、准确的客户需求预测、准确的送货数量等。准确是保证物流精益化的重要条件之一。

4. 快速

精益物流系统的快速包括两方面含义：第一是物流系统对客户需求的反应速度；第二是货品在流通过程中的速度。物流系统对客户个性需求的反应速度取决于系统的功能和流程。当客户提出需求时，系统应能对客户的需求进行快速识别、分类，并制订出与客户需求相适应的物流方案。客户历史信息的统计、积累会帮助制订快速的物流服务方案。

货品在物流链中的快速性包括货物停留的节点最少、流通所经路径最短、仓储时间最合理并达到整体物流的快速。速度体现在产品和服务上，是影响成本和价值的重要因素，特别是市场竞争日趋激烈的今天，速度也是竞争的强有力手段。快速的物流系统是实现货品在流通中增加价值的重要保证。

5. 降低成本

降低成本、提高效率，精益物流系统通过合理配置基本资源，以需定产，充分合理地运用优势和实力；通过电子化的信息流，进行快速反应、准时化生产，从而消除诸如设施设备空耗、人员冗余、操作延迟和资源等浪费，保证其物流服务的低成本。

6. 系统集成

精益系统是由资源、信息流和能够使企业实现“精益”效益的决策规则组成的系统。精益物流系统是由提供物流服务的基本资源、电子化信息和使物流系统实现“精益”效益的决策规则所组成的系统。

具有能够提供物流服务的基本资源是建立精益物流系统的基本前提。在此基础上，需要对这些资源进行最佳配置。资源配置的范围包括设施设备共享、信息共享、利益共享等。只有这样才可以最充分地调动优势和实力，合理运用这些资源，消除浪费，最经济合理地提供满足客户要求的优质服务。

7. 信息电子化

高质量的物流服务有赖于信息的电子化。物流服务是一个复杂的系统情境，涉及大量繁杂的信息。电子化的信息便于传递，这使得信息流动迅速、准确无误，保证物流服务的准时和高效；电子化信息便于存储和统计，可以有效减少冗余信息传递，减少作业环节和人力浪费。此外，传统的物流运作方式已不适应全球化、知识化的物流业市场竞争，必须实现信息的电子化，不断改进传统业务情境，寻找传统物流产业与新经济的结合点，提供增值物流服务。

使系统实现“精益”效益的决策规则包括使领导者和全体员工共同理解并接受精益思想，即消除浪费和连续改善，用这种思想方法思考问题、分析问题，制定和执行能够使系统实现“精益”效益的决策。

（二）确定精益物流的作用

为企业在提供顾客满意的服务水平的同时，还应把浪费降到最低程度。物流活动中的浪费现象很多，常见的有不满意的顾客服务、无需求造成的积压和多余的库存、实际不需要的流通加工程序、不必要的物料移动、因供应链上游不能按时交货或提供服务而等候、提供顾客不需要的服务等，努力消除这些浪费现象是精益物流最重要的内容。

（三）寻找精益物流的实现方法

精益物流的根本目的就是要消除物流活动中的浪费现象，如何有效地识别浪费就成了精益物流的出发点，为此，物流专家做了大量的工作，创建了一些“工具箱”，有专家认为目前行之有效的方法有七种：流程活动图、供应链反应矩阵、产品漏斗图、质量过滤图，需求放大（扭曲）图、决策点分析图、实体结构图。其中最常用的方法是流程活动图和实体结构图。

1. 流程活动图

它起源于工业工程领域。工业工程的很多技术可以用来消除工作场所的浪费、矛盾和不合理，进而能够更加容易、快速和低成本地提供高质量的产品和服务。工业工程的一些技术，正是由于这个原因而广为人知，而流程分析则是其中最普通的一种。

2. 实体结构图

它是从整个供应链的角度识别价值流，有助于了解供应链的结构及供应链运行状况，一般由容量结构图和成本结构图两部分构成。与流程活动图一样，通过实体结构图可以消除不必要的活动，或简化、合并活动，或调整活动顺序，以达到减少浪费的目的。

综上所述，运用供应链管理的整体思维，站在顾客的立场，无限追求物流总成本的最低是精益物流真正核心所在。

补充资料

精益物流在汽车产业中的应用

案例讨论

生产型物流企业生产方式的选取

日本汽车制造企业通过不断调研发现，由于缺乏资金的窘境，企业不适合生产大批量少品种的汽车，而是应该改变生产方式，才能应对市场需要。应对企业应该如何调整自己的生产方式呢？如何从内部挖掘企业潜力、应对市场需求呢？

问题思考：

（1）你认为当时的日本汽车制造企业要想实现精益物流生产过程，有哪些关键点？

（2）企业如何持续性提高生产效率才能更好地占领市场，从而更好的发展？

扫一扫

参考答案

任务实施

实施步骤	实施内容
步骤一	学生以生产物流企业所处的不同行业为小组划分原则，形成小组并集体研讨生产物流企业物流的发展历程、企业标志性的阶段成果有哪些
步骤二	小组绘制生产物流企业发展历程的思维导图
步骤三	分析生产物流企业取得各阶段性发展成果的原因
步骤四	所选取的生产物流企业现阶段侧重的管理思想是什么
步骤五	小组互评和教师点评并整改，填写考核评价表

任务评价

专业：__________ 班级：__________ 姓名：__________ 组别：__________

内容	评分标准		满分	得分
精益物流内涵	选取的生产型物流企业在行业内有代表性		20	
	生产型物流企业发展历程总结清晰、具体		20	
	分析生产型物流企业取得各阶段性发展成果原因合理、准确		20	
	所选取的生产型物流企业现阶段侧重的管理思想明确具体		30	
	小组团结协作，具有集体荣誉感		5	
	态度端正，具有严谨细致的工作态度		5	
合计			100	
小组名称		小组成员		
教师评语				

考核日期：______年______月______日

工作任务二　认知精益物流基本框架

任务分析

晓文已经初步了解生产型物流企业在管理中要追求精益生产，但是精益物流系统框架如何建立呢？带着这样的疑问，晓文向老师请教，老师建议他从生产型物流企业精益物流的切入方式开始探索企业精益物流系统框架的搭建。

准备工作

◎利用网络搜集生产型物流企业经营案例。

建议学时

课前，1 学时　　课中，1 学时　　课后，0.5 学时

一、精益物流的切入方式

企业发展精益物流应当分步骤实施，一般应分为两步：

（一）企业系统的精益化

（1）组织结构的精益化：企业要发展物流，应当利用精益化思想减少中间组织结构，实施扁平化管理。

（2）系统资源的精益化：我国的传统企业应对资源进行整合、重组，否则很难与其他大型物流企业进行竞争。

（3）信息网络的精益化：信息网络系统是实现精益物流的关键，因此，建立精益化的网络系统是先决条件。

（4）业务系统的精益化：实现精益物流首先要对当前企业的业务流程进行重组与改造，删除不合理的因素，使之适应精益物流的要求。

（5）服务内容及对象的精益化：由于物流本身的特征，即不直接创造利润，所以，在进行精益物流服务时应选择适合本企业体系及设施的对象及商品，这样才能使企业产生核心竞争力。

（6）不断的完善与鼓励创新：不断完善就是不断发现问题，不断改进，寻找原因，提出改进措施，改变工作方法，使工作质量不断提高。鼓励创新是建立一种鼓励创新的机制，形成一种鼓励创新的氛围，在不断完善的基础上有一个跨越式的提高。物流的实现过程中，人的因素发挥着决定性的作用，任何先进的物流设施、物流系统都要人来完成，并且物流形式的差别、客户个性化的趋势和对物流期望越来越高的要求也必然需要物流各具体岗位的人员具有不断创新的精神。

（二）提供精益物流服务

精益物流服务应该包括：

（1）以客户需求为中心。

（2）提供准时化服务。

（3）提供快速服务。

（4）提供低成本、高效率服务。

（5）为顾客提供增值的服务。

总之，精益物流作为一种全新的管理思想，势必会对我国的物流企业产生深远的影响，它的出现将改变企业粗放式的管理观念，保持企业的核心竞争力。

二、精益物流系统框架

（一）特点

精益物流系统框架具有以下四个方面的特点：

（1）拉动型的物流系统。在精益物流系统中，顾客需求是驱动生产的源动力，是价值流的出发点。

（2）高质量的物流系统。在精益物流系统中，电子化的信息流保证了信息流动的迅速、准确无误，并有效减少冗余信息传递、减少作业环节、消除操作延迟，使得物流服务准时、准确、快速，具备高质量的特性。

（3）低成本的物流系统。精益物流系统通过合理配置基本资源，以需定产，充分合理地运用优势和实力，通过电子化的信息流，进行快速反应、准时化生产，从而消除诸如设施设备空耗、人员冗余、操作延迟和资源浪费，保证其物流服务的低成本。

（4）不断完善的物流系统。

（二）建立依据

根据精益思想，要建立精益物流系统，必须正确认识以下几个问题：

（1）正确认识价值流是精益物流的前提。价值流是企业产生价值的所有活动过程，这些活动主要体现在三项关键的流向上：从概念设想、产品设计、工艺设计到投产的产品流；从顾客订单到制订详细进度到送货的全过程信息流；从原材料到制成最终产品、送到用户手中的物流。因此，认识价值流必须超出企业范畴，去查看创造和生产一个特定产品所必需的全部活动，搞清每一步骤和环节，并对它们进行描述和分析。

（2）价值流的顺畅流动是精益物流的保证。消除浪费的关键是让完成某一项工作所需步骤以最优的方式连接起来，形成无中断、无绕流和排除等候的连续流动。具体实施时，首先要明确流动过程的目标，使价值流活动朝向明确。其次，把价值流的所有参与项集成起来，摒弃传统的各自追求利润最大化而相互对立的观点，以最终顾客的需求为共同目标，共同探讨最优物流路径，消除一切不产生价值的行为。

（3）把顾客需求作为价值流的动力是精益物流的关键。在精益物流模式中，价值流的流动要靠上游来推动。

（4）不断改进、追求完善是精益物流的生命。

案例讨论

奇瑞捷豹路虎精益智能绿色的物流体系

奇瑞捷豹路虎汽车有限公司成立于2012年11月，由中国奇瑞汽车股份有限公司和英国捷豹路虎汽车公司共同出资组建，总投资额109亿元（人民币）。

奇瑞捷豹路虎拥有全球最先进的精益化汽车生产工厂，在物流体系建设过程中应用了精益物流理念，例如，拉动系统根据零件属性和上线频次，分别采用了排序、Kitting/AGV、按灯和PPS四种拉动方式，确保现场整齐高效，并有效降低人力成本；另外，焊装车间采用自动化立体库存储车身。在精益生产理念下，通过采用诸多先进的物流技术和设备，形成了具有奇瑞捷豹路虎自身特色的精益物流体系。以下以拉动系统为例进行介绍。

零部件上线的四种拉动方式分别如下：

一是排序，针对汽车生产过程中部分外派件，如轮胎、座椅等，不需要进入工厂仓库，每个供应商的送货车上带有输送链，车停到与厂内输送链对接的位置，收货人员对接完成之后，按下按钮物料即可实现自动上线。这种方式在汽车行业已经普遍应用。

二是 Kitting AGV，即零部件归类上线。把所有的零件组装到一个小的组装工位，合并之后排序上线。Kitting 配合按灯拣选系统和 AGV 送料，提高了装配效率，节省了线边空间。

此外，KSK（线束）的上线也应用了归类上线方法，把所有小线束集中成一个主线束，一个主线束对应一台车。好处在于：高端车选配的零部件种类较多，如果把它们都摆放到生产线旁，会造成线旁拥挤，把零部件分成模块先集中加工处理，可以有效缓解拥挤问题。

三是按灯系统（又称电子看板）。对于体积比较大的零部件，如车灯、方向盘等，通常采用单独包装。装有固定数量零部件的箱子里放在生产线旁，当箱子里的零部件剩下最后一层的时候，线旁工人按灯，负责配送上线的叉车上的显示屏会发出提示，配送员按照提示送一箱零部件到指定工位。

四是 PPS，即过点扫描。供应商自送零部件如座椅、保险杠等，绝大多数都是采用过点扫描上线方式。此外，对一些体积比较小的零部件，线上设置固定的扫描点，当零部件通过扫描点的时候，就代表该零部件已经被消耗掉，库存会就自动减少，当减少到标包数量时，工作人员送一包到线上。

问题思考：

（1）奇瑞捷豹路虎汽车有限公司精益化生产过程中拉动系统是如何运作的？

（2）奇瑞捷豹路虎汽车有限公司应该如何完成智能物流系统建设？

扫一扫

参考答案

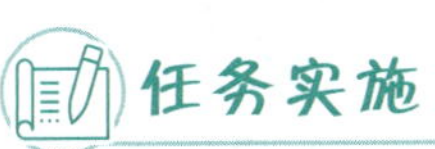

任务实施

实施步骤	实施内容
步骤一	学生以生产物流企业所处的不同行业为小组划分原则，形成小组并集体研讨生产物流企业物流的发展历程、企业标志性的阶段成果有哪些
步骤二	小组分析生产型物流企业的切入方式
步骤三	小组绘制生产型物流企业精益物流系统框架
步骤四	小组互评和教师点评并整改，填写考核评价表

任务评价

专业：________ 班级：________ 姓名：________ 组别：________

<table>
<tr><td>内容</td><td colspan="2">评分标准</td><td>满分</td><td>得分</td></tr>
<tr><td rowspan="5">认知物流企业</td><td colspan="2">选取的生产型物流企业在行业内有代表性</td><td>20</td><td></td></tr>
<tr><td colspan="2">生产型物流企业的切入方式总结清晰、具体</td><td>30</td><td></td></tr>
<tr><td colspan="2">绘制生产型物流企业精益物流系统框架准确</td><td>30</td><td></td></tr>
<tr><td colspan="2">小组团结协作，具有集体荣誉感</td><td>10</td><td></td></tr>
<tr><td colspan="2">态度端正，具有严谨细致的工作态度</td><td>10</td><td></td></tr>
<tr><td colspan="3">合计</td><td>100</td><td></td></tr>
<tr><td>小组名称</td><td></td><td>小组成员</td><td colspan="2"></td></tr>
<tr><td>教师评语</td><td colspan="4"></td></tr>
</table>

考核日期：______年______月______日

工作任务三　认知精益物流的方法

任务分析

晓文在之前的学习中，已经明确生产型物流企业在追求精益物流过程中要搭建精益物流系统框架，但是在实施过程中要使用哪些关键技术呢？又要依据哪些具体方法呢？他在老师的帮助下开始了新的探索。

准备工作

◎搜集不同产品领域内生产型物流企业精益物流应用方法的案例。

建议学时

课前，1 学时　　课中，1 学时　　课后，0.5 学时

知识储备

时代的发展让各行各业均对物流企业提出了更高的要求。而物流企业通过运用精益化管理模式，能够让自身的业务运作更加高效，也有助于降低业务运作成本，顺利满足用户需求。

加快发展物联网，建设高效顺畅的流通体系，降低物流成本，应深入分析精益物流管理技术及技术实施方法，总结出有效的技术实施方案，促进物流企业的优化发展。

一、物流企业精益物流管理关键技术

（一）单元化管理技术

精益管理模式主要强调两个方面，即明确精准的分工，以及运营模式的可持续优化。其中，在分工方面，精益管理模式主张明确、细致地进行分工，而单元化管理技术就是一种以提高管理效益为目的，将整体物流程序细化成为各个物流单元，为后续明确、细致的分工奠定基础的技术，可以有效满足精益管理模式的要求。因此，该项管理技术逐渐成为了关键的精益管理技术。在该技术下，人们会将每种物品的物流过程细化分为包装、存放、运输、配送等单元，并根据各个单元的运行特征、需求制订相应的物流管理方法，同时基于此，进行精细的岗位责任分工，使工作者能够更加准确地完成管理工作，也方便管理层针对具体问题进行复盘，促进物流管理工作的持续优化发展。

（二）建议系统管理技术

在物流管理运营的可持续优化上，建议系统管理技术作为一项重要的精益物流管理关键技术，是物流管理工作水平不断优化的重要保障。在精益化管理中，建议系统管理技术是指一种通过定期收集、甄选、推行有利的职工建议来实现管理水平发展的精益化管理技术，此技术强调管理优化的全员参与，以及持续开展，以推动物流管理水平的不断改善。在该技术的应用中，首先，企业需要制作建议卡片，并定期发给职工，要求其认真填写，待其填写完毕后回收。其次，将卡片上记载的职工建议用表格等统计形式统计出来，再通过会议集中探讨各项建议的可行性、合理性，然后挑出科学、有效、可行的建议予以试运行。最后，经过一段试运行后，评估建议实施效果，若实施效果良好则予以正式推行，实现管理工作的优化。

二、物流企业精益物流管理实施方法

（一）构建精益组织结构

为了有效落实上述精益管理关键技术，企业必须构建出一个配套的组织结构来承载、执行上述管理技术手段，以保证精益物流管理模式的顺利实施。在组织结构建设中，可以考虑采用扁平化的组织结构，根据各项技术手段的实施流程确立组织结构内各个岗位的职能，这样能够使内部运行灵活度更高，沟通也较为方便，有利于建议系统管理技术的落实。但如果企业规模较大，也可以考虑采用金字塔结构，以便于企业进行统筹决策，提高企业组织结构运行模式对外界大环境的适应能力。不过，具体采用何种组织结构，依然要遵循大环境的趋势，以保证精益管理技术的实施效果。

（二）确立精益化物流作业要求

补充资料

中国汽车企业精益物流实施

在物流管理的实施中，为了保证各项关键技术落实的准确性，需围绕各项技术的实施流程、方法制订相应的物流作业要求，然后将这些要求体现在制度中，以深度贯彻精益化管理，使管理工作效果能够顺利达到预期。

增强精益物流管理工作落实效果，有助于物流企业核心竞争力的发展。在物流管理中，借助精益化管理配套关键技术与方法，可以改善物流服务状态、提高物流运作效率、优化企业服务水平，从而获得更好的物流作业效果，推动物流领域的不断进步。

案例讨论

精益物流在北京奔驰的实践与应用

北京奔驰以国家战略需求为导向，引入汽车智能制造前沿技术，高度融合数字化、网络化和智能化，推动业务流程再造，实现业务系统的创新，以及智能制造系统和IT系统的深度结合。

目前北京奔驰的制造与运营能力已经全面达到世界尖端水平，其精益物流也极具代表性。

1. 零部件成套供应

零部件成套供应（shopping cart），因汽车零部件成套放置在类似于购物车的配送车内而得名。这种配送方式取消了线边的物料存储料架，改为与生产线同步随行的台车料架。

Shopping Cart 内是单量份成套供应，提高了装配质量和装配效率。其次，降低了生产线操作人员拣选物料的时间。同时，由于零部件是与生产线同步随行，物料箱可以放在操作人员身边，不需要走出装配区域去取物料，这同样提升了装配效率。再次，这种方式也节省了线边工位的占用面积，同时降低了零件在线边的库存。

2. AGV 自动导引运输车

在工厂内使用 AGV 小车，在其行驶路径上埋设金属线，用电磁导引，主要优点是引线隐蔽，不易受到污染和破损，导引原理简单而可靠，便于控制和通信，制造成本较低。

采用 AGV 小车配合 shopping cart 配送至生产线边，可以有效降低人工及设备成本，不管是从经济角度还是从生产安全角度看，AGV 自动导引运输车应用都具有一定的优势和竞争力。物流绝不仅是物品从 A 地到 B 地的简单运输过程，而是要在正确的时间，完成正确的移动，所以物流的核心是使物体移动更有效率，其关键在于如何实现、如何组织高效的物流作业网络——这个网络中还包括数以百万计的独立物品。对于汽车制造企业来说，这也是一个非常复杂的问题。

物料配送自动化，无人驾驶小车、“互联网 +”下的物流新模式等的应用，使我们看到了越来越智能的工厂，这也是北京奔驰物流人的愿景和奋斗目标。

扫一扫

参考答案

问题思考：

（1）北京奔驰在实施精益物流过程中，整体规划的过程中需要遵循哪些原则？

（2）北京奔驰在实施精益物流过程中，可采用哪些分析方法？

任务实施

实施步骤	实施内容
步骤一	学生以生产物流企业所处的不同行业为小组划分原则，形成小组并集体研讨精益物流的基本含义、特点
步骤二	小组分析生产型物流企业的关键技术
步骤三	小组绘制生产型物流企业精益物流管理方法思维导图
步骤四	小组互评和教师点评并整改，填写考核评价表

任务评价

专业：______________　班级：______________　姓名：______________　组别：______________

内容	评分标准		满分	得分
精益物流方法	选取的生产型物流企业在行业内有代表性		20	
	生产型物流企业的关键技术总结得清晰、具体		30	
	小组绘制生产型物流企业精益物流管理方法思维导图美观、内容丰富		30	
	小组团结协作，具有集体荣誉感		10	
	态度端正，具有严谨细致的工作态度		10	
合计			100	
小组名称		小组成员		
教师评语				

考核日期：______年______月______日

知识回顾

本情境主要介绍了精益物流管理的内涵和特点、精益物流系统框架及物流企业精益物流管理关键技术和实施方法。本情境涉及的知识和技能如下：

（1）精益物流概述：精益物流的内涵及特点。

（2）精益物流框架及实施的切入点。

（3）精益物流实施的方法及关键技术。

实践演练

新形势下，汽车工业在发展的历程中对经济的促进起到了重要的作用，但也普遍存在着物流成本过高、效率低下的问题。目前，汽车制造企业在市场发展的过程中竞争日趋激烈。除了日常的拓展市场与创新产品之外，还需要将重点延伸到企业内部管理当中。各大汽车制造企业纷纷加入了精益生产的浪潮当中，其中，精益物流就是精益生产的重要组成部分。原有的粗放型物流管理方式已经不能满足当前的发展需要。

基于以上背景，请对某汽车制造企业在生产过程中存在的问题进行分析，应用精益物流管理思想提出解决问题的方法。具体实训步骤如下：

（1）学生自由分组，每组3~5人，并推选出小组长。

（2）每个小组选择一家物流企业，小组成员通过网络搜索或查找书籍资料分析该物流企业的现有问题，然后采用精益物流思想解决该物流企业的问题。

（3）将实训结果制作成PPT，由小组长代表本小组在课堂上进行分享。

参考文献

[1] 冯国苓. 现代物流基础[M]. 5版. 大连：大连理工大学出版社，2022.

[2] 黄中鼎. 现代物流管理[M]. 4版. 上海：复旦大学出版社，2019.

[3] 李严锋，张丽娟. 现代物流管理[M]. 5版. 大连：东北财经大学出版社，2020.

[4] 冯国苓，任岳华. 物流设施与设备[M]. 3版. 大连：大连理工大学出版社，2021.

[5] 姚大伟. 现代物流基础[M]. 武汉：武汉理工大学出版社，2008.

[6] 丁俊发. 改革开放40年中国物流业发展与展望[J]. 中国流通经济，2018，32(4)：3-17.

[7] 王姗. “互联网+”冷链物流管理中的问题分析与对策分析[J]. 科学咨询，2020(6)：16.

[8] 姜波. 高职院校课程思政建设的实践探索：以《现代物流管理》为例[J]. 物流科技，2020. 43(12)：173-175.

[9] 柳荣. 智能仓储物流、配送精细化管理实务[M]. 北京：人民邮电出版社，2020.

[10] 季敏. 仓储与配送管理实务[M]. 北京：清华大学出版社，2018.